おとなの自閉スペクトラム

メンタルヘルスケアガイド

Autism Spectrum in Adulthood:

Mental Health Care Guide

本田秀夫 ……… 監修

大島郁葉 ……… 編

金剛出版

はじめに

　本書のタイトルとサブタイトルには，「自閉」と「メンタルヘルス」という2つのキーワードがある。この原稿を書いている2022年9月の時点で，この2つのキーワードの両方がタイトルまたはサブタイトルに含まれる本（翻訳書も含めた和書）は，筆者の知る限りない。

　Kanner と Asperger 以降，約80年に及ぶ研究と臨床の実践の歴史のなかで，自閉症あるいは自閉スペクトラム症に対する関心の焦点はもっぱら他覚的に認識される「症状」と「経過」であり，治療論や支援論の関心は，特徴的な症状を軽減させ，社会参加を促すという他者目線に立脚していたと言える。Donna Williams や Temple Grandin の自伝など，当事者による主観的な内的世界の記述も紹介されてはきたものの，当事者の視点からみたメンタルヘルスにまで踏み込んだ議論は，まだ十分に行われてはいない。そのことが，冒頭に述べた2つのキーワードをタイトル／サブタイトルに冠した書籍が欠如しているという事実に反映されていると言える。

　2000年代に入ってから，「自閉」をめぐっては大きく2つの視点から意識の変革が促されてきている。一つはスペクトラムの視点であり，もう一つは「ニューロダイバーシティ／ニューロトライブ」という視点である。これらは表裏一体をなしながら，着実に広がってきた。その結果として，「自閉」の特性を有しながらもそれを疾患と見るのでなく多様なヒトの変異のあり方というニュートラルな捉え方で見る人たちが，いま加速度的に増えている。そこで本書では，「自閉スペクトラム症（ASD）」ではなく「自閉スペクトラム（AS）」をキーワードとすることにした。ASD と異なり AS は診断概念ではなく明確な定義や基準があるわけではないので，著者によって用法にばらつきがあることはお許し願いたい。ただ，医学的な疾患概念ではなくヒトの認知や思考のあり方としての自閉スペクトラムに思いを馳せながら，それに魅了され，かつ社会的な困難さに心を痛める気持ちを文章に込めていただけたのではないかと思う。

　今，課題となるのは，AS というニューロトライブに特有なメンタルヘルス学の構築なのではないだろうか。生活のさまざまな場面で困難を感じている当事者と，それを解決する方略を求めて試行錯誤する臨床家にとって，切実な問題である。これまで「定型発達」（この言葉自体，いまや怪しいかもしれないが）の視点のみで作られてきた精神医学を，AS 的視点から構築し直す必要があると筆者は考えている。それは刺激的であり，AS に関心を寄せる研究者にとって究極の目標と言えるのではないだろうか。

　本書では，AS の臨床・研究に従事するわが国有数の先生方にご執筆いただいた。また，当事者にも寄稿を依頼し，当事者の視点に立った AS 観を語っていただいた。本書を通して読むことによって，AS に対して従来とは異なる風景が見えてくるようであれば，望外の喜びである。

2022年9月15日

本田秀夫

目　次

第Ⅰ部

序　論

特異な選好（preference）をもつ種族（tribe）としての自閉スペクトラム

本田秀夫

誤解と本質——AS特性を再考する

これまで長く，おとなの自閉スペクトラム（Autism Spectrum : AS）の人たちは誤解されてきた，というのが筆者の認識である。現在，多くの文献で語られるおとなのASの人たちにみられる特徴は，生活に支障が出て医療や福祉のサポートを受けている人たちのそれであり，実は二次障害や感情の不安定さに関する悩みがかなり含まれる。それらを捨象した純粋なAS特性があるとすれば，まじめで，ポジティブで，明るくて，率直で，裏表がない，といったものになるはずだ。しかし現実には，そうではない特徴による誤解されたAS像が流布している。それは同時に，病院に通ったり配慮を受けたりするときに初めてAS特性が注目されて「問題」となり，ASの人たちの本質とは異なる部分がクローズアップされ，それによってネガティブな印象をもたれていることを意味する。

なぜAS特性は，ネガティブな印象を持たれ，問題視されやすいのだろうか？　要因のひとつには，AS特性が社会のマイノリティであるがゆえにハンディキャップとなりやすいことが挙げられる。もうひとつには，AS特性をもつ人たちへの偏見や，平均的な人々によるAS特性への表層的な印象が，スティグマの誘因となりやすいことが挙げられる。こういった現実とASの本来的特性とを区別したうえで，社会において起こる問題をどうすれば予防できるのか，そして問題が起こったときにどう対処すべきかを，細やかに考えていく必要がある。

この本では，「おとなの自閉スペクトラム症」ではなく「おとなの自閉スペクトラム」というタイトルを採用した。この選択には，「病気・障害・ハンディキャップ」という視点とは独立して考えうる，いわば「種族（tribe）」としてのAS特性の本態を捉えるために，精神医学や心理学など多領域の専門家諸氏に寄稿を求めた，われわれ編者の意図が色濃く反映されている。

生物学的なバリアントとしてのAS

近年，ASを中心に「ニューロダイバーシティ（neurodiversity）」（Armstrong, 2011），「ニューロトライブ（neurotribe）」（Silverman, 2015）などと表現される考え方への共感的な立場を示す人たちが増加している。これらは，ASが生来性の特性であり，生物学的なバリアント[注1]であるという考え方だ。ここで重要なのは，バリアントであることと，それを病気とみなすことは次元が違う話であるということだ。

"Autism" は，統合失調症の症状のひとつとして Bleuler（1911）が創作した造語で，外界との接触を避けて孤立する傾向を指す。Kanner

（1943）が子どもにこの用語を用いたとき，Kanner自身は子どもの統合失調症とみなす可能性を想定していた。しかしその後，子どもの自閉症は，冷淡な親に育てられたことによる子どもの情緒的反応（現在の概念で言えば反応性アタッチメント障害）であると解釈される「負の歴史」を通ってきた（Bettelheim, 1967）。1960年代後半以降のさまざまな研究で，自閉症が心因反応ではなく生来性の発達の異常であるとの認識が定着した。現在では，ASが生物学的なバリアントであることはコンセンサスを得ている。だが，果たしてそれが病気であるのかという問いとは区別されるべきであり，そこには医学モデルだけでなく社会モデル[注2]を踏まえた議論が求められる。

6本の指をもつ多指症のことを考えてみよう。通常は片手に5本のところが6本の指を持って生まれてくる状態であり，生物学的なバリアントであることは間違いない。過剰指が生活に必要な手の機能を妨げるような付き方をしている場合は，病気とみなし，手術によって過剰指を切除するほうがよい。しかし，過剰指があってもとくに生活上何の問題もない場合，どのように考えればよいだろうか？

一方には，手術を施して指を5本にして「正常」にすべきだとする考えがあるが，他方で，指が6本ある種族がいてもよいという考え方，指が6本あるほうが便利だとする考え方，さらには人類の進化形かもしれないという立場もありうるはずだ。しかし現実には，6本の指を持つ人たちの多くは「病気」「障害」とみなされ，機能的には全く問題がないとしても議論の余地なく過剰指の除去手術が選択される。「審美的観点から」などと説明されるが，それだけでなくスティグマの問題が大きく影響していると思われる。ASの置かれた状況も，多指症のそれに類似していると言えないだろうか？

生物学的なバリアントが病気／障害であるか否かは，生活上の支障や生命の危機をもたらすか否かによって判断される。その判断を分かつのは，症状の強度だけではない。その特徴をもつ人が帰属する社会集団との違和感や，社会参加の困難さも関連してくる。ここでは，いったんASを「生物学的なバリアントであるが，病気／障害とみなすかどうかは保留する」という立場で考えていくことにする。

分類学の限界と「種族（tribe）」概念

ASを生物学的なバリアントとみなすにあたり，現在の生物の分類学の考え方について触れておく。

生物における分類学は，18世紀生物学の泰斗Carl von Linnéに由来する形態の類似性に基づく分類法から，近年では大きく変化を遂げている。分子系統学に基づく系統樹では，かつて「魚類」と考えられていたもののすべてが同じ系統にあるわけではないことがわかってきた。たとえば，硬骨魚類と軟骨魚類はどちらも一般に「魚」と認識されているが，両者は異なるグループであり，硬骨魚類は哺乳類などの四肢動物と同じグループになるのだ。したがって，われわれが「魚」と思っているもの全体を括る生物分類学的概念は存在せず，「脊椎動物のうち四肢動物以外のもの」としか言えないという（Yoon, 2009）。

このような分類概念の変容は精神医学にも起こりうる。現代の精神医学におけるDSMやICDの操作的診断分類では，主として他覚的行動所見にもとづいた症状と経過を中心に理念型が作られ，分類されている。これは，古典的な生物の分類学において形態をもとに分類が行われていたのと似ている。近年の分子生物学的研究で，複数の精神疾患（統合失調症，双極性障害，ASDなどを含む）に共通する遺伝子の異常

が認められるという研究がしばしば報告されるが，行動所見に基づく理念型による「統合失調症」「双極性障害」「ASD」といった分類がどの程度生物学的妥当性を保証しているのかも定かでないため，何を見ていて何を見逃しているのかさえわからない事態に陥る危険がある。

　生物学的バリアントを考えるにあたっては，「人種（race）」概念に関する議論も踏まえておきたい。肌の色などの身体的特徴によって，あたかも生物の種を分けるように人種を分類する試みは，遺伝子のレベルではうまくいかないという。ざっくりと見たときには生来的な差異があるが，生物学的に突き詰めていくと種として分離ができるわけではない。つまり「人種」概念は存在しないというのが，現代科学における認識である（Jordan, 2008）。しかし，生まれつきさまざまな色の肌をもつ人たちが存在し，社会的には差別や偏見を誘発しやすいことも事実である。人種の概念は，生物学的側面と社会学的側面との両面から考えておく必要がある。

　ASも同様である。ASに特異的な特徴として定義されている対人・コミュニケーションの特性や興味・行動の限局・パターン化の特性は生来的なものであり，人種概念における肌の色や髪質などの身体的特徴に相当する。こうした特性の背景に何らかの生物学的基盤があることは推定されるが，生物学的に突き詰めていったときに，たとえば何らかの遺伝子の有無によって特性の有無が明確に分離される保証もない。多様な遺伝子の組み合わせ，さらには養育環境などの社会的要因も絡み合った結果として，特異的な行動特徴が他覚的に認識されるのである。

　生物学的に「人種」は存在しないと言えるものの，社会学的にはそれを認識する必要があるとの主張がある。すなわち，肌の色による偏見や差別は厳然として存在しており，これらの問題を直視して対策を講じる必要がある。ASに対する今後の研究を考えるうえでも，同様な態度が必要であろう。生物学的に突き詰めたときに

ASと非ASとが明確に分離できるかどうかは不明であるが，生来的に特有の行動特徴を示す人たちのグループが存在することは確かであり，マイノリティであるために社会的に不利な立場におかれやすい。

　このようにASを理解する上で「人種」に関する議論は参考になると思われるが，「人種（race）」という用語はスティグマを強く連想するため，ここではよりポジティブなイメージのある「種族（tribe）」の喩えでASを捉えておくことにする。

ASにおける「対人・コミュニケーションの異常」概念の拡大

　Kanner（1943, 1944）の記載した早期乳幼児自閉症（early infantile autism）は，人との意志疎通がほとんどみられず，こだわりのきわめて強いタイプを指していた。Wing & Gould（1979）は大規模な疫学調査をもとに，Kannerが示した「孤立型」以外に「受動型」（受動的には人からの働きかけに応じるが，自分から人に働きかけようとはしない）と「能動−奇異型」（自分から積極的に人に働きかけるが，その内容が奇妙で一方的）もあることを示した。これによって，自閉症の概念が拡大した。さらにWing（1981）は，自閉症と共通する対人関係をとりながらも成人期までには流暢に会話ができるようになるタイプを「アスペルガー症候群」として注目を促し，これと自閉症とを2つの典型とする類型概念を総称して，AS概念を提唱したのである（Wing, 1996）。近年では，典型的な自閉症やアスペルガー症候群とまでは言えないが共通する対人的相互関係や興味・行動の特徴を示すような人たち，さらにはわずかにしか特性を認めない人たちまでもが臨床の場に現れるようになった。このような人たちの場合，かつての自閉症

のイメージとは異なり，話題によっては何往復ものコミュニケーションが成立することも稀ではない。

　Wingらが「受動型」や「能動−奇異型」という概念を提唱したのは，幼少期に孤立型の対人関係の特徴を示した人たちの多くが，成長とともにある程度の応答を示すようになったり，積極的に相手に話しかけるようになったりすることを経験したからである。さらに多くの現場で臨床経験が積まれるとともに，アスペルガー症候群，さらにはASへと，概念の拡張が続いている。ついには，一定水準の社交性を模倣によって獲得して，一見ASらしくは見えないような「社会的カモフラージュ」を身につける一群も存在することが指摘されており（Hull et al., 2017），他覚的行動所見のみで定型発達との境界線を区切ることはいよいよ困難になっている。

　ある程度流暢に話せるASの人たちは，自分の興味のあるテーマであれば雄弁に話し，相手の話を熱心に聞くこともできる。しかし，相手の話が自分の関心から外れたとたんに，会話を続けるモチベーションを失い，コミュニケーションが続かなくなる。しかしそれは，無関心であるだけで，回避しているわけでもなければ緊張しているわけでもない。これが，AS本来の対人・コミュニケーションの異常であると考えられてきた（本田，2017）。

　ところが，幼児期から成人期まで縦断的に関わり続ける人たちを多く経験するにつれて，幼児期はこのような対人・コミュニケーションの特徴が顕著であった人たちでも，その後の経過が多様であることがわかってきた。成長過程で「コミュニケーションが途絶えるのはいけないことだ」という価値観を学び，そのことにこだわって会話を続けようと無理に頑張ってしまう人たちや，それがうまくいかずに自信を失い，コミュニケーションをはじめから回避するようになる人たちも，一部に出てくることを経験するようになった。成人期にASであることを自覚して対人・コミュニケーションに苦手意識をもつ当事者が，対人関係に自信がもてず，自ら回避しがちであることを発信することが，今や当たり前になっている。かつての自閉症概念で括られた人たちでは考えられなかったことであり，いかにASの概念が拡大してきたかがわかる。

対人・コミュニケーションを「選好性（preference）」から理解する

　ここで問うべきは次のようなことだろう——定型発達と見分けがつくかどうか微妙なほどに特性が見えにくくなっても，最後に残るASの対人関係のピュアな特徴とは何か？　それは客観的な指標で理解できるのか？

　診断基準はあくまで「他者目線」の指標にすぎないのに対し，臨床現場で多くの臨床家たちは，ASの人が対人関係において感じる主観的な困難に多く出会っている。この両者を統合しなければ，AS特性における「対人・コミュニケーションの異常」を理解することはできない。「対人・コミュニケーションの異常」の理解をさらに難しくしているのは，医学モデルと社会モデルによる理解の差異ゆえでもある。医学モデルによれば，AS固有の対人・コミュニケーションは「質的異常」と記述できるが，社会モデルによれば，その特徴は環境因との相互作用の結果であり，ある種の環境であれば許容されうる。では，医学モデルないし社会モデルというフレームを取り払ったとき，AS固有の対人・コミュニケーションの特徴をどのように抽出できるだろうか。

　ASの「対人・コミュニケーションの異常」は，「選好性（preference）」の影響を受けていると筆者は考えている（本田，2018）。もちろん選好性によってASの対人・コミュニケーションの特徴をすべて説明できるわけではないが，対人関

係も選好対象のひとつであることは，ASに特異的と言えよう。たとえば，他者とコミュニケーションを続けることへの関心が低い人，自分が作業に集中しているときは他者に目もくれない人について，「対人・コミュニケーション能力が低い」と見ることもできる。だがそれより「今は他者よりも目の前にある作業対象のほうに興味が向いている」と見るほうが，臨床的理解は格段に向上する。通常なら主として母子関係のなかで理解されるべき乳幼児期のアタッチメント対象すら，ASにおいては人と人以外のものを同列において形成されていると考えられる。AS特性をもつ人は，他者に興味がないわけでも他者を回避しているわけでもなく，人と人以外のものをまったく同列に横並びにして選好性を発揮していると考えるべきではないだろうか。

次のようなシーンを経験する臨床家は多いと思う。ある子どもが友だちと自転車に乗っていたところ，友だちが転倒してしまった。そのとき，その子が心配して駆け寄ったのは，友だちではなく自転車のほうだった——「対人・コミュニケーションの異常」を説明するエピソードに思えるかもしれない。しかし選好性に照準を合わせれば，以下のような解釈も可能である。この少年には他者への思いやりがあり，他者を心配して駆け寄る行動も備わっている。ただ，その選好対象として人と人以外のものをまったく同列に捉えているため，自転車も友だちも同列に「他者」とみなしているのである。

コミュニケーションの目的には，情報の伝達・共有以外に，コミュニケーションそのものを開始し維持することが含まれる。後者には，ちょっとした世間話や雑談，いわゆる「スモールトーク」が含まれる。AS特性をもつ人たちは，これが苦手であると考えられている。定型発達の人たちは，情報の伝達・共有よりも会話を途絶えさせないという目的を優先してスモールトークを行うことが多い。一方，ASの人たちにとって，会話とは情報を伝え合うためのもの

であり，情報がなければ黙っていても何も問題を感じない。しかし，自分の関心のある話題が始まると，とたんに雄弁に語りはじめるタイプも存在する。このように，コミュニケーションの取り方や内容の選び方においても，ASの人たちでは選好性が大きく影響する。

成人になると，情報伝達を重視するコミュニティとスモールトークを重視するコミュニティとが自然にできてきて，個々の選好性に応じて自分が居心地がよいと感じるコミュニティを求め，選好性の異なる人たちとはあまり交わらなくても不都合はない生活を送れるようになる。しかし，中学生頃までの時期は，さまざまなタイプの生徒が同じクラスに入り混じるため，特有の難しさがある。特に中学校では，いわゆる「スクールカースト」が形成され，主に社交性の高低によって目に見えない対人関係の序列ができる。スモールトークを好む人たちが序列の上位になることが多く，AS特性をもつ人たちが上位になることは少ない。多くのASの人たちにとって，この時期は人生における最大の関門と言ってもよい。この時期までに対人関係で挫折を多く経験すると，自己肯定感が低下し，対人回避や社会的ひきこもりの傾向が増強されやすくなる。

選好性を優先する支援

AS特性は残存しているが社会適応は悪くなく，むしろ良好に適応していることすらある一群を，筆者は「非障害自閉スペクトラム（Autism Spectrum Without Disorder：ASWD）」と呼んできた（本田，2012）。AS特性があっても良好な社会適応を示すための必要条件（十分条件ではない）は，二次障害による社会生活の支障を防げていることである。二次障害を防ぐための保護因子として，養育環境，教育環境が本人の特

性とうまくマッチングされていることは重要であるが，とくに筆者が重視しているのは，好きなことを十分に楽しむことを保証する環境の提供である。特異な領域で抜きんでた才能をもっていると自信や自己肯定感につながり，就労などで有利になると期待する人がいるが，能力の多寡だけで二次障害が予防されるとは断言できない。ASの人たちは，高い能力に対する自信よりも苦手なことに対する劣等感をより強く抱いてしまい，結果として能力に見合わないほどに自己肯定感を低下させてしまうケースが多いという印象がある。能力の有無よりも，好きなことがあるかどうか，好きなことを余暇活動として楽しめているかどうかのほうが，二次障害の保護因子としては重要であると筆者は考えている。もちろん，二次障害が予防されたとしても能力によっては通常の就労が難しく，福祉サービスを利用することになる可能性がある。しかし，社会的にある程度ステータスのある仕事に就いているものの，二次障害で精神科薬物療法を受けながら苦しい思いをするよりも，福祉サービスを受給しながらであっても可能な範囲で仕事などの日中活動の場をもち，好きなことを趣味として楽しみ，薬物療法は不要な状態で生活するほうが，本人の生活の質（quality of life）は高いかもしれない

このように考えると，ASの人たちへの支援の目標は，対人・コミュニケーションスキルを伸ばすことや定型発達的価値観に適応させることだけでよいのかという疑問が生じる。それよりも，AS特性をもつ人の選好性に沿ったサポート，そして「自分が楽しみにしていることがあって，その楽しみがそれなりに満たされた状態」に到達することを目標に置きたい。一般の人たちの常識に沿った社会的成功よりも，いかなる境遇・環境で生活していても，本人が「自分が楽しいと思える生活ができている」「自分に向いている仕事に就いてそれなりに達成感を得られている」状態を保持することが，支援の要となる。

共生社会に向けて

独特な選好性が強いASの人では，社会に適応するために膨大な労力を要する。自分の選好性を強く抑圧し，過剰適応に陥る可能性がある。定型発達コミュニティに適応するため，意識的・無意識的にAS特性を隠して定型発達の人たちの行動を模倣する「社会的カモフラージュ」は，本人の過重な負荷となって二次障害を招きかねない（Hull et al., 2021）。また，選好性を抑圧して他者・社会の価値観を取り込むときに，生来のノルマ思考が過剰に働き，自分の選好対象を抑圧しなければならないというこだわりが強化されて，ストレスフルな過剰適応に転じることもある。

では，どうすればこの事態を回避できるのか。筆者の私見では，ASの人たちへの支援で見逃されやすいのは，適切に自己主張をしていく力を伸ばし，その機会を保障することである。日本の多くの社会環境では，本人が望んでもいなければ頼んでもいないことを周囲が先回りして対処することが美徳とされがちだが，そのときAS特性をもつ人が自己主張の機会を奪われていることに目を向けたい。「あなたはどうしたい？」と聞かれ，自分の意見を主張し，ニーズに合わせて環境が調整されていくプロセスが必要である。それによって，個々の選好性を生活のなかで保障することが重要である。

さらに，コミュニティのメンバー全員が自己主張し，相互に聴き取り，当人のニーズと諸条件を勘案しながら対話を通じて環境を調整していくことは，ASの支援に限らず，インクルージョンの理念の実践であり，多様性社会への第一歩でもある。AS特性をもつ人たちの心理機制を理解して支援を進め，生活しやすい社会環境を実装することは，来たるべき社会のダイバーシティを測る，まさにそのリトマス試験紙とな

るだろう。

　共生社会の目指すところは，端的に言えば
「相性が最悪の人たちでも共存できる社会」であ
る。まず必要なことは，人のあり方は多様であ
り，自分にとって「普通」なことの多くが他の
人にとってけっして「普通」ではない，という
認識を共有することだ。相性が悪い人であって
も共存できるためには，以下のような条件が整
う必要がある。まず，すべての人が安心して自
分の立場をオープンにできること，そして，自
分と異なる立場の人を疎外したり攻撃したりし
ないことである。

　共生社会を目指すためには，個々の意識改革
が必要であることは言うまでもないが，それだ
けでは不十分だ。マイノリティなどの社会的弱
者が発言し，社会的障壁なしに権利を保障され
るための仕組み，社会的強者からの疎外や攻撃
から守り，疎外・攻撃を行った人への罰則を規
定する法制度を明文化しなければならない。種
族としてのASの人たちが，相性が最悪の人た
ちとでも共存できる社会を可能とするには，AS
の人たちが偏見や差別を受けることなく自分た
ちの選好性を発揮し，自己主張できる機会を十
分に保障することが求められる。その上で，定
型発達の人たちの主張と照合しながら共存する
ための道を探っていくことを可能とするような，
厳密に理性的な社会の枠組みを作っていくこと
が必須である。

◉注
[1] 同一種の生物集団であっても個体により遺伝子
型の違いがみられる。そのような変異の総体をバリ
アントと呼ぶ。
[2] 社会モデルとは，障害（disorder）は物理的環
境・人的環境からなる社会と個人の心身機能障害
（impairment）の相互作用によるものであり，この
障壁を取り除くのは社会の責務であり，社会問題と
捉える考え方を指す。

◉文献

Armstrong, T. (2011) The Power of Neurodiversity : Unleashing the Advantage of Your Differently Wired Brain. Cambridge, MA : DaCapo Lifelong/Perseus Books.（中尾ゆかり＝訳（2013）脳の個性を才能にかえる──子どもの発達障害との向き合い方．NHK出版）

Bettelheim, B. (1967) The Empty Fortress : Infantile Autism and the Birth of the Self. New York : The Free Press.

Bleuler, E. (1911) Dementia praecox oder die Gruppe der Schizophrenien. Franz Deuticke : Leipzig und Wien.（飯田真ほか＝訳（1974）早発性痴呆または精神分裂病群．医学書院）

本田秀夫（2012）併存障害を防ぎ得た自閉症スペクトラム成人例の臨床的特徴．精神科治療学 27-5；565-570．

本田秀夫（2017）自閉スペクトラム症の理解と支援──子どもから大人までの発達障害の臨床経験から．星和書店．

本田秀夫（2018）選好性（preference）の観点からみた自閉スペクトラムの特性および生活の支障．In：鈴木國文，内海健，清水光恵＝編：発達障害の精神病理I．星和書店，pp.97-114．

Hull, L., Levy, L., Lai, MC. et al. (2021) Is social camouflaging associated with anxiety and depression in autistic adults?. Molecular Autism 12, 13. https://doi.org/10.1186/s13229-021-00421-1

Hull, L., Petrides, K.V., Allison, C. et al. (2017) "Putting on my best normal" : Social camouflaging in adults with autism spectrum conditions. Journal of Autism and Developmental Disorders 47；2519-2534.

Jordan, B. (2008) L'humanité au pluriel : La génétique et la question des races. Paris : Seuil.（山本敏充＝監修，林昌宏＝訳（2013）人種は存在しない──人種問題と遺伝学．中央公論新社）

Kanner, L. (1943) Autistic disturbances of affective contact. Nervous Child 2；217-250.

Kanner, L. (1944) Early infantile autism. Journal of Pediatrics 25；211-217.

Silverman, S. (2015) NeuroTribes : The Legacy of Autism and the Future of Neurodiversity. New York : Avery.（正高信男，入口真夕子＝訳（2017）自閉症の世界──多様性に満ちた内面の

真実．講談社）

Wing, L.（1981）Asperger's syndrome : A clinical account. Psychological Medicine 11 ; 115-129.

Wing, L.（1996）Autistic spectrum disorders : No evidence for or against an increase in prevalence. BMJ 312 ; 327-328.

Wing, L. & Gould, J.（1979）Severe impairments of social interaction and associated abnormalities in children : Epidemiology and classification. Journal of Autism and Childhood Schizophrenia 9 ; 11-29.

Yoon, C.K.（2009）Naming Nature : The Clash between Instinct and Science. New York : W.W. Norton.（三中信宏，野中香方子＝訳（2013）自然を名づける──なぜ生物分類では直感と科学が衝突するのか．NTT出版）

知ることからはじめる
ASDの診断から
自己理解とアイデンティティの再構築へ

大島郁葉

▌はじめに

　本稿では，ニューロダイバーシティの観点に基づき，定型発達の世界から見た「D（Disorder）」は用いず，「ASの人（Autistic People）」と書くこととする。なお，DSM-5などで診断を受けたASの人の研究論文に関しては，その論文の表記通りにASDと記す。

▌世界がまだ十分に正義に満ち溢れているわけではない中での，「ASDである」「ASDでない」ということの意味

「ASDである」ということの意味

　第一行目から唐突にプライベートなことを晒す形になるが，私にはとある指定難病がある。原因も理由も分からないが，10年ほど前のある日，診断に至った。この病気は治らないらしいので，死ぬまで薬を延々と飲む予定である。自閉スペクトラム症（ASD）の人の臨床に関わっていると，時々，この病気の告知をされた時を思い出す。精密検査の時に主治医の表情が仄か

にくぐもり，「一応，病理検査出しますね」と独り言のように言われたこと，その数日後に診察室で，「検査の結果，〇〇という病気で，これはいわゆる難病です。治りはしません。一生，寛解を保つための対症療法を行います。寛解と増悪を繰り返すので，ずっと薬は飲み続けてください」と説明を受けた。その時，私は頭を殴られたようなショックを受けた。「治らない病気」になった，「健常者」という特権をはぎ取られた私はこんなことを考えた。「普通の」人よりも早く死ぬのだろうか。「普通の」人生が歩めないのでははないだろうか。「人並みに」仕事や子育てができないのではないか。その後，市区町村の障害福祉課に行き所定の手続きを済ませた時も，そこの担当者の口調にほんのちょっとでも自分に対する憐憫か差別が含まれていないか，少し気をつけて観察した。それからこの難病についての発生頻度，原因，予後，生活上の注意などを強迫的に調べた。あいまいなネット上の情報から学術論文まで読んだ。その上で何か疑問がある場合には主治医に聞くようにした。調子の悪い時には通院回数が増えるので，病気になったことを職場の人たちに伝えた。

　それから10年経った現在は，この病気は自分にとって空気のような存在となった。たまに同じ病気の人に出くわすと，ちょっと親近感もある。障害福祉課から書類が届いても，水道局か

ら来た手紙と同等の感覚で封を開ける。健康診断の問診やクリニックの外来に行く時には，初診でこの病名を必ず伝えている。つまり，ある日突然自分にやってきた難病を，私はいつの間にかすっかり受け入れてしまい，自分のアイデンティティのひとつとして組み込んでしまったようである。

*

　前置きが長くなったが，ここでの本題に入る。ASDとある日突然診断される人も，私の病気の告知と似たような（もしくはそれ以上の）体験を持つのではないだろうか。もしあなたが，なかなか治らない，もしくはすっかり慢性化した気分の症状や，対人関係上の度重なる問題にくたびれ切っており，人生のほとんどの期間に傷ついていたとしよう。あなたから見れば，どんなに努力しても人生がうまくいかない。例えば自分が周囲の会話に加わろうとすると，みな，少しきょとんとした顔をする。自分以外の人間と，人は連絡を取り合い友情をはぐくんでいるようであるが，自分がそれを拒絶していないにもかかわらず，そのような「仲間」になることが難しい。さらに，自分の人生は「気に食わない」ものが多い。せっかく買った洋服も，数回着るうちにどこかが気に食わなくなり，より良いものを探し求めるが，なかなか見つからず，疲弊する。会社の仕事内容も，何をどこから手を付けてよいか，どこまでやればいいのか不明瞭で，さらに，周囲はそんなことを全く疑問にも思わず仕事をしているので，だれに何をどのように相談してよいのか，さっぱり分からず困っていたとする。そんなある日，ASDを家族から疑われ，検査を進められ，診断に至ったとする（このようなケースは実際には結構ある）。この場合，あなたにとって，「自分がASDである」ということは何を意味するのであろうか。

　私が聞いたこともない難病を言われた時の無知からくる恐怖や衝撃に加え，ここではもう一つの「社会的な意味」が加わる可能性がある。それは「発達障害（正確には『神経発達症』であるが，ここでは親しみやすく発達障害と呼ぶ）」であることと関連する。発達障害のもたらすイメージは後述するが，控えめに見ても，私の難病よりネガティブな社会的意味合いを含むことが推定される。思春期にASDと診断された人と家族に対し，ASDの診断の意義について研究した論文がある（Ruiz Calzada et al., 2012 ; Mogensen & Mason, 2015）。これらの論文の中で，診断することは実際の支援には役に立つが，診断を受けることで，本人のセルフ・スティグマ（劣等感）が強まったという記載がある。つまり「あなたはASDです」と言われることで「負の烙印」を押されたような気分を人々は感じてしまう。つまり，ASD，ないしは発達障害は，「思いやりがない」「人に共感できない」「コミュニケーションができない」ので，周囲に迷惑をかける人であるという意味合いが含まれてしまう。

　この現象は，言われる側（当事者や保護者）だけではなく，言う側（治療者）にも起こるかもしれない。例えば，ケースカンファレンスなどで「診断するとショックを受けるから（したくない）」「ASDだろうけど，ASDと決めつけるのはよくない」「ASDではなくグレーゾーンである」「ASDではなくてトラウマや愛着の問題が大きい」という態度を取る人を，支援者なら，一度か二度は見たことがあるだろう。かなり詳細な心理アセスメントの末にこのように結論づけた以外においてこのような言動がみられるのは，つまり「ASDは『いやな人間』に匹敵するパワーワードなので，良心に従って，それを決定づける診断は控えたい」という意図が隠れているのかもしれない。ここでのポイントは，ASDという概念が，ある種の「悪意のない人々」によって差別されることを許容させてしまっていることである。これはいわゆる，アンコンシャス・バイアス（無意識の偏見）であろ

う。このように「ASDである」ということの背景には，ジェンダーや人種のように，構造的な社会的差別が存在しているように思える。そのため少なくとも現状の社会においてASDという診断を下すことは，善良な（そして差別に無頓着な）支援者にとっては，もしかしたら踏み絵を無理やり踏まされ，差別の崖の中に放り込むような手続きに感じてしまう場合があるのかもしれない。

*

　ここで少しスティグマの話をする。スティグマとは，個人の持つある属性によって，いわれのない差別や偏見の対象となることを指す（Goffman, 1963/1970）。スティグマはマイノリティの属性において生じやすく，そのため精神障害にも生じる。スティグマの諸側面を表す代表的な概念として，パブリック・スティグマやセルフ・スティグマがある。パブリック・スティグマは，社会全体が持つスティグマであり，例えば「障害者は能力がない」といった社会風潮を指す。一方，セルフ・スティグマは，パブリック・スティグマを内在化し，「障害のある自分には能力がない」とする個人的な信念を指す。ASDはこの観点から見ると，私の指定難病や，その他の障害よりも，よりパーソナリティに踏み込んだスティグマがあるかもしれない。例えば，「ASDの人は不適切な行いをし，人を不快にさせる」といったものである（Farrugia, 2009）。つまり，「ASDであること」は，以下のような告知を受けるようなものかもしれない。

　　「あなたには常識がなく人を不快にさせる
　　　病気があります」

　次にASDへのスティグマに対する，ASの人の自衛戦略について述べる。成人のASD者の79％が生涯においてうつ病や不安症などのメンタルヘルスの問題を抱えるが，これを説明する上で近年注目されているのが「社会的カモフラージュ（Social Camouflage）」（Hull et al., 2021 ; Perry et al., 2021）である。SCとは，思春期以降のASD者が，定型発達者中心の社会的なふるまい方に馴染むように自分の行動を監視し，修正する意識的・非意識的な努力を指す。ASの人の70％が社会的カモフラージュをしていることを自覚している（Cage & Troxell-Whitman, 2019）。社会的カモフラージュを行う理由は，社会への疎外感や脅威感という個人の内的感覚が動機となる。そのためSCは表面的な対人的行動の適応を向上させる一方で，ASの人の自己アイデンティティを拡散させ，メンタルヘルスの悪化を招く。つまり社会的カモフラージュは，「ASDである」ことへのパブリック・スティグマにさらされた個人が，脅威を動機づけとして健気に取り続ける，身を削ってまで「行わなければならない」と感じている，「差別されないための努力」の一種である。

「ASDでない」ということの意味

　では，ASの人にとって「ASDでない」ことは何を意味するのであろうか。「ASDでない」人は，日本では「定型発達者」と呼ばれることが多い。海外であると，ほぼ同じ意味で，Neurotypicalと呼ばれる（ちなみに私は「非ASの人」と呼んでいる）。臨床場面でASDの人に「『非ASの人』について，どのような人たちに見えますか？」と聞くと，驚くような回答が返ってくる。

　　「空気が読めて，人に合わせられて，まとも
　　　な人」
　　「周囲に気遣いができて，やさしい」
　　「有能な人」
　　「繊細で共感性が高く，社交的すぎて，疲れ
　　　てしまうことがある」

このような誉め言葉（？）を言う人が多い。おそらく，非ASであるということは，現状において，人間的，能力的にも「優れている」人であるということを意味している場合が多い。だが，控えめに見てもこれは事実ではない。例えば非AS者であったとしても，いい人もいれば悪い人もいる。仕事ができる人もいればできない人も，頭がよい人もいればよくない人もいるのは一目瞭然である。定型発達者におけるこれらの価値づけは，どちらかというと人間性の部分に対するものであり，ASDか否かによって区分されるものではない。より根源的には，人間性をASDか否かで区別しようとする観念そのものが問題である。それにもかかわらず，ASDの人は，何の疑いもなく「AS者は非AS者より劣っている」と信じている節がある。このような現象はなぜ起こるのであろうか。

　数年前のジャーナルに，ASD者が非ASD者をどのように見ているかというインタビュー調査をとった研究がある（Hurlbutt & Chalmers, 2016）。とても興味深いことに，彼らは，「定型発達者は，定型発達者以外の人について理解しようとせず，心が狭い」「私たちはASDであることに誇りを持っている。定型発達者になりたいとは思わない」といった趣旨のことを述べている。これは非常に面白いと思う。ASDか非ASDかを，マジョリティ／マイノリティの社会モデルに基づいて解釈するのであれば，差別は常に「差別される側」の話であり，「差別する側」がその問題を理解しようとはまずしない。つまりマジョリティの立場にいる定型発達者たちが，マイノリティであるASの人の価値観や文化を理解しようとはしない（もっと正確にいえば「する必要がない」と思っている）という，消極的な差別をしているということを，すでに一部のASの人が感じ取っているのである。

　これはジェンダー不平等の構造的問題に酷似している。男性側は，男女格差の是正を行うことは，既得権益を手放すことを意味するため，手放すことがとても不本意に思えるだろう。一方，女性側は，本来であればあって当然の権利を手に入れることに対し，「とても図々しく，女性として評価されない，社会的に望ましくないことをしている」ような錯覚に陥り，罪悪感すら掻き立てられる場合がある。この両者のすでにあるジェンダーバイアス（つまりパブリック・スティグマ）が，格差是正を先延ばしにする要因の一つである。これはある意味において，ASの人が「合理的配慮」の申請を通し，自分ではなく環境を「調整してもらう」という手続きをする際に起こる葛藤と似ている。ASの人は提供されるかもしれない合理的配慮に対し，「特別扱いされたくない」と思っていることがある。また，合理的配慮を提供する側の人間も「特別扱いはしません」という，一見聞こえの良い，しかしマイノリティに対する差別である「合理的配慮の不提供」を行使してくる場合もある。ここにも「非AS者はAS者に比べ『欠損』しており社会に迷惑をかけている」という大きなパブリック・スティグマが存在する可能性がある。我々支援者は，問題の背景にあるパブリック・スティグマを自覚し，ブレイクスルーする努力をしなければならない。

ASDの診断から自己理解とアイデンティティの再構築へ

　スティグマはASDの診断の有用性に対する負の側面であることが指摘されている（Ruiz Calzada et al., 2012）。スティグマを減らすには，そのものをよく理解することが必要である。例えば，ASDという診断によって医学的知識を得たことにより，ASD者の親のセルフ・スティグマ（この場合は「自分のせいで子どもがASDになったのだ」といった自責感）が軽減したという報告がある（Farrugia, 2009）。ASD者に対

するスティグマについては，ASD に関するオンライン講義を受け，知識が増すことで軽減したとの報告がある（Someki et al., 2018a, 2018b）。つまり，ASD という診断に基づく正しい知識と理解をうながす啓蒙や心理教育が，周囲の人のスティグマを軽減し，そこからパブリック・スティグマ自体が減少し，それが当事者のセルフ・スティグマの減少に寄与することが考えられる。

　つまり，我々は社会全体において，自分たちが慣れ親しんだパブリック・スティグマがあるのだということについて，「気づく」ことから始めないといけない。これは AS の人のみの問題ではなく，我々を含む社会全体が「気づく」べき課題である。つまり AS の人が見えない差別を受け入れ，「差別されないための努力」として社会的カモフラージュをするのではなく，我々が「差別しないための努力」をすべきだということである。

　もう一度，本題に立ち戻ろう。ASD と診断されることは，本来は何を意味するのであろうか。本来は，支援や配慮を受けるための診断である。では，支援や配慮の先には何があるのか。AS の人の Well Being について研究しているイギリスの心理学者の Mandy 教授は，AS の人の支援のゴールを「ASD の人々がより満足のいく，生産的で楽しい生活を送ること」としている（Mandy, 2019）。以下に，ASD 者が診断を受けた際に，より満足のいく人生を送るために支援者と取り組んでほしいことを記す。

①ASD と診断されてどう思ったか，支援者と率直に話し合うこと。セルフ・スティグマについても話し合うことで，自分のスティグマや，パブリック・スティグマについて俯瞰的に理解できるようになるかもしれない。

②AS の特性を積極的に理解しようとすること。特に自分の ASD が自分のパーソナリティや対人関係，生き方に，どのように

影響しているかということを，よく話し合うとよい。この時に，定型発達者の価値観を軸としないことが大事である。できれば，「ジェンダー」や「人種」のように，別種のものとして，自分の AS に関する特徴を中立的な視点で拾い，自分のアイデンティティや人生の価値観を ASD という概念を通して見直してみることで，自己理解が進むかもしれない。

③自分の AS によって，何らかの困り感を持っているならば，自分自身の変容（すなわち，AS の人本人の価値観を過小評価し，定型発達者の価値観との差異を自助努力によって埋めること）のみにその解決の責を負わせないこと。できる限りの合理的配慮を得ること（そして，それを得る権利があること）について支援者と話し合うこと。

④人生の中に AS の持つ楽しみ，価値観を積極的に取り入れること。そしてそれを周囲にも理解してもらう方法について，支援者と話し合うこと。

　これらを行うことが必須とは言えないものの，こうしたプロセスによっておそらく AS の人は自分のこれまでの人生のからくりを理解し，そのからくりを工夫することで，より良い人生が送れる可能性が高まると私は考える。支援者側の注意事項としては，「ASD である」ことに対する構造的な差別に無自覚になり，AS の人の不適応は，個人の努力によって解消すべきものだと不当に説いてはならない。こうすることで，ASD と診断されたことが，烙印に代わってしまうからである。

　このように世界がまだ十分に正義に満ち溢れているわけではなく，画一的な価値観がはびこる中で，ASD と診断された人は，葛藤が多く苦難を抱えている。しかし，その苦難の中でも，AS の人が自身の AS を知り，アイデンティティ

を固めることで，ASD者が，ASDに対して傷つかなくなれば，そうした価値に沿って生きる価値は余りあるのではないだろうか。

　ある日突然ASDと診断され，混乱した人に対し，上記のような支援を粘り強く提供することが，我々専門家の責務の一つであると考える。

◉文献

Cage, E. & Troxell-Whitman, Z. (2019) Understanding the reasons, contexts and costs of camouflaging for autistic adults. Journal of Autism and Developmental Disorders 49-5 ; 1899-1911. https://doi.org/10.1007/s10803-018-03878-x

Farrugia, D. (2009) Exploring stigma : Medical knowledge and the stigmatisation of parents of children diagnosed with autism spectrum disorder. Sociology of Health and Illness 31-7 ; 1011-1027. https://doi.org/10.1111/j.1467-9566.2009.01174.x

Goffman, E. (1963) Stigma : Notes on the Management of Spoiled Identity. Prentice-Hall. (石黒毅＝訳 (1970) スティグマの社会学——烙印を押されたアイデンティティ. せりか書房)

Hull, L., Levy, L., Lai, M.C. et al. (2021) Is social camouflaging associated with anxiety and depression in autistic adults?. Molecular Autism 12-1 ; 1-13. https://doi.org/10.1186/s13229-021-00421-1

Hurlbutt, K. & Chalmers, L. (2016) Adults with autism speak out : Perceptions of their life experiences. Focus on Autism and Other Developmental Disabilities 17-2 ; 103-111. https://doi.org/10.1177/10883576020170020501

Mandy, W. (2019) Social camouflaging in autism : Is it time to lose the mask?. Autism 23-8 ; 1879-1881. https://doi.org/10.1177/1362361319878559

Mogensen, L. & Mason, J. (2015) The meaning of a label for teenagers negotiating identity : Experiences with autism spectrum disorder. Sociology of Health & Illness 37-2 ; 255-269. https://doi.org/10.1002/9781119069522.ch7

Perry, E., Mandy, W., Hull, L. et al. (2021) Understanding camouflaging as a response to autism-related stigma : A social identity theory approach. Journal of Autism and Developmental Disorders 52-2 ; 800-810. https://doi.org/10.1007/s10803-021-04987-w

Ruiz Calzada, L., Pistrang, N., & Mandy, W.P.L. (2012) High-functioning autism and Asperger's disorder : Utility and meaning for families. Journal of Autism and Developmental Disorders 42-2 ; 230-243. https://doi.org/10.1007/s10803-011-1238-5

Someki, F., Torii, M., Brooks, P.J. et al. (2018a) Stigma associated with autism among college students in Japan and the United States : An online training study. Research in Developmental Disabilities 76 ; 88-98. https://doi.org/10.1016/j.ridd.2018.02.016

Someki, F., Torii, M., Brooks, P.J. et al. (2018b) Stigma associated with autism among college students in Japan and the United States : An online training study. Research in Developmental Disabilities 76 ; 88-98. https://doi.org/10.1016/j.ridd.2018.02.016

第Ⅱ部

ASを理解する

自閉スペクトラムのパーソナリティ

青木省三

自閉スペクトラムの特性，個性，パーソナリティをどう考えるか

人は個々によって異なった資質（生得的要因）を持って生まれ，資質と生育環境（環境的要因）が影響し合いながら，その人なりの発達をし，個性やパーソナリティ（性格）が形作られる。発達特性という言葉は持って生まれた資質と，個性やパーソナリティは特性と環境が影響し合って形成されるものと，本稿では定義しておきたい。特に成人している自閉スペクトラム（以下，ASと略す）の人たちは，持って生まれた発達特性もあるが，20年以上の時間のなかで，特性と環境が影響し合い，その人なりの個性，パーソナリティになっているからである。なお筆者は，発達特性も個性もパーソナリティも，人としての価値に優劣がつくものとは捉えていない。

筆者は，成人するまでに，そしてその後に，いろいろな困難を抱えたりしながらも，社会のなかでその人らしく生きているASの人たちに出会うことがしばしばある。その人たちと話していると，多数派である定型発達の人たちと比べて，ASの人たちは少数派であり，考え方，感じ方，人との関わり方，楽しみ方や生き方などが異なってはいるものの，いずれも個性的，魅力的で，その人らしい実に味わい深い人生を送っていることがわかり，うれしくなることがある。読者の皆様の傍らにも，生き生きと生きているASの人たちを何人も思い浮かべることができる

のではないだろうか。

しかし，ASの人たちが，定型発達の人たちが多数派の世の中を生きていくのは容易なことではない。たとえば，言葉も文化も異なる外国に行き，一人で生活していく時のことを考えてみよう。筆者の経験を少し紹介してみたい。イギリスに滞在した時のことである。朝から夕方までミーティングが続き，言葉が聞きとれず，自分の思いや考えを伝えられなかった。ここは笑うところかなと思って笑ってみると，誰も笑わずじっとこちらを見てきたりして，いつもびくびくしていた。よくわからないから黙っておこうと静かにしていると，まるで筆者がいないかのように無視され（とその時は感じた），ミーティングが進んでいった。疎外感・孤独感を痛烈に覚えたものであった。そのうち，周りの人が笑っているのが，自分のことを笑っているような，そんな気さえしてくるのであった。

言葉のコミュニケーションができない，場の雰囲気が読み取れない，何気ない人の言動を自分に関係していると感じていた。その時点で英国の病院を受診すれば（と言っても，そもそもいたのが精神科病棟であったので，周囲は精神科の専門家ばかりではあったが），自閉スペクトラム症の診断が確実についたであろう。この時の筆者を助けてくれたのは，英語が苦手な（と言っても筆者よりはるかに上手な）他国からの留学生であった。「僕もミーティングが聞きとれない。終わったら何が話されたか，一緒に整理しよう」と声をかけてくれた。そして，しばしば彼が，ミーティングを通訳，翻訳してくれた

のである。この体験は，筆者のASに対する考えを変えてくれる，貴重なものとなった。それ以来，少しずつ話されていることがわかるようになり，笑うタイミングもわかり，短いコメントを発することもできるようになった。気がついてみるとその集団のなかに（正確に言えば端っこに）入れていた。でも，少なくとも半年以上の時間がかかったように思うし，聞きとれない部分を聞きとれた部分から推測するという程度であったけれど。

そのような経験を通して，困難な状況に置かれるとASらしさが濃くなり，困難な状況が改善するとASらしさが薄らぐ，時には消えると考えるようになった。人は皆，濃い薄いの違いはあるかもしれないが，大なり小なり，ASであり，それも状況によって変動するものなのである。だから，困った時，追い詰められた時の，瞬間最大風速の症状だけで，自閉スペクトラム症と診断してはいけないと筆者は考えている。

さらに思春期・成人期で，ASの人に出会う時，2つのタイプがあることに気づいた。1つは，人に敏感で不信感や警戒心を抱きやすい人たちで，集団の中にうまく入れず，孤立しやすいタイプ。もう1つは，人づきあいは得意ではないが，人への信頼感をもっている人たちで，集団のなかにいて，その人なりの友だち付き合いを楽しんでいるタイプである。この2つのタイプはどちらも人付き合いが得意ではないという点では同じなのだが，前者は人の中にうまく入れず，後者はそれなりに集団のなかに（集団の中心ではなく辺縁のことが多いが）入っている。この違いは何から生まれるのだろうか。前者は，よく聞いてみると，生育途上に，傷つき体験やつらい体験をもっていることが多いように思う。それに対して後者は，人に大切に護られ，傷つき体験やつらい体験が少ないように思う。傷つき体験やつらい体験などのトラウマ体験の多寡が，どうも前者と後者の違いになるの

ではないか。特に後者は，自分の好みや興味を大切にしていて，自己肯定感をもっている人が多いように思う。エビデンスのない，あくまでも印象の話であるが，多くの臨床家がこのように感じているのではないだろうか。

ただ，留意しないといけないことは，この2つのタイプは決して固定したものではないということである。人とのよい体験，自信をもてるよい体験を積み重ねると前者が後者になる。逆に傷つき体験やつらい体験が重なると後者が前者になることも経験する。治療や支援というものは，前者を後者に向かうようにと支援していくものであろう。ASの人と出会う時，集団のなかに（別に一人でもいいのだが）その人らしくいて，その人らしく生きてほしいと思うのである（青木，2022）。

長所と短所は表裏一体である ——こだわりを中心として

さて，話を進めていこう。本稿では，ASの特性・パーソナリティのなかの，主として「こだわり」について記してみたい。

自閉スペクトラム症は，本田秀夫によると「臨機応変な対人関係が苦手であること」と「自分の関心，やり方，ペースの維持を最優先させたいという本能的志向が強いこと」（これは俗に「こだわりが強い」と表現される）という特徴が幼児期からみられ，「それらによって社会生活上何らかの支障をきたしたときに，自閉スペクトラム症と診断される」という（本田，2017）。この後者のこだわりについて，本田は，「関心の領域では，特定の物に強い興味をもちます。半面，それ以外の物にはほとんど興味がないというのが特徴です」「やり方としては，特定の手順を繰り返すことにこだわる。情動的な動作を繰り返す」「ペースの維持では，他者にペース

を乱されたくないという気持ちがものすごく強い」などと、関心の領域、やり方、ペースの維持などをあげている。ASは、幅広い領域で、こだわりの強いパーソナリティをもつのである。

まず、ここで押さえておきたいのは、ASの特性やパーソナリティの長所と短所というものは表裏一体のもの、ということである。一言で言えば、環境とうまく合った場合は長所として表れ、うまく合わない場合は短所として表れる。だから治療や支援とは、オセロゲームのように、短所（クロ）と見えたものを、いかに長所（シロ）にしていくかであると言っても過言ではない。

目の前のものが頭にこびりつきやすい

ASの人は目の前の対象に引き付けられる、考えをひきずってしまう、考えが頭から離れない、ということが起こりやすい。

ある20代のASの女性は、職場の上司に言われた一言が頭に残り、そのことをずっと考えてしまうという。「あなた、もっと気をつけて。慎重にしてちょうだいね」と言われたら、その言葉が頭に残り、仕事が終わって家に帰ってからも、そのことを考え続けてしまう。「あの人は何であんなことを言ったのだろうか。私は他の人よりミスが多いのだろうか。あの人は私をダメだと思っているのではないか」などと考え続け、夜眠れなくなる。翌日も翌々日も、その一言を思い出し考え続ける。そして「仕事をやめてしまおう」とまで思い詰めてしまうのであった。ところがしばらくして、同じ上司に「あなたは慎重すぎるわね。もっと仕事を早く片付けてちょうだい」と言われ、驚いてしまう。先日は「慎重に」と言われたのに、今度は「慎重すぎる」と言われたからだ。女性は困惑して、筆者に「どうしたらいいのだろうか」と相談した

（正確に言えば、先日は「不注意」を指摘され、今度は「仕事の遅さ」を指摘されたのであり、「慎重」といっても異なった意味であるが、上司は「慎重」という言葉が重複しているのに気づいていなかった）。

筆者は女性に、「あなたは言われた言葉をずっと考えているけど、上司は言った言葉を（あなたよりも早く）すぐに忘れてしまうのではないだろうか。あなたの考え方と上司の考え方は持続時間が違う。あなたはじっくりと考え続ける長距離走、上司はその時その時で考えが変わっていく短距離走。あなたが心配していることを相手が忘れているということはないだろうか」と尋ねてみた。女性は「そうなんです。いつも私が『あの時、○○と言われたのに』と言うと、上司は『え、そうだったかな。いつのこと？』と言うんです。上司はすぐに言ったことを忘れるようで。私、ずっと同じことを考えているけど、皆がそうじゃないと最近気づきました」と答えたのであった。

　　長所：言葉や態度を忘れない。
　　短所：言葉や態度を忘れられない。

「頭に言葉がこびりついて、ひきずってしまう」と女性は言うが、これも、こだわりのひとつの表れ方である。もちろん、注意されることのなかには大切なものもあり、忘れずに考えておきたいものもあるのだけれど、考える必要があるものとないものとを区別するには、助言が必要なことが多い。そのため、信頼できる家族や友人に、心配なことをちょっと尋ねてみることがとても大切になる。多くの心配が「気にしなくてもいいんじゃない」と言われるものである。

こびりついた考えを切り替えるということがとても大切になるが、これは後のところで記したい。

自分の考えが変更できない

　もう一人，男性を紹介してみよう。この男性は，自分の考えを貫く人，筋（スジ）を通す人であったが，自分の考えを変更できない人でもあった。

　70代半ばの男性が，アルコールの多飲を続け，肝障害となり，内科に入院となった。「酒は昼間から飲んでいた」と言う。内科入院後，明らかな離脱症状は認められなかったが，経過よりアルコール依存症を疑われ，紹介となった。生来，「頑固。一度決めたら貫く。人間関係は苦手」ということであった。融通の利かない生真面目な人物ではないかと思って話を聞いていると，柔らかな物腰，話しぶりが意外であった。

　男性は40代半ばの頃，20年近く勤めた工業系の会社で，安全管理を担当していたが，ある時，新しい上司と意見が合わず，衝突し退職した（仕事人生の半ばでスジを通してやめてしまった）。その後，ガソリン・スタンドにアルバイトで勤めたら，「危険物取扱の免許」をもっているということで，すぐに所長に抜擢され（！），以後，定年まで勤めたという。

　免許について尋ねると，先に勤めていた工業系の会社では，誰もが1つの免許・資格の取得を求められていたが，免許にもいろいろな種類があり，1つひとつ資格を取っていったそうだ。「大変だったでしょうね？」と尋ねると，「毎日，夜中の2時に起きて，試験勉強をしていた」とのこと。危険物取扱の免許以外にも10あまりの資格を取得しており，30代の頃は資格取得に没頭していたことがわかった（初志貫徹，頑固）。資格マニアだったのである。

　当時，特別な目的もなく取った資格が，転職後，「3日で所長」という結果つながったのである。芸は身を助けるというが，資格マニアであることが生きたのであった。

　そこで，男性に，趣味や興味について尋ねると，盆栽，陶器収集，金魚，釣りなどたくさんの趣味をもっていることがわかった。「盆栽の鉢は300鉢もっていた。でも，全部人にあげました」などと言う。とことんやったら興味がなくなってしまい，他のものに興味が移るということを繰り返していた。

　内科入院前は，海岸での魚釣りに凝っていた。毎日，朝は釣りに行って，魚は皆に配っていた。料理も好きで，一人で作って食べたり，皆に料理を配ったりしていた。「趣味人」として，同好の人と交流し，本来の凝り性を発揮して，人に一目置かれるレベルにまで達していた。

　そこで，「アルコール依存症という病気があるが，どう思いますか？」と説明すると，「ワシは，内科の先生にγGTP数値が200と言われると，酒を減らして，1カ月で2ケタまで減らしていた。今度の新しい先生は心配性で，ここ（精神科）に紹介されたけど，γGTPさえ教えてくれれば大丈夫です」というのであった。男性が内科で，「検査結果を教えてくれ，数字を教えてくれ」と繰り返し尋ね，スタッフも困っていたが，その理由がはじめてわかったのであった。

　　長所：筋を通す。1つのことに集中する。
　　短所：頑固。人の意見を取り入れられない。

　男性はこだわりのエネルギーを，資格や趣味に注ぎ，それなりのレベルに達していた。自分の考えを曲げず頑固で，人間関係も苦手だったようだが，長い間，職場や趣味の活動を経るなかで，「独特の味のある雰囲気」を醸し出し，社会においてそれなりの位置を獲得していた。筆者はASと捉えた方が治療的ではないかと考えた。短期的にみれば衝突することも多かったようだが，長期的にみれば男性はスジを通して生きており，ブレない人として信頼を得ていたのである。

　男性には，アルコール依存症の心理教育をし，断酒会など自助グループに導入し，断酒を目標とするよりも，数値へのこだわりを治療に活か

し，男性の希望通り，「γGTPを指標とした節酒」という方針が一番実りあるのではないかと考えた。その後，男性は，肝機能を指標にしながら節酒をし，釣りと料理を楽しんでいるのである。

予定の変更が苦手である

今から何をするか，何が起こるか，わかっていると安心である。何をするかわからない，何が起こるかわからない，という不確定な状況が苦手で，不安になり混乱しやすい。逆に，予定やスケジュールが決まっていると安心できる。

30代のASの女性は，いつも決まった時間の電車に乗ってアルバイト先まで通勤していた。だが，電車が事故などで遅れると，女性はそのつど混乱し，不機嫌になり怒り出した。駅から，「私はどうしたらいいの」と家族に電話してくるので，家族が「仕事に間に合うから大丈夫」と繰り返し話すのだが，アルバイト先に到着するまで怒り続けるのであった。

自閉症の中学生の男子のことである。ある日の外来が混雑して，男子の前に数人の患者さんが待っていた。前の人の診察時間がいくらか延び，予約時間を過ぎて男子を呼んだところ，男子が診察室に入るなり「今日は帰る」と泣きだした。「予約時間が過ぎてゴメンね」と謝り，事情を聞くと「〇時〇分の電車に乗れない」と言う。その電車に乗って，途中の駅で「△時△分の電車に乗りかえないとダメ」なのであった。「今なら間に合う。今日は診察なしでいこう」ということで，急いで帰っていった。

　　長所：規則的な生活が気持ちを落ち着かせる。早くより準備し，決して遅刻をしない。
　　短所：変更があると，混乱してしまう。

もう一人，40代の男性を紹介しよう。

40代の男性。抑うつ的となって受診した男性に，「最近変わったことはなかったですか」と尋ねると，「夜勤をするようになった。緊急の電話がかかってくると，上司や関係機関に連絡しなければいけない」と言う。「それは大変ですね。一晩に何度も電話がかかるのですか？」と尋ねると，「電話はほとんどかかってこないのです」という返事で，意外であった。よく聞いてみると，「いつ電話がかかってくるかと，ずっとハラハラしながら待っているのがとてもしんどい」のだという。電話がかかるということよりも，いつ電話がかかってくるのかわからないという，不確定な時間が苦しいのだとわかった。

　　長所：いつも手を抜かず対応しようと，待機している。
　　短所：何かが起こるのではないかと不安・緊張が持続し，休めない。

次の女性は，生活について尋ねないと困ったことがわからなかった例である。

20代の女性。ある日の診察で，「この頃，急に腰が痛くなって，足がしびれてきた。整形外科に行ってレントゲンをとってもらったら，神経を圧迫しているかもしれないと言われて，今日はもっと詳しいMRIをとる」と言う。「何か重いものを持ったりしたの？」と尋ねたら，母親が「この子は毎日，たくさん荷物を持っていくんです」と話した。「どういうことですか？」と尋ねると，「両手にかばんを持って，その上でたすき掛けでバッグを背負い，これがなかったら，大変なことになるというのが口癖なんです」と母親が話した。「爪切りが2つにカットバン。救急箱も入れて，カンカン照りでも雨傘を持っていく。レシートも何かあったらいけないからと，全部捨てずに持っているし，喉が乾い

たらいけないとペットボトルを2本……」と終わらない。筆者が，「あなたの荷物は10kg以上あるね。もしかしたら，20kg近いかも。これでは，腰痛になっても不思議ではないよね」と話した。本人は，「ずっと持っていたから，大丈夫だと思っていた」と話した。

　彼女は，対処できない事態になることが不安であった。だから，どのようなことにでも対処できるように，カバンとバッグに必要と考える物をすべて詰めていたのであった。

　　長所：準備を万全にすることで，不測の事態に対応できる。
　　短所：カバンに荷物を詰め込みすぎて，身体に負担をかける。

臨機応変な対応が苦手である

　30代の女性。スーパーでアルバイトをしている。「レジ係をやってください」と店長に言われ，働き始めた。ある日突然，年配のスタッフから，「あなた，何でボーっと立っているの？　今，品出しが大変なのがわかるでしょう」と怒られた。自分は「レジ係」と思っていたので，お客さんは並んでいなかったが，じっと立って待っていたという。年配のスタッフは，「お客さんがレジに並んでいないのだから，気を利かせて，品出しを手伝うのが当たり前でしょう」と言ったが，女性は，「自分は『レジ係』か『品出し係』のどちらかしかできない。忙しそうだったら手伝うというのがわからない」と話した。女性は，真面目で手を抜くことなく働いたが，「忙しそうな時」という状況判断ができなかったのである。

　　長所：1つの仕事を，手を抜かずコツコツとする（1つのテーマを追求する専門職，研究職に向いている）。
　　短所：状況に応じて，複数の仕事をするこ

とができない（雑用という何でもする仕事は，たとえ「軽作業」であっても苦手である）。

　さらに次のような問題も起こった。
　女性が困って店長に相談したら，「レジ係に専念しなさい」と言われたが，それでもベテランの職員は「すぐに品出しに行ってちょうだい」などと声をかけてくる。「どちらの言葉に従ったらいいのか」と困惑してしまった。それで「私はレジ係をすればいいのか，品出しもしなければいけないのか」と店長に尋ねたら，「そのくらい，自分で考えなさい」と言われて，混乱してしまった。女性にとって，とても理不尽なことである。

　　長所：上司や先輩の指示を，きちんと守ろうとする。
　　短所：上司や先輩の指示が異なると，混乱してしまう。

　さらに，複数のことを同時に言われると混乱するということもある。

　30代のASの女性。2階に上がった時，母親から「○○と△△を取って，電気を消して下りてね」と言われると，不機嫌になり怒り出した。母親は，いくつものことを頼むと怒るんですと話した。同時に複数の課題を言われるのが苦手で，どれも手につかなくなるのである。

　　長所：1つのことは，確実にできる。
　　短所：複数のことを同時に頼まれると，どれもできなくなる。

集中が妨げられると混乱する

　ASで双極性障害の男性は，一度の躁うつの波の後，10数年安定して仕事をしていたが，この

2年ほど数カ月単位の躁うつを繰り返すように
なった。軽躁になると周囲の同僚が恐がるほど
に怒りっぽくなり，抑うつ状態になると出勤で
きなくなった。職場に何か変化があるのではな
いかと思ったが，なかなかわからなかった。し
かし男性には自覚がなかったが，ミスを減らす
ためのダブルチェック制度が2年前に導入され，
それ以後，波が始まっているようであった。ど
うも，男性が集中して自分の仕事をしている時
に，同僚から仕事の確認を求められようになり，
男性の集中が寸断されることが負担になってい
るようであった。そのため，上司と相談し，男
性にはダブルチェックのない部署で働かせても
らうこととした。その後，波は収まり，安定し
て生活できている。男性に必要だったのは，男
性のペースで集中して働くことができる環境で
あった。

> 長所：1つのことに集中できると，質のよ
> 　　　い仕事ができる。
> 短所：集中が妨げられると，仕事が手につ
> 　　　かなくなる。

　以上，これまでに記したように，長所と短所，
シロとクロは表裏一体であり，いかによい面が
表に出るかを考える必要がある。

▌対処方法を工夫する

　さて最後に，長所を活かし短所をカバーする
方法について考えてみよう。オセロで言えばク
ロをシロに反転させることはできないか，とい
うことである。

生活の困りごとを見つける

　「何かお困りのことは？」というような開かれ
た質問（open question）が，ASの人は苦手で
ある。どう答えていいのかわからなくなる。「具
合はどうですか？」「調子はどうですか？」とい
うような質問も漠然としていて苦手である。「○
○のことで困っていませんか？」というような
閉じられた質問（closed question）が答えやす
い。閉じられた質問のコツは，的から少し外れ
ているくらいにすることで，「いや，そうじゃな
くて，これで困ってます」などと話しやすくな
る。すごく困っていることを，そのままズバッ
と尋ねられると，当たっていすぎてつらいとい
う場合もある。

　ASの人は，生活のなかにいろいろと「困った
こと」があっても，本人は「困ったこと」と自
覚せず，「いつものこと」「当たり前のこと」と
考えていることが多い。しかし，1つひとつ日
常生活を具体的に尋ねていくと，「困っているん
じゃないか」と思うことが出てくる。たとえば，
職場で困ることはないと言っていた人に，「お昼
ご飯はどこで？」と尋ねると，「（職場からずい
ぶん離れたところにある）大型ショッピングセン
ターのフードコートで一人食べている」こと
がわかり，みんなのなかで食事をするのがしん
どいことがわかる。休憩時間や食事時間をどこ
でどのように過ごしているか尋ねると，職場で
の困り方がわかることが少なくない。

　日常生活について尋ね，具体的に「困ったこ
と」を把握し，その対応について考える。それ
によって，生活が楽になる。これが援助の基本
である。自分で対処方法を生み出している人も
いるが，信頼できる誰かに相談すると，考えや
すいものである。「人の知恵」を借りる。一方
で別の機会には「知恵を貸してあげる」のであ
る。

切り替える

　頭のなかにこびりついた考えを切り離す，切り替えるというのはとても大切である。

　中井（1984-1991）は統合失調症において，問題を局地化できないことを指摘したが，ASの人は，現実生活の小問題が「生きる・死ぬ」の大問題になりやすい。頭のなかにこびりついた考えや心配は，最初は小問題だが，すぐに「生きる・死ぬ」の大問題になってしまうのである。だから，相談の第一声が「死にたいんです！」という言葉になったりする。実際に支援する際には，大問題を引き起こしている，日常生活の小問題を見つけ出し，1つひとつ対処していくことが大切になる。「問題を整理し，困ったことを具体的に把握し，順番をつけて，1つひとつ片付ける」と考えるとよい。

　頭にこびりついた考えや心配を切り替えるには，そこに向かっている注意を他のものに向けることが大切になる。好きな音楽を大きな音にしてイヤホンで聞く。好きな食べ物をしっかり味わって食べる。ジョギングをする。自転車に乗る……その人に合った切り替え手段を2つ3つもつことである。「楽しいことを貯金するのが，元気になる秘訣です」などと話すこともある。楽しいことにはまり込むのを勧めるのである。間違っても，アルコールや薬物にはまりこまないように気をつけたい。

　森田正馬は100年前に，「休息は仕事の中止にあらず，仕事の転換にあり」と述べた。名言である。休むということは，何もしないことではなく，何かに注意を転換すること，と指摘したのである。その当時は，「とらわれ」の強い「神経質」を念頭においた言葉だったと思う。とらわれは，こだわりのひとつの形と言ってもよい。こだわりはその方向を建設的なもの，楽しいものに向けることがポイントである。これまでは，休息とは何もせずに休むことと考えられやすかったが，休むだけでは考えや心配はふくらんで大問題になる。注意や行動の向きを転換すること，自分なりの切り替え手段を見つけていくことが大切となる。

こだわりを活かす
——趣味人的，職人的な生き方のすすめ

　これまでにこだわりの，長所と短所を記してきた。短所を長所に反転させる生き方，長所を活かしていく生き方とはどのようなものであろうか。筆者が考えるものの1つは，好きなことを追求する趣味人的な生き方，もう1つはよい作品を追求していく職人的な生き方である。趣味人的な生き方には，いろいろなものを蒐集する，コレクターという生き方もある。さらに，公正で公平を追求するという規範を護るような生き方もある。

　筆者は「仕事は飯の種，こつこつと働こう。趣味を大切にして趣味人として生きよう」とか，「自分の仕事にこだわって，職人っぽく生きていこう」などと話すことがある。職人，趣味人のすすめである。地域には，ASの特性を活かして，職人として生きている人が少なくない。彼らは，同時に趣味人でもある。それも私などの想像を超えた，深い趣味の領域をもっている。本稿では触れなかったが，歴史，天文，鉄道などという趣味の王道から，料理，編み物，折紙，紙飛行機など，幅広い趣味がある。「仕事は職人，余暇は趣味人」として生きていけないか。一芸に秀でるとまではいかなくても，自分の仕事や趣味を大切にして，誇りをもって生きること。筆者は，若い年代のASの人たちと出会う時に，彼らが年を重ねるうちに職人・趣味人となり，特性が個性として輝くことはできないかと思い願うのである。

●文献
青木省三（2012）ぼくらの中の発達障害. 筑摩書房［ちくまプリマー新書］.

青木省三（2017）こころの病を診るということ——私の伝えたい精神科診療の基本．医学書院．

青木省三（2020）ぼくらの中の「トラウマ」——いたみを癒すということ．筑摩書房［ちくまプリマー新書］．

青木省三（2022）ぼくらの心に灯ともるとき．創元社．

青木省三，村上伸治＝編（2015）大人の発達障害を診るということ——診断や対応に迷う症例から考える．医学書院．

青木省三，村上伸治，鷲田健二＝編（2021）大人のトラウマを診るということ——こころの病の背景にある傷みにきづく．医学書院．

本田秀夫（2017）自閉スペクトラム症の理解と支援．星和書店．

中井久夫（1984-1991）中井久夫著作集［全6巻・別巻2］．岩崎学術出版社．

ASの人たちの感覚

青木悠太

感覚症状とASDの歴史

ASDの中核症状は社会性の障害と興味の限局であり、感覚症状は周辺症状と考えられてきた。しかし、ASDにおける感覚症状の歴史は長い。1943年のLeo Kannerの11例の報告の中には、掃除機やガスバーナーの音を怖がるという症状を持つ症例が挙げられている（Kanner, 1943）。米国精神医学会発行の診断基準であるDSMの歴史では、感覚症状はASDの診断基準の当落線上にあった。ASDが初めて診断名として記載された1980年発行のDSM-IIIでは感覚過敏・鈍麻が診断基準の1つに挙げられていた。しかし、1994年発行のDSM-IVでは感覚症状に関する記述は削除された。現行の2013年発行のDSM-5では、感覚症状が診断基準に復活しているが、記載の順番は全ての症状の中で最後である（順番が最後であるということが最も重要ではないという根拠にはならないと思うが）。

このように感覚症状は、中核ではないものの、時代を超えてASD当事者の周辺症状と見なされてきたことがわかる。なお、これらの感覚は自分の外からの刺激に対する感覚を指しており外受容感覚と呼ばれる。一方で、自分の中からの刺激、具体的には心拍数の変化や空腹感などに対する感覚は内受容感覚と呼ばれる。最近では、外受容感覚だけではなく内受容感覚もASDの病態生理において重要な役割を担うと考えられている。本稿では、ASDの病態生理を主に外受容感覚の視点から解説し、最後に内受容感覚についても触れる。

外受容感覚

感覚症状の評価方法

感覚症状とASDの関係を理解する前に感覚症状の評価方法について説明する。感覚症状を評価する方法はいくつかあるが、その中でSensory ProfileというDunnらによって開発された質問紙を紹介する。Sensory ProfileはASD領域でも頻繁に使用されており、日本語訳もなされている（日本語版はSP感覚プロファイルと呼ばれ、以下SP感覚プロファイルとする）。

SP感覚プロファイルでは感覚閾値の高低と、感覚刺激に対する反応で2×2のマトリックスを定義している（Brown et al., 2001）。感覚閾値とは刺激に対する神経反応と言い換えることができ、刺激に対する反応とは刺激に対する慣れと考えることができる。したがって、感覚症状は、次の4つの象限に分類される。

低登録：感覚閾値が高い（つまり刺激に対して神経反応が乏しい）。また、その刺激を制限するような刺激と調和した行動を取るために、刺激に対しても早い段階で慣れる。
感覚探究：感覚閾値が高い（つまり刺激に

対して神経反応が乏しい）。また，その刺激を求めるような刺激に拮抗するような行動をとるため，刺激への慣れに時間がかかる。

感覚回避：感覚閾値が低い（つまり刺激に対して神経反応が強い）。また，その刺激を回避するような刺激と調和した行動を取るために，刺激に対しても早い段階で慣れる。

感覚過敏：感覚閾値が低い（つまり刺激に対して神経反応が強い）。また，その刺激を継続して認識するような刺激に拮抗するような行動をとるため，刺激への慣れに時間がかかる。

　そして，この4つの象限は，聴覚・視覚・触覚・味覚・嗅覚の五感だけではなく，平衡感覚や口腔感覚・振動感覚など幅広い感覚ドメインに適応される。
　いくつか具体例を挙げる。

低登録
- 顔の感覚が乏しいので，顔にお米がついても気づかずに過ごした。
- 異臭がする部屋に入っても，異臭に気づかずに過ごした。
- 後ろから「わっ」と驚かされてもびっくりしない。

感覚探究
- 「高い高い」が好き。
- 味が分かりにくいので，濃い味，辛い味など極端な味の食事を摂る。
- 音が聞こえにくいので，ヘッドフォンを使って大音量で音楽を聴く癖がある。

感覚回避
- カレー屋に入ったが，香辛料の匂いが強いのですぐに退店した。
- 商品のタグがチクチクするので，新しく買った服を着ないことにする。
- 眩しいので外出する時はサングラスが欠かせない。

感覚過敏
- ラーメンを食べたら，スープの温度が熱くてびっくりした。
- 新幹線に乗ると低いエンジン音が続くので苦しくなる。
- 人がつけている微かな香水の香りが気になって気分が悪くなる。

ASD当事者における感覚症状の疫学

　上述のように定義された感覚症状は，ASD当事者において，どのくらいの割合で見られるのだろうか。このような有症率は興味深いところだが，2つの理由で評価は簡単ではない。
　1つの理由は，感覚症状の異種性の高さである。つまり，感覚症状は多岐の感覚ドメイン（聴覚・視覚など）および，さらに1つのドメイン内でも刺激の種類によって象限が異なる場合があり，評価が困難なことがある。
　例えば，平衡感覚に関しては感覚探究があり「高い高い」など感覚遊びを好む。一方で，味に関しては感覚過敏と低登録の両方がある。香辛料には敏感に反応するが塩味には鈍感である，という方もいる。
　このような問題を解決するために感覚症状について包括的に評価するための手段が開発されている。SP感覚プロファイルはそのうちの1つだが，Baranekらによって開発されたSensory Experience Questionnaire（SEQ）といった質問紙もある。こちらは親・養護者が子どもについて記入する様式であり，105問の質問からなっ

ている。筆者の知る限り，SEQは日本語訳がされていないが，SP感覚プロファイルが定型発達者を対象に作成されているのに対して，SEQはASDをはじめとした発達障害児を念頭に作成されているという強みがある。これらの包括的な評価は感覚ドメイン別に評価することができる点で有効であるが，上記の味覚のような例はやはり回答に困る場面がある。

もう1つの理由は，感覚症状はあるかないかのカテゴリカルな分布ではなく連続的な分布をしていると考えられている点である。つまり，質問紙を使用しても包括的に検討してもカットオフを設定しにくい。連続的な分布という特性から，SP感覚プロファイルでは，1,000名以上の3〜10歳の定型発達児を対象に平均点と標準偏差（SD）を計算し，平均から−1SDまでの範囲を「平均的」，+1SD〜+2SDまでを「高い」，+2SD以下を「非常に高い」と表現している（日本語版SP感覚プロファイルでは点数が高いほど症状が重い）。

上記2つの問題点があるために，ASD当事者の感覚症状の有病率の報告には幅がある。しかし，ASD当事者の大多数で感覚症状がみられるという点では共通している。以下にいくつかの重要な報告を見ていく。

Baranekらは48名のASD児（平均年齢40カ月）と110名の定型発達児の感覚症状をSEQを用いて比較した。結果，ASD児の69%が定型発達者のスコアの分布において，平均＋1SD（SEQでは点数が大きいほど症状が重い）以上のスコアと評価された（Baranek et al., 2006）。TomchekとDunnは，短縮版SP感覚プロファイルを用いて281名の3〜6歳のASD児のうち95%に感覚症状があることを報告している（Tomchek & Dunn, 2007）。この研究では，定型発達児と触覚，味覚，嗅覚，運動，聴覚などの感覚ドメインで症状を比較しており，定型発達児とASD児で最も大きな差があったのは聴覚フィルターとなっている。ほかにもいくつか

被験者数が小さい研究がなされているが，いずれも類似した結果を報告している（Baker et al., 2008）。これらの研究は米国で行われたが，英国のBaron-Cohenらのグループも221名のASD当事者を対象とした研究で，定型発達者と比較してASD当事者では聴覚が最も過敏であるという同様の結果を得ている（Tavassoli et al., 2014）。

ASD当事者における感覚症状の加齢性変化

定型発達者においても感覚症状は見られる。しかし，感覚症状はASD当事者と定型発達者では程度だけではなく，年齢による変化も異なるのではないかと考えられている。具体的には，定型発達者においては，成長と共に症状が改善するパターンを取るのに対して，ASD当事者ではそのような成長−減少パターンは見られないと考えられている（Leekam et al., 2007）。実際に，18名と被験者数は少ないものの，平均年齢42歳のASD当事者を対象とした研究でも，青年・成人感覚プロファイルを用いて感覚症状の有症率が95%であることを報告している（Crane et al., 2009）。この研究では65歳までの当事者も含まれているが，年齢と感覚症状の関係は見られなかった。したがって，結果は完全に一貫しているわけではないが（Baranek et al., 2019），小児から成人にかけてだけではなく，成人から高齢にかけても感覚症状は年齢の影響を受けず，ASD当事者で変わらず見られると推測することができる。

感覚症状と中核症状の関係

ASD当事者において感覚症状が見られることは，果たして偶然の産物なのだろうか？

この疑問に対する答えはまだ出ていない。しかし，感覚症状が社会性の障害の基盤となっているという因果関係を想定する仮説がある。つ

まり，感覚症状が社会刺激の定型的な入力の妨げになり，結果として感覚症状があることが社会性の発達の妨げになるのではないかという考えである（Thye et al., 2018）。社会性の障害の形成基盤には合併症や社会的要因も想定されており，感覚障害が社会性の障害を形成する単一の原因とは考えられない。しかし，この仮説は一定の筋が通っており検討の価値がある。実際に，いくつかの研究ではこの仮説を支持する結果も報告されている。

2つの縦断研究を紹介する。1つは，Infant Brain Imaging Study（IBIS）という米国の多施設脳画像研究グループによる研究である。この研究では，ASDとなるリスクが遺伝的に高いハイリスク児を6カ月齢から2歳まで1年半にわたり追跡調査した。6カ月の時点では診断は誰にもついておらず，2歳の時点では被験者全員に診断の有無がはっきりしているという枠組みの研究である。その結果，2歳の時点でASDと診断されなかった児と比較して，ASDと診断された児は，6カ月齢の時点から感覚症状の程度が重いことを報告している（Estes et al., 2015）。もう1つは，Baranekらによる研究である。この研究では8,400名あまりのデータベースから280名の13〜15カ月齢のハイリスク児を同定し，そのうち55名を追跡調査した。すると，20〜24カ月の時点で感覚探究が高い児は3〜5歳時点での社会性が高くなる傾向にあった（Baranek et al., 2018）。これらの研究は，感覚症状が社会性の症状に先行するということだけではなく，ASD症状や診断を予想することができる可能性を示唆している。

横断デザイン研究まで視野を広げると，感覚症状の程度が重いほど社会性の障害の程度が重いと報告した研究は無数にある（Hilton et al., 2007；Kojovic et al., 2019；Tavassoli et al., 2014）。この結果は，感覚症状と社会性の障害という2つの症状が，社会性の形成の時期だけでなく，それ以後も継続して関連し続ける可能

性を示している。

感覚症状が関連しているのは社会性の障害だけではない。感覚症状は，日常生活の困り度や学校の成績とも関連している（Howe & Stagg, 2016）。4つの象限，複数のドメインの中では，聴覚の感覚過敏が高いほど学業成績が振るわないとされる。授業への集中を妨げられるのは直感的に理解できる。しかし，学業に限らず，日常生活における社会性も学び獲得するものと考えると，感覚過敏と学業成績の関係を全般化することができる。

社会性の障害だけではなく，感覚症状はこだわりや反復行動とも関連している。特定の感覚に対する処理の癖はこだわりそのものである。例えば，幼少期のこだわりを示す症状の1つに偏食があるが，これは味覚に対する感覚探求や感覚回避行動そのものである。

このようにみると，感覚症状が社会性の障害とこだわりというASDの2つの中核症状と強く関連していることがわかる。

感覚処理

これまで見てきた感覚症状は，感覚過敏や低登録のような刺激に対する反応や行動であった。一方で，処理を伴う感覚もASDでは重要である。

例えば，バイオロジカル・モーションがある（Pelphrey & Morris, 2006）。これは，生物のように意図を持って動くものと，無生物的なランダムな動きをするものを一瞬で見分ける感覚である。同じ視覚でも，「木を見て森を見ず」のように，細部と全体の情報のバランスを取るのも感覚処理と言える（Plaisted et al., 2003b）。また，聴覚では，大勢の人が話している中で自分の話し相手の声だけを聞き取ることができる「カクテルパーティ効果」が，ASD当事者では働かないことが有名である（Schwartz et al., 2020）。また，歌と話を一瞬で聴き分けたり，知り合いと知らない人の顔を見分けたりといった処理も

ASD当事者では困難があることが知られている（Plaisted et al., 2003a）。

脳科学的知見

このように感覚症状には，感覚過敏・低登録といった一次感覚情報に関するものと，その情報の処理に関するものがある。この2つのうちどちらが感覚症状の病態生理の中心なのだろうか？

この疑問を，カクテルパーティ効果が働かないことを例に説明すると次のようになる。

> **一次感覚情報が病態生理の中心と考える説**：一次聴覚野の音声刺激入力への反応が弱いため（平たく言うと耳が聞こえにくい），人混みで自分の話し相手の声を聞き取ることができない。
> **情報の処理が病態生理の中心と考える説**：一次聴覚野は定型的に反応しており（つまり聴力は問題ない），他の音声刺激とどちらに注意を払うかという選択性注意がうまく働かないために人混みで自分の話し相手の声を聞き取ることができない。

この2つは病態生理としては大きく異なるが，症状としては差が分かりづらい。実際に，ASDと診断される小児の中には当初難聴を疑われるものもいる。このような症状の病態生理の解明のために，機能的磁気共鳴画像（functional MRI：fMRI）を用いた脳画像研究が行われてきた。fMRIを用いると脳の血流変化が部位ごとに分かるようになる。そのため，複数の音声を聞いた時（つまりカクテルパーティ効果が発生するような状況）に，聴覚野の反応が非定型的なのか，聴覚処理の領域の反応が非定型的なのかを明らかにすることができるという論理である。

このような研究は2000年頃から始まった。初期はどちらかと言うと，感覚情報の処理について研究が行われてきた。感覚処理で注目された

脳部位の1つに上側頭溝がある。この脳部位は生物が持つ社会性を検出すると考えられており（Pelphrey & Morris, 2006），この検出部分の処理の非定型性が病態生理の中心であると考えられた。つまり，点自体を見ることは定型的であるものの，点がどのような動きをしているか，そこに社会的な動きがあると検出できるかどうかを判断する部分の非定型性が，ASD当事者の生物的な動きの理解しづらさを生じさせると考えた。また上側頭溝は言語処理だけでなく注意にも関わるため，カクテルパーティ効果との関連も示唆されている（Vouloumanos et al., 2001）。

しかし，2010年代中盤以降は，ASDの感覚症状は処理ではなく一次感覚野から始まると考える研究が行われるようになった。Hongらは，一次視覚野，一次聴覚野，一次体性感覚野からこれらの感覚刺激を統合する部位まで効率的に脳の回路が組まれているほど社会性が高く，非効率なほど社会性が低いことをASD当事者のデータで示した（Hong et al., 2019）。この結果は上側頭溝のような高次元の脳部位による感覚情報の処理だけではなく，一次感覚野からの情報の統合にもASDの社会性の障害の病態生理があることを示唆している。

さらに，RobertsonらはfMRIを撮像しながらASD当事者を対象に「木を見て森を見ず課題」を課した（Robertson et al., 2014）。「木を見て森を見ず課題」では，多数の点がある中で全体の4%，15%，30%，50%，75%の点が右や左といった一定の方向に動くという条件で，その動く向きを答えさせる。1つひとつの点に注目すると問題を正答できないので，全体を俯瞰する能力が求められることになる。実験の結果，この課題の正答率は一次視覚野の活性と相関していたのである。つまり，情報の統合よりもさらに前段階の一次視覚野の活性が，細部を注視して全体が見えないというASDの症状と関連していることを意味している。

このように，脳画像研究では，感覚処理が

ASDの社会性の病態生理の中心であるという考えから、感覚情報の初期段階である一次感覚野からすでに病態生理は始まっているという考えに変わりつつある。

このような文脈で、ItahashiらはDunnの感覚プロファイルが安静時の脳活動とASD症状とどのように関係しているか検討した（Itahashi et al., 2020）。この研究ではASDの成人当事者に加えて注意欠如多動症（Attention-Deficit/ Hyperactivity Disorder：ADHD）の成人当事者も対象に、一次感覚野だけでなく、感覚統合領域・上側頭溝など全ての脳領域の脳結合と感覚症状の関係を検討した。すると、これら全ての脳領域が少しずつ感覚症状と関連していることが明らかとなった。つまり、感覚症状の神経基盤は一次感覚野だけでも高次の処理領域だけでもなく、その両方が関わっていると考えられる。そして、この感覚症状と関連した脳結合は社会性の障害と関連していたが、感覚症状と関連していない脳結合は社会性の障害との関連が見られなかった。この研究は、横断的デザインではあるものの、感覚症状が脳結合に影響を与え、その脳結合を土台として社会性の障害が形成されるという因果関係を示唆している。さらに興味深いことに、この連鎖関係はADHD当事者でもASD当事者と類似していたのである。このことは、感覚症状が脳を介して社会性の障害をもたらすという一連の出来事がASD当事者に限られたものではないということを示している。

感覚症状に対する治療

Kannerの時代から80年にわたり、私たちはASD当事者における感覚症状の重要性を認識している。有症率も非常に高い。これほど多くの時間とデータが蓄積されているが、残念ながら感覚症状に対する薬物療法は確立されていない。脳画像を見てみると、一次感覚情報の入力およびその伝達・統合・処理のいずれにも非定型性

があると報告されている。この結果、ひとつ言えることは、かなり初期の感覚刺激入力段階から非定型性があるということである。そこで、視覚にはサングラスや紙を使って一部の情報を隠すような工夫、聴覚にも耳栓やイヤホンなどで入力段階から対応することが病態生理の少なくとも一部に対して効果的であると想定することができる。

筆者は子どもの頃にヘレン・ケラーの伝記を読んだことがある。当時小学生の筆者ですら、ヘレン・ケラーが成し遂げたことの偉大さに感動した記憶がある。ヘレン・ケラーの作家としての活動や公民権や婦人参政権などの社会運動といった多くの功績に続く1つ目の偉業は、目が見えない・耳が聞こえない（そしておそらく話せない）状態から社会性を確立したことである。このエピソードはすなわち、外受容感覚の入力が社会性の確立にいかに重要な役割を担っているかを直感的に理解させる。このことからも、外感覚受容の入力と社会性形成の間にある相互作用性（あるいは感覚症状があることそのものが社会性をうまく形成できない土台となる因果関係性）は注意と研究に値することを理解していただけるであろう。

▍内受容感覚

ここまで記載してきた感覚は外受容感覚と呼ばれる。つまり自分の外から来る刺激に対する感覚である。一方で、自分の中から来る刺激に対する感覚も存在し、それは内受容感覚と呼ばれる。具体的には、脈拍の変化や空腹感など内臓に由来する感覚を意味する。これまでうつや不安といった精神疾患において内受容感覚が研究されており、内受容感覚が過敏であることはこれらの疾患と関連しているとされてきた。つまり、内向きの注意力が強くなると精神的不調

になりやすいというのが定説となっている。

　一方で，ASD当事者を対象とした研究は多くないことから，外受容感覚と同様に定量化が難しいという問題がある。しかし，全体としてはASD当事者において内受容感覚は鈍麻であるという方向の結果が多い（DuBois et al., 2016）。

　外受容感覚が主に社会性と関連していたのに対して，内受容感覚は不安や感情の理解やコントロールと関連していると考えられている（Mul et al., 2018）。この論理は直感的に理解しやすい。ヒトは心拍数や空腹感など交感神経と副交感神経のバランスを無意識のうちにパラメータにして，自分の不安や感情に対して定量的・定性的な理解をしている。さらには，他者の感情類推を行う際に自分の感情を参照すると考えられており，自分の感情が分からない他者の感情を理解することも難しくなる。また，反復的で常同的な行動の背景には変化に対する不安があるとされる。つまり，ASDの中核症状のいずれにも内受容感覚症状は関わっていると考えられているのだ。

　実際に，筆者はASD当事者の外来において，アンガーマネジメントや，不安・抑うつといった二次障害をターゲットとするマインドフルネスをはじめとした，内受容感覚のトレーニングを推奨している。時間はかかるが，一定の手応えを感じている。

▌まとめ

　本章で見てきたように，感覚症状は実は周辺症状ではなく中核症状の根底症状ともいうべき存在であるという知見が蓄積している。社会性の障害とこだわりという一見全く異なる症状が併発し，1つの診断を形成するのはなぜだろうか。それはもしかすると感覚症状という根が同じだからかもしれない。ASDに対する根本的治療法が見出せない中で，因果関係を想定することができる症状の連鎖が見つかる意義は大きい。今後，感覚症状と中核症状の関係に関する理解が一層深まり，介入方法が探究されることが待たれる。

◉文献

Baker, A.E., Lane, A. Angley, M.T. et al.（2008）The relationship between sensory processing patterns and behavioural responsiveness in autistic disorder: a pilot study. Journal of Autism and Developmental Disorders 38-5 ; 867-875. doi:10.1007/s10803-007-0459-0

Baranek, G.T., Carlson, M., Sideris, J. et al.（2019）Longitudinal assessment of stability of sensory features in children with autism spectrum disorder or other developmental disabilities. Autism Research 12-1 ; 100-111. doi:10.1002/aur.2008

Baranek, G.T., David, F.J., Poe, M.D. et al.（2006）Sensory experiences questionnaire : Discriminating sensory features in young children with autism, developmental delays, and typical development. Journal of Child Psychology and Psychiatry 47-6 ; 591-601. doi:10.1111/j.1469-7610.2005.01546.x

Baranek, G.T., Woynaroski, T.G., Nowell, S. et al.（2018）Cascading effects of attention disengagement and sensory seeking on social symptoms in a community sample of infants at-risk for a future diagnosis of autism spectrum disorder. Developmental Cognitive Neuroscience 29 ; 30-40. doi:10.1016/j.dcn.2017.08.006

Brown, C., Tollefson, N., Dunn, W. et al.（2001）The adult sensory profile : Measuring patterns of sensory processing. The American Journal of Occupational Therapy 55-1 ; 75-82. doi:10.5014/ajot.55.1.75

Crane, L., Goddard, L., & Pring, L.（2009）Sensory processing in adults with autism spectrum disorders. Autism 13-3 ; 215-228. doi:10.1177/1362361309103794

DuBois, D., Ameis, S.H., Lai, M.C. et al.（2016）Interoception in autism spectrum disorder : A review. International Journal of Developmental

Neuroscience 52 ; 104-111. doi:10.1016/j.ijdevneu.2016.05.001

Estes, A., Zwaigenbaum, L., Gu, H. et al. (2015) Behavioral, cognitive, and adaptive development in infants with autism spectrum disorder in the first 2 years of life. Journal of Neurodevelopmental Disorders 7-1 ; 24. doi:10.1186/s11689-015-9117-6

Hilton, C., Graver, K., & LaVesser, P. (2007) Relationship between social competence and sensory processing in children with high functioning autism spectrum disorders. Research in Autism Spectrum Disorders 1-2 ; 164-173. doi:10.1016/j.rasd.2006.10.002

Hong, S.J., Vos de Wael, R., Bethlehem, R.A.I. et al. (2019) Atypical functional connectome hierarchy in autism. Nature Communications 10-1 ; 1022. doi:10.1038/s41467-019-08944-1

Howe, F.E. & Stagg, S.D. (2016) How sensory experiences affect adolescents with an autistic spectrum condition within the classroom. Journal of Autism and Developmental Disorders 46-5 ; 1656-1668. doi:10.1007/s10803-015-2693-1

Itahashi, T., Fujino, J., Sato, T. et al. (2020) Neural correlates of shared sensory symptoms in autism and attention-deficit/hyperactivity disorder. Brain Communications 2-2 ; fcaa186. doi:10.1093/braincomms/fcaa186

Kanner, L. (1943) Autistic disturbances of affective contact. Nervous child 2-3 ; 217-250.

Kojovic, N., Ben Hadid, L., Franchini, M. et al. (2019) Sensory processing issues and their association with social difficulties in children with autism spectrum disorders. Journal of Clinical Medicine 8-10 ; 1508. doi:10.3390/jcm8101508

Leekam, S.R., Nieto, C., Libby, S.J. et al. (2007) Describing the sensory abnormalities of children and adults with autism. Journal of Autism and Developmental Disorders 37-5 ; 894-910. doi:10.1007/s10803-006-0218-7

Mul, C.L., Stagg, S.D., Herbelin, B. et al. (2018) The feeling of me feeling for you : Interoception, alexithymia and empathy in autism. Journal of Autism and Developmental Disorders 48-9 ; 2953-2967. doi:10.1007/s10803-018-3564-3

Pelphrey, K.A. & Morris, J.P. (2006) Brain Mechanisms for Interpreting the Actions of Others From Biological-Motion Cues. Current Directions in Psychological Science 15-3 ; 136-140. doi:10.1111/j.0963-7214.2006.00423.x

Plaisted, K., O'Riordan, M., & Baron-Cohen, S. (2003a) Enhanced discrimination of novel, highly similar stimuli by adults with autism during a perceptual learning task. Journal of Child Psychology and Psychiatry 39-5 ; 765-775. doi:10.1111/1469-7610.00375

Plaisted, K., O'Riordan, M., & Baron-Cohen, S. (2003b) Enhanced visual search for a conjunctive target in autism : A research note. Journal of Child Psychology and Psychiatry 39-5 ; 777-783. doi:10.1111/1469-7610.00376

Robertson, C.E., Thomas, C., Kravitz, D.J. et al. (2014) Global motion perception deficits in autism are reflected as early as primary visual cortex. Brain 137 (Pt 9) ; 2588-2599. doi:10.1093/brain/awu189

Schwartz, S., Wang, L., Shinn-Cunningham, B.G. et al. (2020) Neural evidence for speech processing deficits during a cocktail party scenario in minimally and low verbal adolescents and young adults with autism. Autism Research 13-11 ; 1828-1842. doi:10.1002/aur.2356

Tavassoli, T., Miller, L.J., Schoen, S.A. et al. (2014) Sensory over-responsivity in adults with autism spectrum conditions. Autism 18-4 ; 428-432. doi:10.1177/1362361313477246

Thye, M.D., Bednarz, H.M., Herringshaw, A.J. et al. (2018) The impact of atypical sensory processing on social impairments in autism spectrum disorder. Developmental Cognitive Neuroscience 29 ; 151-167. doi:10.1016/j.dcn.2017.04.010

Tomchek, S.D. & Dunn, W. (2007) Sensory processing in children with and without autism : A comparative study using the short sensory profile. The American Journal of Occupational Therapy 61-2 ; 190-200. doi:10.5014/ajot.61.2.190

Van Etten, H.M., Kaur, M., Srinivasan, S.M. et al. (2017) Increased prevalence of unusual sensory behaviors in infants at risk for, and teens with, autism spectrum disorder. Journal of Autism and Developmental Disorders 47-11 ; 3431-3445. doi:10.1007/s10803-017-3227-9

Vouloumanos, A., Kiehl, K.A., Werker, J.F. et al. (2001) Detection of sounds in the auditory stream : Event-related fMRI evidence for differential activation to speech and nonspeech. Journal of Cognitive Neuroscience 13-7 ; 994-1005. doi:10.1162/089892901753165890

AS/ASD をめぐるスティグマ

鳥居深雪

■ スティグマとは何か

Allport（1954/1968）は，「偏見」を「十分な証拠なしに他人を悪く考えること」と定義した。偏見の中でも，特に否定的な社会的アイデンティティをもたらす属性が，「スティグマ」（負の烙印）である。Goffman（1963/2012）は，スティグマの対象を，①肉体上の奇形，②個人の性格上のさまざまな欠点，③人種・民族・宗教などの集団に帰属されるもの，という3つに分類した。歴史的に，さまざまな障害はスティグマの対象となってきたが，身体障害は分類①に，精神疾患（障害）は分類②に該当する。精神疾患に対するスティグマは，歴史的に非常に根強く存在し，疾患そのもの以上に当事者の人生に悪影響を及ぼす。

現代では分類②に自閉スペクトラム症（Autism Spectrum Disorder：以下，ASDと表記）をはじめとする発達障害が加わっている。発達障害は，精神疾患とは異なるものの，外見上は見えにくく，とらえにくい性質上，精神疾患と同様のスティグマを受けやすい（米倉，2012）。また，ASDのある子どもはそうでない子どもよりもスティグマのあらわれとしてのいじめの対象になることが多いことが報告されている（Little, 2002）。

スティグマは，社会文化や性差，知識，接触体験の質と関連している。大学生を対象に行った国際比較では，アメリカに比較して日本やレバ

ノンの方がASDに対するスティグマが強いことが報告されている（Someki et al., 2018 ; Obeid et al., 2015）。しかし，性差については，社会文化的差異はなく女性より男性の方がスティグマが強いことが共通していた。知識とスティグマの関連は，大学生や成人を対象にした研究で報告されており（米倉・山口，2016；谷口・山根，2020），上瀬（2001）は，障害者に対するステレオタイプや偏見は，知識のなさから生じる不安や抵抗が要因となっているとしている。他方，高校生を対象とした調査では，スティグマは，知識よりもむしろポジティブな接触体験による改善が認められた（鳥居ほか，2021）。Corrigan et al.（2012）は，スティグマの改善のためには教育と接触の両方が効果的であるとしている。しかし，単に接触体験を有するだけでは，スティグマが増幅されてしまうリスクがあることは，Sherif et al.（1961）や上瀬（2001）も報告しており，接触体験の有無だけではなく質が重要である。

■ パブリックスティグマとセルフスティグマ

国際生活機能分類（International Classification of Functioning, Disability and Health：以下，ICFと表記）の包括モデルでは，「障害」を，個人の生活機能と背景因子との相互作用として捉えている。社会の中に存在するスティグマは，

社会参加への障壁となるだけではなく，個人に
さまざまな影響を及ぼすことで「障害」のある
状態を悪化させる。

　精神障害のある人に対するスティグマについ
ては，多くの研究が行われてきた。Corrigan et
al. (2012) は「パブリックスティグマ（一般の
人々によって承認されている偏見と差別）」に
よって当事者および当事者家族に生じる内なる
偏見を「セルフスティグマ」として区別してい
る。Stuart et al. (2012)は，精神疾患を持つ人々
が他者の否定的な態度を自らに取り込むことに
よるセルフスティグマは，否定的見解や，家族
や友人にも及ぶ社会的排除への本人の反応であ
り，スティグマの結果として「自己の喪失」が
起こるとしている。セルフスティグマは，診断
や治療を受けることへの心理的抵抗となり，症
状の悪化，社会的機能や生活全体の質の低下と
いった大きな影響を及ぼす。

ASDのある人のセルフスティグマ

　前節で述べたように，発達障害の人は精神疾

患と同様のスティグマを体験する。ASDのある
人にとっても，内在化（時には潜在化）したセ
ルフスティグマは，精神疾患と同様に困難を一
層大きくする。田中（2008）は，セルフスティ
グマを生じさせるもの，セルフスティグマの結
果生じる反応や行動などを「セルフスティグマ
と関連要因」として整理した。これをもとに，
ASDに合わせて改変したものを図1に示す。

　日本社会は「同調圧力」が根強い。筆者は30
年以上，発達障害のある子どもの臨床支援を
行っているが，親からの「みんなと一緒（同じ）
に」「普通に」という声をしばしば耳にする。こ
のような価値観が強い社会では，他者と異なる
（「普通」でない）ことは，診断の有無以前にパ
ブリックスティグマの対象となる。ASDのある
高機能の子どもは，小学校低学年の頃から「み
んなと同じ」にこだわる傾向があり，学校教育
における支援に繋がることへの障壁となってい
る。それは，通級による指導や特別支援学級な
どの特別な場で学ぶことに限らず，例えば通常
学級で，個別にスケジュール表を示す場面など
でも「どうして僕にだけ！」といった拒否とし
ても現れる。ノイズキャンセラー（デジタル耳
せん）の使用も，他の同級生と異なるのが明ら

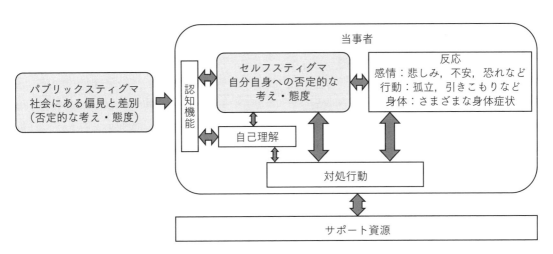

図1　セルフスティグマと関連要因（田中（2008）をもとに筆者が改変）

かになることを理由に拒否する子どもは少なくない。その結果，雑音に耐えられず教室を出ることになっても，「みんなの前で異なる」ことよりも当事者にとっては心理的負担が少ない。このように，幼少期から「みんなと同じ」にこだわるのは日本の特徴の一つであるように思う。筆者が英国の小学校を視察した際，通常の学級であっても，子どもの机の上にスケジュール表が提示されることに対し，周囲の子どもも当事者も違和感は持っていなかった。おそらく英国の学校教育では，個別の配慮は「特別」なことではなく自然なことなのであろう。しかし，日本の学校教育においては，一斉指導を基本としており，個別の配慮＝「特別」な支援となってしまう。それが，セルフスティグマに関連して本人が個別の配慮を拒絶する理由の一つとなっているのではないだろうか。

「他の人と違う」ことは本来は単なる事実であるが，それを「普通じゃない」とするとネガティブな評価になる。親も周囲と同様の考えであれば，他の子どもと同じになることを強要する。その結果，セルフスティグマが内在化し自己肯定感の低下を余儀なくされる。

ASDに関する知識の普及のために，児童用も含め，さまざまな書籍が出版されている。本来は，定形発達の子どもに知識を普及させることで理解を図り，スティグマの改善を目指していたものだろう。しかし，残念なことに当事者の視点があまり考慮されておらず，ASDのある子どものパニックや逸脱行動，心の理論の弱さによる失言，といったネガティブな面を解説しているものもあるため，当事者にとってはパブリックスティグマが内面化され，セルフスティグマにつながるリスクがある。実際，筆者が関わった子どもの中には，解説書を読んだことでネガティブなステレオタイプを内在化してしまい，ASDの診断を強く拒否したケースがあった。

セルフスティグマとカモフラージュ

社会の中にあるASDに対するネガティブなイメージやスティグマは，彼らがASDである自分を受け入れる際，大きな障壁となる。特に，平均以上の知的水準のASDの場合，「障害」という言葉に対して違和感を覚えたり，落胆や悲哀を感じたりすることが見られる。「障害」という言葉には，すべての面で困難があるかのようなステレオタイプのイメージがあり，それ自体がスティグマであるとも言える。ASDには，能力のアンバランスがあるので，ある面では困難を生じたとしても，別の面では他者より優れていることも多い。にもかかわらず，「障害」のステレオタイプを当てはめられることで，その人にとって一部であるはずのASDが，あたかも人格の全てであるかのように感じられ，診断や支援の拒否につながる。

近年，セルフスティグマとの関連で「カモフラージュ」が関心を集めている。「カモフラージュ」とは，ASDのある人がASDでないかのようにふるまうことである。障害の診断に至らない高機能のAutism Spectrum Condition（ASC）のある人，特に成人女性にカモフラージュが見られることが多い。Hull et al.（2017）は，カモフラージュの要素として，①他者とのつながりを求めることがモチベーションになっていること，②見せかけることとその代償作用で構成されていること，③短期的および長期的結果として，強度の疲労やステレオタイプへの疑問視，自己認知への恐れの3つをあげている。このようにカモフラージュは，スティグマと深く関係している（Perry et al., 2021）。疫学研究によればASDは，4：1で男性の方が多いとされているが，より臨床的な研究調査によれば，男女の性差は3：1（Sun et al., 2014）である。その一因として，ASDのある女性はカモフラージュによっ

て未診断（あるいは診断の遅れ）や誤診につながっていると考えられる（Hull et al., 2017）。カモフラージュが女性に多く見られるという点では，日本も英国も差異はないように思う。このことは，女性という性に固有の問題が影響していると考えられる。女性は男性に比べて共感性が高く（Baron-Cohen, 2008），人間関係も密接である。ASDのある女性は，女性の集団の中でASDに対するスティグマを経験し，多大な努力をしてASD特性を隠し，「同じ」を演じることで女性の集団に適応しようとする。しかし，セルフスティグマのために本来の自分を受容できずに成長し，長期的には疲弊やうつ，不安などの症状を引き起こす。ASD診断以前の女性の中には，このような問題が潜んでおり，深刻化することもある。

アンチスティグマプログラムとセルフ・アドボカシー

ASDのある人のさまざまな特性は，程度の変化はあるものの，生涯にわたって継続する。診断や支援への拒否は，長期的にさまざまな問題を生じさせ，適応状態を悪化させる。良好な成長発達を支えるためには，スティグマの改善が重要である。アンチスティグマプログラムには，パブリックスティグマの改善のために社会に働きかけることと，セルフスティグマの改善のために当事者を支えることの両方が必要である。

パブリックスティグマの改善のために，これまでにも述べたように，知識の普及や質の良い接触体験などの取り組みが行われてきている。さらに，社会モデルに象徴される能力観の転換，境界線を引かない社会，多様性の受容（栗田，2015）や，単発的なプログラムではない継続的な取り組みも必要である。これらの取り組みに，教育の果たす役割は大きい。教育が多様性を認める

ものでなければ，ステレオタイプの刷り込みとなり，スティグマは増強されてしまうだろう。

筆者は，当事者によるアドボケートの可能性に期待を寄せている。TED[注1] などでは，当事者がASDのネガティブな側面ばかりが扱われることに対して声を上げはじめた（King, 2014；Houting, 2019 など）。このような当事者からのアドボケートは，セルフスティグマを乗り越えるために重要な意義がある。DisorderではないConditionとして，あらためてAS特性を捉え直すべきである。

筆者らは，高校生対象のプログラムでセルフ・アドボカシーを扱っている。プログラムでは，「自己理解」として，自分の障害の理解の前に，まずセールスポイントを考えることから開始する。次に，小集団のアクティビティを通じて，お互いの良さを認め合う機会を設けている。他者からの承認，特にピアからの承認は，対人関係で失敗しやすいASDのある人にとって重要な意味を持つためである。プログラムを通じて，AS特性のポジティブな面，ネガティブな面，どちらも自分の一部として理解し，必要な配慮・支援を求めていけるようになることを目指している。スティグマを越えて，アイデンティティを確立していくことを願っている。

おわりに

2021年に開催されたオリンピック（TO-KYO2020）では「多様性と調和」が強調され，潜在的な差別という「古い価値観」を持っていた関係者が次々に辞任を余儀なくされた。これからの日本は多様性を肯定する社会として進もうとしている。「他の人と違う」ことがスティグマにならない社会であれば，ASDのある人は，ありのままの自分として，より生きやすくなるだろう。

◉注
[1] Technology Entertainment Design。世界中の著名人によるさまざまな講演会を開催・配信している非営利団体。

◉文献
Allport, G.W. (1954) The Nature of Prejudice. Doubleday Anchor Books.（原谷達夫，野村昭＝訳（1968）偏見の心理．培風館）

Baron-Cohen, S. (2008) The Facts : Autism and Asperger Syndrome. Oxford University Press.（水野薫，鳥居深雪，岡田智＝訳（2011）自閉症スペクトラム入門．中央法規出版）

Corrigan, P.W., Morris, S.B., Michaels, P.J. et al. (2012) Challenging the public stigma of mental illness : A meta-analysis of outcome studies. Psychiatric Services 63 ; 963-973.

Goffman, E. (1963) Stigma : Notes on the Management of Spoiled Identity. Prentice-Hall.（石黒毅＝訳（2012）スティグマの社会学——烙印を押されたアイデンティティ．せりか書房）

Houting, J. (2019) Why everything you know about autism is wrong.（https://youtu.be/A1AUdaH-EPM［2022年8月16日閲覧］）

Hull, L., Petrides, K.V., Allison, C. et al. (2017) "Putting on my best normal" : Social camouflaging in adults with autism spectrum conditions. Journal of Autism and Developmental Disorders 47-8 ; 2519-2534.

上瀬由美子（2001）視覚障害者一般に対する態度——測定尺度の作成と接触経験・能力認知との関連．情報と社会［江戸川大学紀要］11 ; 27-36.

King, R. (2014) How autism freed me to be myself.（https://www.ted.com/talks/rosie_king_how_autism_freed_me_to_be_myself［2022年8月16日閲覧］）

栗田季佳（2015）見えない偏見の科学——心に潜む障害者への偏見を可視化する．京都大学出版会．

Little, L. (2002) Middle-class mothers' perceptions of peer and sibling victimization among children with Asperger's syndrome and nonverbal learning disorders. Issues in Comprehensive Pediatric Nursing 25 ; 43-57.

Obeid, R., Daou, N., DeNigris, D. et al. (2015) A cross-cultural comparison of knowledge and stigma associated with autism spectrum disorder among college students in Lebanon and the United States. Journal of Autism and Developmental Disorders 45-11 ; 3520-3536.

Perry, E., Mandy, W., Hull, L. et al. (2021) Understanding camouflaging as a response to autism-related stigma : A social identity theory approach. Journal of Autism and Developmental Disorders 52-2 ; 800-810. https://doi.org/10.1007/s10803-021-04987-w.

Sherif, M. et al. (1961) The Robbers Cave Experiment : Intergroup Conflict and Cooperation. Wesleyan University Press.

Someki, F., Torii, M., Brooks, P.J. et al. (2018) Stigma associated with autism among college students in Japan and the United States : An online training study. Research in Developmental Disabilities 76 ; 88-98.

Stuart, H. et al. (2012) Paradigms Lost : Fighting Stigma and the Lessons Learned. Oxford University Press.（石丸昌彦ほか＝訳（2015）パラダイム・ロスト——心のスティグマ克服，その理論と実践．中央法規出版）

Sun, X., Allison, C., Auyeung, B. et al. (2014) Parental concerns, socioeconomic status, and the risk of autism spectrum conditions in a population-based study. Research in Developmental Disabilities 35-12 ; 3678-3688.

田中悟郎（2008）精神障害を持つ人々のセルフスティグマの克服．人間科学共生社会学 6：47-58.

谷口あや，山根隆宏（2020）診断名の提示が自閉症スペクトラム障害に対するスティグマに及ぼす影響——知識との関連から．発達心理学研究 31-3 ; 130-140.

鳥居深雪ほか（2021）発達障害に対する高校生のスティグマの実態とオンラインによる障害理解教育の有効性．神戸大学大学院人間発達環境学研究科研究紀要 14-2 ; 69-77.

World Health Organization (2001) International Classification of Functioning, Disability and Health : ICF.（障害者福祉研究会＝編（2002）国際生活機能分類（ICF）——国際障害分類改訂版．中央法規出版）

米倉裕希子（2012）知的障害や発達障碍者に対するスティグマティゼーション是正への取り組み——

当事者とともにつくるサポーター講座．社会福祉学研究紀要 15 ; 71-76.

米倉裕希子，山口創生（2016）知的障害者のスティグマ研究の国際的な動向と課題──文献レビュー．社会福祉学 56-4 ; 26-36.

第Ⅲ部

AS/ASDを診断・告知する

AS/ASDを診断する

内山登紀夫

ASDの診断の基本

　ASDは行動特性で診断する障害である。行動特性とは，多数の人と親しく付き合うのは好まないとか，自分の好きな事柄に熱中するとか，特定の音や光などの感覚刺激に敏感すぎるとか，その人の言動が平均から逸脱している，換言すれば，多数派の人から見ると「変わっている」と思われやすい言動のことである。ここで「変わっている」という意味は単に「少数派」くらいの意味であって，「劣っている」とか「病的である」という意味とは異なることに注意したい。

　Wingは自閉症スペクトラムを社会性，社会的コミュニケーション，社会的イマジネーションの3つ組みの障害（impairment）で定義した（Wing et al., 1998）。本稿ではWing, L.の記述に沿って説明する。

社会性の障害

　同年代の他者と相互的な交流を行うことが困難なこと，あるいは関心が乏しいことが基本的な特性である。幼児期には他者の存在への無関心で表現されることが多いが，成人期には他者に一定の関心があることの方が多い。いわゆる社交よりも，自分の興味・関心ごとに打ち込む傾向がある。孤立を好む人，自分からは積極的に他者に関わらないが誘われると受け身的に関わる人，積極的に他者に関わるが一方的で相手

の反応に関心が乏しい人，職場や家庭でも役割を強く意識して極めて形式的な関わりをする人など多様なタイプがあるが，他者と相互的な交流を持つことが難しいのが特性である。大学のサークル活動，職場内の対人関係や家族関係など複数の他者と親密で対等な関係を維持する場面ではストレスを感じやすいことが多い。社会的ヒエラルキーへの無頓着（上司も部下も同様に扱う），他者に支援を求めることへの無関心などの特性もある。

　成人期になると一見社交的に見える人も多い。これまでの経験をもとに自分で特性が目立たないように特性をマスクしたりカモフラージュしていることも多く，一対一場面では特性が目立たないこともある。

　これらの特性は視点を換えれば，孤立を厭わない，安易に多数派に同調しない，他者を地位や自分にとっての損得などで差別せず平等に扱うなどの長所でもある。他者との交流よりも自分自身の興味関心を優先することで，特定の領域で優れた成果を挙げることにも繋がる。

社会的コミュニケーションの障害

　コミュニケーションには，表出（話すことや表情・仕草などで表現する）と理解（聞くことや相手の表情や仕草をみる）がある。対人場面におけるコミュニケーションは，表出と理解の両方が円滑かつスピーディに行えることで成立する。社会的コミュニケーションと「社会的」を付加するのは，ASDのコミュニケーションの

課題は社会的交流の場面でもっとも顕著に生じるからである。「現代国語」の成績が良かったり，小説を読んだり書いたりすることが堪能であっても社会的コミュニケーションの苦手な人は存在しうる。

"表出"については適切な言葉を探したり文章を組み立てるのに時間がかかる，話題についていったり，話が噛み合わなかったり，険悪になったときに修復するのが難しいなどの特徴がある。対面ではコミュニケーションがそれなりにできても電話やZoomなどでは難しいのもコミュニケーションの障害の表現である。

"理解"については，言葉を字義通りに受け取ってしまう，言葉の裏を読まずにストレートに理解する，相手の発した言葉の中で自分の気になった部分のみに着目してしまうといった特徴がある。特に多義的な言葉を文脈に応じて理解することが苦手で，文脈を考慮しないで辞書にはこう書いてあるなどと主張することがあり，悪意があると誤解されやすい。会話の終結のタイミングを察知することが難しいこともある。込み入った指示を与えられると混乱したり，会話の裏の意味をとれなかったり，世間話をする意味がわからなかったりする。

ボディランゲージや表情，音調などの非言語性表現とことばの内容が合っておらず違和感を与えることがある。表情・ジェスチャーなどが乏しかったり過度に強調されたり，タイミングが合わないなどの非言語性コミュニケーションが不自然なことも多い。

また一対一場面では理解できることも，学校や職場などの集団場面では指示の理解が難しかったり，理解に時間がかかることもある。

一見流暢に話し，専門用語や四文字熟語などを多用する人でも，相手との意思の交換が十分に行われているとは限らない。

一方，裏の意味や皮肉を理解しないということは相手の発言を率直に理解するということでもある。表現も物事をストレートに述べる傾向があるので，受け手にとって理解しやすい。発話によるコミュニケーションは円滑にいかなくても，文章の表現や理解が優れていることも多い。

社会的イマジネーションの障害

他者との交流がある社会的場面で他者の視点や考え方を素早く自然に推測したり，自分や他者の言動がその場にいる人に与える影響を予測できるのが，社会的イマジネーションの機能である。新奇な事態が次々と生じるよりも，変化の少ないことや同じパターンを繰り返し行うことを好む。社会的状況で社会的イマジネーションを問題解決のために自動的には使えず，これまで生活の中で学習してきたノウハウを意識的に用いていることが多い。

このような特性は反復を厭わない，あちこちに目移りせずに特定の領域の知識やスキルの獲得に集中できるなどの長所にも転ずる。

感覚の特異性

ASDは上記の3つ組の障害で定義されるが，"感覚"刺激への反応に偏りがあることが多い。聴覚，視覚，味覚，臭覚，触覚，痛覚，体内感覚などすべての感覚領域で鈍感さや敏感さが生じうる。聴覚に敏感さが生じると特定の音や騒がしい雰囲気を苦痛に感じやすい。味覚，嗅覚，触覚，気圧の変化などには敏感なことが多い。これらは日常生活において苦痛の原因にもなるが，微細な差異や変化を鋭敏にキャッチすることでもあり，絶対音感や優れた視覚的記憶力などの長所も説明する。

ASD診断の曖昧さ

Wingの定義を基本に特性について記載した

が，現在日本で多く用いられるのはDSM-5の診断基準であろう。これは操作的診断基準と呼ばれるもので，いくつかの項目が挙げられ，そのうちいくつかを満たせばASDと診断される。この方法は統合失調症や気分障害でも同様である。ASDは行動特性で診断されるが，特定の行動特性が正常範囲なのか，それとも異常な病理的特性なのかの境界線は常に不鮮明である。すべての精神症状は正常との境界が不鮮明とも言えるが，例えば妄想や幻覚と比べればASDの症状が，より不鮮明であることが明らかであろう。このように「行動特性」で診断する以上，どのように厳密に定義づけても「正常」との境界は存在する。このような不鮮明さは最近はじまったわけではなく，Kanner（1943）が自閉症概念を提唱した時から存在する。Kannerが記載した「情緒的接触の重度の欠落」にしても，「重度」に客観的な基準があるわけではない。とはいうもののKannerの診断基準が中心であった時代にはASDはあってもASが議論されることはなかった。ASとASDが議論されるようになったのは自閉症（autism）から自閉スペクトラム症（ASD）に変化した時であろう。

　Wingの3つ組みの診断基準は3領域の障害が発達期にも存在することで診断することが必要なために「操作的診断基準」よりも，さらに曖昧とも言えるだろう。後述するようにWingらは数時間に及ぶ半構造化面接を用い，さらに間接情報や心理テストの情報も付加して診断を行っており，操作的診断基準の思想とは異なる考え方が背景にある。

　ASDの特性は必ずしも病理的とは言えず，違い（difference）であり，長所にもなりうる特性である。例えば，音に過敏という点では本人が苦痛を感じ病理的特性ともみなせるが，音に鋭敏と捉えれば強みかもしれない。

　ASD概念の変遷や現行のDSM-5，ICD-11などの国際的診断基準や診断方法についての教科書的な説明は別に行っているので，そちらを参照されたい（内山，2017）。

多次元診断の必要性

　ASDの診断基準は元来児童期を想定して作成されたが，成人期に初めて診断される人は増え続けている（Lai & Baron-Cohen, 2015）。ASDを疑う経緯は多様である。本人が疑い自ら希望して受診することもあれば，家族，あるいは教師や職場の上司などがASDを疑って受診することもある。抑うつや不安などの症状で精神科を受診し，本人はASなど発達障害を想定していないこともある。

　多次元診断とは多次元で評価し，必要な支援を考える方法である。ASDであることは3つ組みという3つの次元で障害があることで定義されうるが，ASDの人は診断基準の3つ組み以外にも多様な困難を経験している。行動レベルでは自閉症スペクトラムと注意欠陥／多動性障害や反応性アタッチメント障害の境界も同様に不明瞭なことがあるため，ただ1つの診断カテゴリーに分類するよりも，多様な発達領域やメンタルな状態を評価し，その評価に基づいて支援の方針を決定する方が臨床的には有益である（内山，2012）。とりわけ，成人の場合は多様な合併症が存在することの方が通常であり，1つの診断に当てはまることの方が少ない。

　Wing（2003）はDISCO（Diagnostic Interview for Social and Communication Disorders）という半構造化面接を作成し診断評価を行っている。DISCOはASDを中心に発達障害の診断・評価のために開発されたツールであり，言語・認知・運動発達を含む発達全般についての設問と発達障害や精神障害でみられる非定型的行動に関する設問が，合計約400項目にわたって設定されている。ASDの診断を下すのみでなく，合併障害や日常生活スキルの把握も含めて支援

プログラムの作成に必要な情報を系統的に得ることも目的にしている。対象の年齢層は幼児から成人までをカバーしている。

DISCOによる間接情報に認知テストのプロファイルや直接観察を含めたすべての情報を総合的に判断し，前述の，①社会性，②社会的コミュニケーション，③社会的イマジネーションの3領域の存在を検討し，3つ組みが存在すればASDと診断する。さらに合併する障害や日常生活スキル，WAIS-IVなどの知能テスト，コミュニケーションテストなどの情報を総合し支援プランを作成する。このようなASDの診断基準以外の部分にも注目する診断・評価の方法はWingの多次元診断の考え方を反映している。対象者の特性を包括的に評価するために，聞き取りだけで3時間から4時間かかり，少なくとも我が国の日常診療で使用できる施設はごく少数であろう。

Lorna Wingセンターは三次センターであり，費用も高額である（英国の場合は一定の手続きで承認されれば公費で負担される）。診断・評価を受ける時点で，受診者が発達障害の特性があり支援を必要としていることが受診の条件になっていることもDISCOを使用する前提であろう。自閉症の診断とは無関係なことまで聞き取るのは時間を消費し臨床家の負担が多いという批判は常にあった。

では，なぜWingは診断基準にない項目まで広範囲に時間をかけて聞き取り，診断を下すことに固執したのだろう？

自閉症特性はその人の行動のさまざまな場面に現れ，そのためにその人の行動や感じ方に影響を与える。診断基準にあるような障害だけに注目するより，さまざまな長所や弱点も把握した方が支援に役立つことが理由であった。つまりWingはASD特性を抽出するだけでなく，対象者の全体像を把握することを目指したのである。

診断ツールの課題と批判

診断ツールの例としてDISCOを紹介したが，前述のように時間がかかることもあって，あまりポピュラーとは言えない。ASDの領域ではADOS（Lord et al., 2015）やADI-R（Le Couteur et al., 2013）が「ゴールドスタンダード」として国際的に使用されてきており，近年では日本でも普及してきた。ADI-Rは保護者から聞き取ることで情報を得てASDを診断するツールである。ADOSは受診者にテスターが「働きかけ（press）」を行うことで，相互的対人関係や意思伝達，限定的・反復的行動が出現しやすい場面をつくりだし，その状況を観察し評定を行い，その得点を用いてアルゴリズム診断を行う。マニュアルではADOSだけで診断を下してはならず，他の臨床情報を参照するように明記されている。ADOSやADI-Rは権威ある国際的専門誌に研究論文をアクセプトされるためには必須との意見もあるようだ。両者ともASDに特化した優れた診断ツールであり，著者らの研究者・臨床家としての慧眼が随所に発揮されている。この2つのツールは，自閉症の生物学的研究が爆発的に広まる際に活用された。これらを研究に使うためには研究者ライセンスが必要で，講習会に参加したのちに，基準となるリーダーと評定の一致率が一定以上であることが求められる。ADOSなどの普及はASDを実際に診断・評価するトレーニングを提供することになり，研究者間のASD理解を深めることに貢献してきた。

もっとも，このような状況には批判もある。Timimi et al.（2019）はADOS-2のトレーニングに実際に参加し，その体験を報告している。参加者4人のうち2人はASDの当事者，2人はASDの子どもの親であり，職業上のバックグラウンドは社会学者，倫理学者，児童精神科医，発達心理学者である。4人の意見の内容は多様

であるが，要点を下記に引用する。

　トレーニングでは自閉症の行動を問題のあるものとして位置づけ「症状」として説明される。一方，Timimiらは行動をよりポジティブな観点から評価することがあった。例えば，評価対象の子どもの笑顔をポジティブに評価したことに対して，トレーナーからは笑顔ではなく「にやけている」と評価するよう指導された。また，対象者の行動を「病理の集合体」として評価し，「再現可能」「客観的」かつ「定量化可能」な「標準化された方法」で記録することが重視された。対象者が持つ「強い関心事」は「強迫観念」と表現され，「管理者の関心事や要望に合わせて自分の行動を柔軟にシフトできない」ことが病理的に評価された。さらに，「視線を合わせない」ことを障害特性と解釈することが要求されるが，視線を合わせることが不作法だとされる文化圏もあることが考慮されていなかった。対象者の行動は評価者によって数値化され，最終的には「その子が自閉症であるか否か」というYes/Noの二元論に還元されてしまう。

　このツールを使えると認定されるためには，トレーナーの評価と80％以上の一致率を示すことが求められる。ビデオフリップをみた場合の解釈は1つではないはずだが，トレーニングではそれは考慮されない。ここではゴールドスタンダードは原著者の評価ということになる。

　このような問題は，多少の濃淡はあってもADOS-2に限らずあらゆる診断評価ツールに共通した特性であろう。DSM-5はアメリカ精神医学会の基準であり，それを翻訳したものを日本の子どもにそのまま適用して良いのかという疑問も生じる。

　このようなツールが研究のためだけでなく臨床や保険会社との交渉のために必要とされる状況が一部では生じているようである（Gwynette et al., 2019）。DSM/ICDのような国際的な診断基準があるのに，その基準に従うだけでは研究として認められないのは不思議なことである。

　上記のような点は日本でもあまり議論されることはないようだが，診断についての本質的な問題を孕んでいるのではないだろうか。

■ 成人期のASDの人の現状

　診断を語る時に，ASDが疑われる人たちを取り巻く状況を把握することは重要だろう。彼らは無視された世代（a lost generation）（Lai & Baron-Cohen, 2015）と呼ばれ，児童期には典型的な自閉症ではないことから，支援や診断を受けなかった世代である。遅れて診断された成人（late diagnosed autistic adults）（Lilley et al., 2021）はごく例外的な存在なのか，それとも，ほかにも支援を待っている人たちが存在するのかという問いは重要である。英国の疫学調査によるとADOSでASDとされる，スコアが7以上の人が1.47％存在する（Brugha et al., 2011）。特に女性に関してはADOSのアルゴリズムではASDと診断されないが，経験豊富な臨床家によってDSM-IV-TRやICD-11に基づいてASDと診断される事例が29人中21人いた（Lai et al., 2011）という。そのため実際には，もっと多い可能性がある。

成人期のASDの生きづらさとカモフラージュ

　ASDの人は自分をカモフラージュして生きている（Gould & Ashton-Smith, 2011）ために疲弊しやすく，自己認知が混乱しやすい（Hull et al., 2017）。Wing（1981）は古くから知的に高い女児の自閉スペクトラムは見逃される可能性を指摘していた。アイコンタクトを無理にとったり，思春期の女性が自分の好みを押し殺して普通の女子高校生の真似をして普通の女子高校生らしい表情，話し方，ファッションや話題に同一化するような事態である。70％のASDの人

がカモフラージュしている（Cage et al., 2018；Cage & Troxell-Whitman, 2019）という指摘もある。さらに他の章で詳述されるように，成人期のASDの人は気分障害や不安障害などの精神科的合併症の併存率が高い（宇野ほか，2017；髙梨・宇野，2020）こと，循環器疾患や糖尿病などの身体疾患に罹患するリスクが高いこと（Weir et al., 2021），児童期も同様で精神科合併症が多く（Simonoff et al., 2008），いじめの被害に遭いやすい（Schroeder et al., 2014）ことなどが知られている。

　成人期のASDの人の多くは児童期から苦難や生きづらさを抱えてきて，社会に適応しようとして自己を偽る事態を長期間強いられ疲弊している可能性がある。

■ 当事者にとっての診断の意味

　成人期にASDを診断することの意味を議論する時には，当事者たちが前述のような状況におかれていることを前提にする必要がある。最近，成人期に診断されたことについて，当事者がどのように受け止めたかについての報告が増えている。

　共通して語られるのはアイデンティティを巡る問題である。診断を受けたのちに多くの当事者が語ったのは「ちがうパーソナリティを演じていた」「たくさんの役を演じていて自分はだれかわからなかった」「本当の自分ではないと感じていた」「いつも何かを演じていて疲れた」など過去の自己理解についての困惑であった。診断後に「本当の自分になること」「自分の人生を再構成する」「自分に対してやさしくなる」などの変化が生じた。自閉症と診断されたことは「大きな安堵」と語った60代の男性もいる（Pellicano et al., 2021）。

　Lilleyらも同様の報告をしており，ASDの診断は自己理解にポジティブに働くことが多く，過去の自分を理解する，自閉症の特性について好ましく思う，自分自身に対して優しくなるなどの変化があった（Lilley et al., 2021）。

　ASDと診断されることは自己をみるための新たなレンズ（Stagg & Belcher, 2019）を得ることでもある。現在と過去の経験や苦難は自閉症のレンズで見直されて，新たな意味を付与される。自己の行動や感じ方，生きづらさに対して説明がつき，自分自身を理解することについての新たな視点が生じる。

　Tan（2018）が提唱するbiographical illumination（個人史の明確化）という概念がある。医学的なフレームで自己を意味づけることにより自己理解の助けになり，さらに自己意識の変化までもたらす。そして自分史の理解や社会的関係を豊かにしうる。医学的な理解は諦めや妥協をもたらすのではなく，本来の豊かな自己に純化される契機になる。

　一方，診断に対して複雑な感情を抱く人も当然存在する。「（診断を受けても）事態は変わらない，世界は変わらなかった」という否定的な意見もあり，セルフスティグマの問題も生じる。

　診断に積極的な意味を持たせるためには，診断の方法や伝え方も大きな要素になるだろう。研究から示唆されるのは，診断を受けたことでそれまでの価値下げされていた自己を新たな視点で見直し自己を救済するという転換が生じうるという点である。診断とは病理的な断片を見つけ出し集積することだけではなく，ASD特性を病理という点を離れて「平均からの偏り」というニュートラルな視点で評価し，苦手も長所も同時に同定し，これからの生き方の参考になる情報と過去の自分に満足できるような，あるいは折り合いをつけられるような説明を加えることである。診断とは自己理解の一部を構成する何かではないだろうか？　成人にとっての診断は過去の生きづらさを意味づけ，今後の人生の指針になることを目指したい。

ASとASDの間

　ASDの特性は本人の中にあるというよりも，本人と環境世界との間のミスマッチにある。現在もASDの特性を持ちながら，自己実現し社会貢献している人たちは大勢いるだろう。その人たちはAutistic Spectrumの特性はあっても障害（disorder）とは言えないので，ASDではなくASと呼ばれるべきであろう。支援者はASDの人の世界と多数派が構成する世界の中間地点にいて，通訳や橋渡しをするのが役割である。診断にはさまざまな問題がつきまとうが，それでもASDという包括的なカテゴリーには重要な効用がある。ASDの診断は潜在的な支援の必要性を示す重要なサインになるからである。多数派の世界に対して合理的配慮とサービスの改善を求めることの根拠になり，診断によって「連帯」を築くことができる。世界がASDのポジティブな資質を認識し，合理的配慮が当然のように提供される時に，現在ASDとされる人々の多くがASとされる世界を目指して，当事者と支援者が共同して活動することが求められる。

◉文献

Brugha, T.S., McManus, S., Bankart, J. et al. (2011) Epidemiology of autism spectrum disorders in adults in the community in England. Archives Of General Psychiatry 68-5 ; 459-465. https://doi.org/10.1001/archgenpsychiatry.2011.38

Cage, E., Di Monaco, J., & Newell, V. (2018) Experiences of autism acceptance and mental health in autistic adults. Journal of Autism and Developmental Disorders 48-2 ; 473-484. https://doi.org/10.1007/s10803-017-3342-7

Cage, E. & Troxell-Whitman, Z. (2019) Understanding the reasons, contexts and costs of camouflaging for autistic adults. Journal of Autism and Developmental Disorders 49-5 ; 1899-1911.

Gould, J. & Ashton-Smith, J. (2011) Missed diagnosis or misdiagnosis? : Girls and women on the autism spectrum. Good Autism Practice 12-1 ; 34-41.

Gwynette, M.F., McGuire, K., Fadus, M.C et al. (2019) Overemphasis of the Autism Diagnostic Observation Schedule (ADOS) evaluation subverts a clinician's ability to provide access to autism services. Journal of the American Academy of Child & Adolescent Psychiatry 58-12 ; 1222-1223. https://doi.org/10.1016/j.jaac.2019.07.933

Hull, L., Petrides, K.V., Allison, C. et al. (2017)" Putting on my best normal" : Social camouflaging in adults with autism spectrum conditions. Journal of Autism and Developmental Disorders 47-8 ; 2519-2534. https://doi.org/10.1007/s10803-017-3166-5

Kanner, L. (1943) Autistic disturbances of affective contact. Nervous Child 2 ; 217-250.

Lai, M.C. & Baron-Cohen, S. (2015) Identifying the lost generation of adults with autism spectrum conditions. Lancet Psychiatry 2-11 ; 1013-1027. https://doi.org/10.1016/s2215-0366(15)00277-1

Lai, M.C., Lombardo, M.V., Pasco, G. et al. (2011) A behavioral comparison of male and female adults with high functioning autism spectrum conditions. PLoS One 6-6 ; e20835. https://doi.org/10.1371/journal.pone.0020835

Le Couteur, A., Lord, C., & Rutter, M. ［ADI-R日本語版研究会＝監訳，土屋賢治，黒田美保，稲田尚子＝監修］(2013) ADI-R 日本語版（Autism Diagnostic Interview-Revised）．金子書房.

Lilley, R., Lawson, W., Hall, G. et al. (2021)' A way to be me' : Autobiographical reflections of autistic adults diagnosed in mid-to-late adulthood. Autism 13623613211050694. https://doi.org/10.1177/13623613211050694

Lord, C., Rutter, M., Dilavore, P.C. et al. ［黒田美保，稲田尚子＝監修・監訳］(2015) ADOS-2——日本語版マニュアル．金子書房.

Pellicano, E., Brett, S., den Houting, J. et al. (2021) COVID-19, social isolation and the mental health of autistic people and their families : A qualitative study. Autism 13623613211035936. https://doi.org/10.1177/13623613211035936

Schroeder, J.H., Cappadocia, M.C., Bebko, J.M. et al. (2014) Shedding light on a pervasive problem : A review of research on bullying experiences among children with autism spectrum disorders. Journal of Autism and Developmental Disorders 44-7；1520-1534. https://doi.org/10.1007/s10803-013-2011-8

Simonoff, E., Pickles, A., Charman, T. et al.（2008）Psychiatric disorders in children with autism spectrum disorders：Prevalence, comorbidity, and associated factors in a population-derived sample. Journal of the American Academy of Child & Adolescent Psychiatry 47-8；921-929. https://doi.org/10.1097/CHI.0b013e318179964f

Stagg, S.D. & Belcher, H.（2019）Living with autism without knowing：Receiving a diagnosis in later life. Health Psychology and Behavioral Medicine 7-1；348-361. https://doi.org/10.1080/21642850.2019.1684920

髙梨淑，宇野洋（2020）成人期発達障害と気分障害・不安症．精神医学 62-7；967-976．https://doi.org/10.11477/mf.1405206140

Tan, C.D.（2018）"I'm a normal autistic person, not an abnormal neurotypical"：Autism spectrum disorder diagnosis as biographical illumination. Social Science & Medicine 197；161-167. https://doi.org/10.1016/j.socscimed.2017.12.008

Timimi, S.，Milton, D., Bovell, V. et al.（2019）Deconstructing diagnosis：Four commentaries on a diagnostic tool to assess individuals for autism spectrum disorders. Autonomy（Birm）1-6；AR26.

内山登紀夫（2012）正常との境界域を診る 広汎性発達障害とスペクトラム概念．精神科治療学 27-4；443-451.

内山登紀夫（2017）Part1 総説編／B．年代別に発達障害を診る／5．成人期．In：内山登紀夫＝編：子ども・大人の発達障害診療ハンドブック．中山書店，pp.84-89.

宇野洋太，髙梨淑子，内山登紀夫（2017）その他の精神疾患の合併・鑑別──発達障害とその他の精神・身体疾患との合併．In：内山登紀夫＝編：発達障害支援の実際．医学書院，pp.76-83.

Weir, E., Allison, C., Warrier, V. et al.（2021）Increased prevalence of non-communicable physical health conditions among autistic adults. Autism 25-3；681-694. https://doi.org/10.1177/1362361320953652

Wing, L.（1981）Asperger's syndrome: a clinical account. Psychological Medicine 11-1；115-129. https://www.ncbi.nlm.nih.gov/pubmed/7208735

Wing, L.［久保紘章，佐々木正美，清水康夫＝監訳］（1998）自閉症スペクトル──親と専門家のためのガイドブック．東京書籍.

Wing, L.（2003）Diagnostic Interview for Social and Communication Disorders. The Centre for Communication Disorders.（内山登紀夫，吉田友子，飯塚直美ほか＝監訳（2009）DISCO 日本語版）

AS/ASDの告知

大島郁葉

診断と告知
——一方向性か，双方向性か

　診断（diagnosis）と告知（disclosure）には，それぞれにおいて意義と価値があるが，混同されて理解されている局面があることは否定できない。そこで本論を始めるにあたって，まず診断と告知の特徴と相違について概説しておこう。

　診断とは医学的概念であり，アメリカ精神医学会（American Psychiatric Association : APA）によるDSM-5や，世界保健機関（World Health Organization : WHO）によるICD-11など，いわゆる操作的診断基準に基づいて実施される。診断の特徴として，これらのガイドラインに基づくこと，日本においては医師による医業であること（欧米諸国においては臨床心理学者が精神科領域の疾病に対する診断を行うことがある），専門医の臨床的判断において成り立ちうる一方向性をもった行為であることが挙げられる。

　一般的に医学的診断をするにあたり，インフォーマル／フォーマルなアセスメントを実施することが推奨される（大島・桑原, 2020）（表1）。インフォーマルなアセスメントとは，生育歴や家族歴の聴取などである。フォーマルなアセスメントとは，いわゆる発達検査のことで，代表的なものに，Autism Diagnostic Interview-Revised（ADI-R）（Lecavalier et al., 2006）と Autism Diagnostic Observation Schedule（ADOS）（Lord et al., 2000）がある。ADI-Rは養育者を対象としたインタビュー法検査であり，ADOSは本人を対象とした面接法検査である。ADI-Rは幼少期の自閉スペクトラム（Autism Spectrum : AS）の特性について，ADOSは現在のASの特性について判定を行い，それぞれが相補的な関係にある。

　告知とは，本人がその事実を他者から「報告される」ことである。英国国立衛生研究所の臨床ガイドライン（2011）では，ASD（自閉スペクトラム症（Autism Spectrum Disorder））と診断された子どもは，ASDとは何か，それが発達と機能にどのように影響するかについて，「適切な場合」に説明を受ける必要があると記載されている。しかし，このガイドラインには，何が「適切な」状況かについては記載されていない。国内においても，診断はガイドラインが明快であるのに対し，告知のガイドラインは存在せず，各専門家の裁量や理念に依存しているのが現状である。たとえばSato et al.（2022）によると，国内の小学生以上18歳未満のASDを診ている児童精神科医ら463名に大規模アンケート調査を行った結果，わずか15.3%の告知率であった。ここからは，診断率と告知率の乖離があることが推測できるであろう。

　それに対し，アメリカでは，575人の児童思春期のASD児（平均年齢：14歳）の親にアンケートを実施したところ，そのうち81%が告知をされていた。告知をされた子どものほとんど（86%）は，現在，自分がASDであることを認識しており，診断を知っていることで，セルフケアスキルの向上（60%），長所（69%）と短

表1　診断に必要なフォーマル／インフォーマルなアセスメント（大島・桑原，2020）

フォーマルなアセスメント	インフォーマルなアセスメント
• WAIS／WISC などの知能検査 • ADI-R などの養育者聞き取り検査 • ADOS-2 などの面接検査 • Vineland-II などの適応に関する検査 • 感覚に関する検査（感覚プロファイルなど） • ADHD に関する検査 • その他の発達障害／精神障害の検査や尺度 • その他，ASD や認知行動療法に関する尺度 • 保護者のストレスや ASD の理解度に関する尺度など	• 現在の学校生活の聴取 • 現在の家庭生活（経済状況・家族構成・家族関係・生活リズム・嗜癖行動など）の聴取 • 発達・生活歴 • これまでの対人関係 • これまでの家族関係 • 既往歴（身体／精神／入院歴など） • ASD と診断された時期 • ASD の告知を受けた時期 • 現在の主訴ないしは問題 • 主訴および問題の経緯 • 心理的資質（セルフスティグマ含む）　など

所（68%）の自己認識の向上，およびその他の利点と関連していると報告された（Kiely et al., 2020）。また，Ruiz Calzada et al. (2012) は，診断告知の利点は自己理解が深まること，弱点は自己スティグマが増えることとし，丁寧な心理教育を診断と告知のアフターケアとして行うことが有用だろうと結論づけている。

このように告知は，本人および周囲が AS/ASD のことを自己理解し，AS の特性の強みは最大限に活かし，弱みは最大限に保護されるように工夫をして生きていくために必要なプロセスである，と筆者は考える。そのため，AS や ASD の告知は，本人や周囲が「理解する」ことができるように，告知者は最大限の工夫を行わなければならない。

具体的な告知方法として，診断と告知および心理教育が交差する領域に関しては，診断のために使用したアセスメント検査やインフォーマルに聞き取った情報の内容をフィードバックしながら，つまり，診断プロセスをかみ砕いて説明することとセットで，診断告知を行うケースが多く見受けられる。一方，本人が低年齢の場合には，保護者だけが診断告知を受けてその内容を知っているケースもある。このように診断と告知は2つに厳密に分かれない場合も臨床上は多い。さらに，ASD 当事者が「自閉スペクトラム症（ASD）」という言葉自体にネガティブな反応を示す場合などには，診断は為されているが，本人への告知が保留されるケースもある。その点で，告知は，一方向性をもった診断とは異なる。診断が医療行為として必須のものであり，その後の治療方針を決定づけるのに対し，告知が為されるか否かはケースバイケースで決定される。たとえば，告知を受けるのが ASD 当事者であるときは，伝えられる本人にとってのメリットとデメリット，年齢／年代，障害／特性受容のタイミングなどを考慮して実施される。

成人前の告知
——適切な時期に，適切な形式で

以上のような診断と告知の特徴と相違を踏ま

えて，告知の形式が年代によって大きく異なることも把握しておきたい。まず成人前の「乳幼児期」「学童期」「思春期以降」という年代に応じた告知の望ましい形式を説明したい。なお，国内では診断年齢の平均がおおむね10歳前後である（Kamio et al., 2013）ことから，当然，告知もその年齢層ないしは，それ以降になる可能性が極めて高い。

乳幼児期

　乳幼児期は，抽象的概念が未発達なため，本人が告知そのものを理解できない可能性が高く，親などの近親者に告知し，ASの特性理解を促す形式が一般的と言える。ASの特性に関しては，定型発達の子どもとは異なる特性があり，定型発達とは異なる発達の軌跡を描いていくことを伝え，ASらしい発達に適した「かかわり」の方法を知り，実践してもらうことを目的とする。告知は診断とは異なり医師以外の医療スタッフでも実施できるため，告知を担当する支援者は，当該家族の資源（例えば，経済力や，子どもの送迎者の有無など）に適した水準での説明を心がけ，療育センター・発達支援センター・児童精神科などの社会資源の活用方法や家庭での過ごし方など具体的な内容も言い添える。なお，先に述べたように，この年代では本人がAS/ASD概念を理解することは難しいため，支援者だけでなく，告知を受けた家族が知りえた事実を本人に伝えることも少ない。

学童期

　学童期は，AS特性をもつ本人にも一定水準の抽象的思考ができる時期であり，人は一様ではなくそれぞれタイプが異なることを認識しつつある年代に当たる。そのため，本人への告知も視野に入ってくる年代と考えられている。主治医や担当カウンセラーによる告知が一般的だが，

学校のクラス担任やスクールカウンセラー，また親自身からの告知ということも十分にありうる。本人にとって信頼できる人物から直接告知されるのが望ましく，誰がどのようにどのタイミングで告知するのかは，周囲の大人たちが協議して決めることが重要となる。

思春期以降

　思春期以降は，一般的には親から少しずつ独立し，自分で自分と向き合いケアする機会も増え，広義のセルフケアが重要になる年代に当たる。同時にアイデンティティの確立が重要となる発達時期に相当することから，ASDの告知を行う際には，アイデンティティを左右する「自閉スペクトラム（Autism Spectrum : AS）」と，「症（Disorder : D）」という概念を分けて説明することが重要である。ASDと伝えると「障害である」というインパクトでASの特性そのものの内容を理解し損ねてしまうため，まずは，ASにはどのような特性があるのか，そして，さらにAS「D」とはどのような状態・症状であるのか，ということを具体的に説明すると良いであろう。さらに，「D」とは関係なくASの特性が日常生活でどのように強みとなっているのかも説明すると良い。また，ASの特性が，今後のアイデンティティ形成にどのように影響するのかということも説明する。具体的には，生得的なAS特性という前提をもとに後天的なパーソナリティが形成されていくことや，性格やタイプとAS特性が深く関連していることなどを，本人との話し合いのなかで丁寧に伝えていく。この年代における告知はアイデンティティ確立のステップであり，その後の進路や人生の価値づけをも左右するセンシティブな作業となる。そのため家族からの告知というよりは，専門家から丁寧な心理教育をともなう方法で継続して告知を行うことを推奨したい。

　次の事例は告知場面の一例である。A君の理

解レベルに沿いながら，偏見を生むことがないように最大限に気を付けてASDの「AS」と「D」に分けて説明を行うべきだと考える。

事例1 思春期における告知

　Aくん（13歳・男子）は，第一希望の私立中学校に進学した。そこでは，みんなの話のテンポが速く，全く入り込めなくなり，次第に教室に入ることが苦痛になってきた。電車の音が大きいから中学に行きたくないと泣き出すAくんを心配した母親が，児童精神科に連れて行き，そこでASDと診断される。そのことを主治医から母親同席で，A君に伝えた。A君が，「それって異常なの？」と聞いたところ，主治医はこう答えた。

　「異常じゃないよ。その辺の人とは『違う』ってことなんだ」

　「どう違うの？」

　「他の子は，人とのやりとりが好きなんだけど，A君は何をするのが好き？」

　「人といるよりゲームしたい。あと，ルービックキューブも」

　「そう，そういうところが『違う』ところだね。それって『異常』じゃないよね。『違う』だけで。あと，検査によると，音に敏感とか，ごはんの味にも敏感みたいだけど，そこはどうかな？」

　「音は嫌い。掃除機も。お母さんが，普通平気でしょ？って怒るけど」

　「だって，『普通とは違う』からね。そういうふうに，お母さんとA君では，脳のシステムが結構違うんだよ。じゃあ，『普通とは違う』からこそ得意なところもあるので，そこも見ていこうか」

成人後の告知
——本人主体による自己理解のために

　成人期は，思春期までとは来談の経緯も診断プロセスも大きく異なり，AS/ASDに起因する二次障害を発症してから来談する場合が多くなる。大学生までは，ASの特性をもちながらも，さまざまな工夫が功を奏したり，生活ないし就学環境とうまく折り合いをつけられていたケースであっても，就職を機に大きく状況が変容することもある。たとえば，職場仲間との距離感の保持やコミュニケーションに困難を感じる，通勤電車に乗ることに感覚的に苦痛を感じる，といったことが続くと，抑うつ・不安・社交不安など二次障害のリスクが高まる。

　これら成人期のクライエントに対しては，もちろん適切なアセスメントによる正確なASDの診断が望まれるが，殊に注意すべきは，クライエント本人がAS特性から派生した二次障害しか「体感」しておらず，AS特性を「自覚」していない可能性があることだろう。したがってAS/ASDをどのように「捉えている」のかに応じて，告知に加えて心理教育もその方法や回数が大きく異なっていくことに留意したい。なお成人期に差しかかると，あくまで本人との話し合いが主体であり，告知プロセスに親が介在するのは極めて例外的である。

　ここからは，職場で後輩ができてから「うつ」を呈して休職となったAさん（28歳・女性）の事例を提示して，成人期における告知の一端を紹介したい。

事例 2　成人期における告知

　Bさん（28歳・女性）は，薬学部を卒業して大手製薬会社に入社後，新卒時代は大きな問題もなく働くことができており，仕事に充実感を覚えていた。ところが3年後，新卒入社の後輩（女性）指導を任されることになって以来，にわかにBさんの状況が変わりはじめる。後輩は「私，先輩みたいになりたいんです」とAさんを慕っており，Bさんの指導内容を逐一メモに取ったり，頻繁にランチに誘ったりを繰り返していた。ところがBさんにとって後輩の一連の行為は，「つきまとわれて，社交を強制されている」と感じさせる，極めてストレスフルなものだったという。

　やがてBさんは後輩の顔を見るだけでも苦痛を覚えるようになり，さらに後輩にどのくらいの分量の仕事を託すのが適切なのかもわからず，苦しみの末に「うつ」状態となった。その後，勤務している会社の産業医のすすめもあって，筆者の勤めるクリニックを受診したところ，主治医よりASDの可能性を示唆され，各種検査を行ったのちにASDおよび適応障害と診断され，その場で告知も受けた。現在は会社との協議によって休職期間を過ごしている。

　ここから，Bさんへの告知をどのように考えていくべきだろうか。成人期における告知に関しては，2つの分岐点がある。分岐点のひとつとして，ASDの可能性という告知にBさん自身が納得したとすれば，ASDに焦点を当てた個別具体的な治療へ導入することも想定できよう。もうひとつの分岐点は，Bさんが「あの後輩さえいなければこんなに苦しまなかった。運が悪かっただけだ」などと発言し，ASDの可能性への抵抗を示した場合である。その際には告知をした支援者が，「ASDであること」のどのような部分が受け入れられないのか，そもそもASD

に対してどのようなイメージをもっているのか，Bさんとの対話から探索を進めていく。ASDという診断名を伝えられたBさんは，「うつ」の発症から休職に至った出来事は，（会社の体制や後輩の振る舞いを含む）環境因に非があるのではなく，ASDのある自分に非があると宣告されたように感じているのかもしれない。

　告知が誰にとっても望ましい結果を生むとは限らず，告知された内容にネガティブな反応を示すなど，告知がマイナスの効果を生む可能性は拭い去れない。だからこそ診断とその告知をして，診断告知を終えるのではなく，本人への聴取と対話を重ねて，本人が呈する反応の内実を明らかにする必要がある。告知によって唐突に別人格を付与されたようなインパクトを感じるクライエントも多く，抵抗はむしろノーマルな反応でもある。支援者としては，クライエントが診断名のどの部分に抵抗を覚えているのか，どのような部分に理解が及んでいないのかを聴き取って明らかにしたうえで，本人が納得できるように自己理解の道筋を示していく必要がある。

　告知された本人が強い拒絶を示す様子から，ASDに対する強烈なセルフスティグマを抱いている可能性がみえてくることもある。その場合には，セルフスティグマの背景にある過去または現在の社会環境（社会的スティグマ）の聴取を丁寧に行い，社会的スティグマとセルフスティグマの関連性を述べ，その問題解決を一緒に進めていく姿勢を示すべきである。例えばAS/ASDに関して保護者のスティグマが強いならば，それは本人にとっては社会的スティグマであり，本人のセルフスティグマにも影響を与えるであろう。その場合，支援者は，スティグマについて，保護者と話し合い，AS/ASDである本人の社会的スティグマを低減する努力を行うべきである。また，告知をされても，ASの特性上，今後の見通しが立たないために診断を受け入れられないケースもある。その場合には告知以降の

生活のロードマップを具体的に描き，告知を一連の治療プロセスにおける重要なファクターと考えて実施することで，告知の本来の意義が発揮されるだろう。

告知は決して一度だけで終わるものではない。本人の経済状況や時間的状況が許すならば，告知を複数回にわたって行うことには大きな意義があることを強調しておきたい。

告知の意義──自己理解のために

改めて，告知の意義についてまとめておこう。

告知に画一的な方法やセオリーと呼べるものは存在しない。告知する相手は誰なのか，本人がどの年代に位置しているのか，ASDへの理解度はどのくらいなのか，ASDにどのようなイメージを抱いているのかなど，個別具体に即したテイラーメイドの対応が求められるからだ（とりわけ本人が望まないことは実施しないという，センシティブな姿勢を基本に据えたい）。

告知とは「自己理解」を目的とした重要なプロセスにほかならない。ASに限らず，自分の性格傾向や運動神経の良し悪しといったものに置き換えてみても，自らの属性に関する客観的情報を，丁寧に，ある程度の客観性をもって告知することが，広く自己理解にメリットをもたらすことが想像できるだろう。

一方，告知に消極的な治療者・医療者も皆無ではない。「本人を傷つけてしまう」「ネガティブな気分にさせてしまう」「告知をしても治るわけではない」……かつて多くの臨床現場において「善意」からそう語られ，筆者自身，意見を同じくしていたことがあった。個人的体験ではあるが，2016年に参加したノースカロライナ大学TEACCH研究所の専門家による講演が，筆者にとってひとつの転機となった。「大学生支援における告知の重要性」というテーマの講演で

は，次のようなことが語られていた。ASDの告知は必須ではないという言説もあるが，概念によって物事を理解するのに長けているAS/ASD者に関しては，自らの客観的情報が付与される告知のメリットは大きく，自分の性格や対人関係といった目に見えない事象を提示するよりも，概念に依拠することでクリアに理解できる──以来，この講演の言葉に導かれるようにして，告知の可能性を追究するようになった。本人を納得させることが目的ではなく，概念枠に準拠してASの特性をもつメリットを伝えていくと，「自分のことがよくわかって安心できた」「ネガティブな性質ではないとわかってうれしかった」というポジティブなフィードバックが寄せられることも多い。

総じて，告知とは，本人が自らの性質を「トップダウン」で，自己概念のピースをはめるように理解していく行為だと言えよう。ASの特性をもつクライアントの認知システムとの相性も良く，知的障害を伴わないASの特性をもつ人にとっては自己概念を固めていく機会になる。さらに，たとえば演奏の経験もないのに音楽家を目指したいと希望するなど，事実と自己認知がミスマッチを起こしている本人にとっては，自己概念の適切な修正にも役立つ。AS/ASDをもつクライアントが自らを受け入れ，同時に客観視するチャンスとなることに，告知の得難いメリットがあると言えるだろう。

◉文献

Kamio, Y., Inada, N. & Koyama, T. (2013) A nationwide survey on quality of life and associated factors of adults with high-functioning autism spectrum disorders. Autism 17-1 ; 15-26.

Kiely, B., Adesman, A., Rapoport, E. et al. (2020) Patterns and outcomes of diagnosis disclosure to youth with autism spectrum disorder. Journal of Developmental & Behavioral Pediatrics 41-6 ; 443-451.

Lecavalier, L., Aman, M.G., Scahill, L. et al. (2006) Validity of the autism diagnostic interview-revised. American Journal on Mental Retardation 111-3 ; 199-215.

Lord, C., Risi, S., Lambrecht, L. et al.（2000）The autism diagnostic observation schedule-generic : A standard measure of social and communication deficits associated with the spectrum of autism. Journal of Autism and Developmental Disorders 30-3 ; 205-223.

大島郁葉・桑原斉（2020）ASDに気づいてケアする CBT——ACAT実践ガイド．金剛出版．

Ruiz Calzada, L., Pistrang, N. & Mandy, W.P.（2012）High-functioning autism and Asperger's disorder : Utility and meaning for families. Journal of Autism and Developmental Disorders 42-2 ; 230-243.

Sato, H., Fujita, M., Tsuchiya, A. et al.（2022）Disclosing a diagnosis of autism spectrum disorder without intellectual disability to pediatric patients in Japan in early diagnostic stages and associated factors : A cross-sectional study. BioPsychoSocial Medicine 16-1 ; 18.

The National Institute for Health and Care Excellence（2011）Autism spectrum disorder in under 19s : Recognition, referral and diagnosis.

第Ⅳ部

ASのメンタルヘルスを
理解・支援する

ASとアタッチメント
症状論・支援論

田中 究

■ はじめに

わが国で最初の自閉症の報告は7歳の男児で驚見たえ子によって1952年に日本精神神経学会でなされたが，その後もどちらかと言えば児童精神医学の領域で症例検討や支援方法が議論され，成人の精神医学で話題になることはさほど多くはなかった。しかし，1981年Wing, L.がいわゆるカナー型自閉症の診断基準には合致せず，知的障害も軽度ないし認めないものの，その特徴が類似する周辺群を発見し，アスペルガー症候群と記述し，その特徴にカナー型自閉症に共通するものを見出し自閉症スペクトラムと記した。これは，後にDSM-IV，ICD-10といった操作的診断基準に少し形をかえて取り入れられた。それまで自閉症は知的障害をもち，他者との情緒的接触を欠如し，相互的な言語疎通をもたないといった特徴があるとされていた。ところが，知的な障害なく会話も成立するが，他者との情緒的交流が質的に異なり，興味関心の限局性といわれるこだわりをもつ人たちが診断基準の中で捉えられるようになり，児童精神医学領域のみならず成人精神医学の中でも注目を集めることになった。そして，うつ病などの気分障害，不安症，強迫症，物質関連障害や精神病性障害，摂食障害などが前景となっている人たちの背景にASを見出すことが増えたのである

（Hofvander et al., 2009）

他方，精神疾患をもつ人の生育歴に，乳幼児期の母親などの養育者との情緒的関係の損傷を見出すことが増えている。操作的診断基準におけるアタッチメント障害には該当しないものの，養育者と子ども双方向の情緒的利用可能性（emotional availability）が乏しく，「安全基地（Secure Base）」（Bowlby, 1988）を得られず，成人して自己肯定感や自己効力感をもてず，情緒不安定や抑うつ気分に苛まれる人々である。こうした人たちに注目し最初に使われた言葉はアダルト・チルドレンであった。当初はアルコール依存症をもつ養育者に育てられた子どもが自己評価の低さ，孤立，失敗することや親密さへの恐怖，承認欲求などをもちやすい傾向にあること，それが生きづらさをもたらしていることを指していたが，次第に機能不全家族で育った子どもへと概念は拡大した。機能不全家族についての明確な定義はないが，子どもの情緒的な欲求が満たされないことが要件に含まれていた。

確かに，ASをもつ成人とアタッチメントの課題をもつ成人の対人関係障害は類似点があるし，主観的な「生きづらさ」そのものは共通している。しかし，成因論，疾患概念においてASとアタッチメントの障害は全く別のカテゴリーに属するものである。

現在の愛着への着目は，子ども虐待の問題からである。子どもにもたらされる深刻な問題に「愛着の障害」として着目されるようになった

からである。また，発達障害研究においてAS を「関係の発達」の障害として捉える見方が受け入れられ，関係を育むものとして「愛着」が関心を集めるようになったことにもよる（滝川ほか，2006）。成人となって「生きづらさ」をかかえる人たちが，自身のなかにASやアタッチメントの障害を見出すことも，今日の成人ASなどの神経発達症の特性と，アタッチメントへの関心をもたらしているのだと考えられる。

アタッチメントとは何か

　アタッチメントとは，そもそもは動物行動学から導かれた概念である。Lorenz, K. は，ハイイロガンのヒナには孵化して最初に見た動くものが近接対象として刷り込まれ，それについて歩くという，刷り込みについて報告した。鳥類では親鳥の周りに群れているヒナは親鳥の傍ら羽の下に身を寄せ，トカゲなど爬虫類はくぼ地や物陰を伝う。これが，アタッチメント行動である。それは，その個体の生命を守る行動となり，例えば，鳥類のヒナは上空に影が走れば親鳥の羽の下に潜り込み，トカゲは物陰に身を隠す。生物個体，特に生後間もない個体が生命的な危機状況で，生命を維持するためにとるこうした行動は遺伝子レベルでプログラミングされていると考えられている。

　このアタッチメントという用語は，古いフランス語が語源であるが，基本的には「取り付ける」「くっつく」という意味であり，日常的に用いる付加的な物品をアタッチメントと呼ぶのが原義であり，日本語に訳された「愛着」に伴っている心理的，情緒的な意味は本来ない。

　Bowlbyは，このアタッチメントが人の乳児にも存在し，特定の対象と近接関係を確立し，維持しようとする欲求があり，その欲求を充足するための基本的行動パターンが生得的に備わっ

ていると考えた。しかし，ヒトでは生後しばらくは運動能力をもたず，接近対象（＝養育者）への接近行動ができない。このために発信行動（泣く，微笑，発声など）や定位行動（注視，後追い，接近など）が惹起され，運動機能が整うにつれて能動的身体接触行動（よじ登り，抱きつき，しがみつきなど）が発動する。人がこの運動能力をもたない時期（新生児期〜乳児期）のアタッチメントにおいて，子どもは発信・定位行動を起こすが，自ら行動することはできないために，養育者からの接近行動によって開始される点で，他の動物と異なると滝川は述べる（滝川，2021）。すなわち，そこには子どもからの発信と定位行動があり，それに応じる養育者からの行動という相互的な関係構造がうまれ，「他の個体との親和の感覚の確立・維持」へと向かわせる力，「愛着」という情緒性をもった言葉に相応しい力が育まれると述べる。そして，養育者の行動を誘発するように，子どもからの発信，定位が行われ，運動能力の発達によって能動的身体接触行動も惹起されるようになる。

　子どもは生命的危急事態（空腹，疼痛，寒さなど）に泣くという発信行動を行い，養育者の行動を惹起させ，養育者は子どもの生命的危急事態の解決（哺乳，痛みの緩和，保温など）をはかり，子どもは生命的安全を得る。その繰り返し，ペアレンティングによって基本的信頼感が子どもと養育者に生まれる。さらに，それを土台にして，相互に近づくこと，触れることなどによる心地よさ，喜びといった情緒的関係を結んでいく。

　同時に子どもは養育者の行動を注視し，目で追いかけ，見つめるという定位行動を起こし，養育者がそれに気づけば，見つめ返し，微笑み，抱き上げるなどという接近行動を起こし，さらに，養育者が見つめるものに子どもも関心を向け，興味をもちはじめる。すなわち，共同注意が生じると滝川は述べている。

　そこには，子どもの発信に感度よく気づき，

その意味を正しく読み取るという「母親の感受性（maternal sensitivity）」と，子どもが自分の情動調整する手がかりとして利用可能な養育者の生き生きとした情動の存在（情緒的利用可能性（emotional availability））と子どもの情動の存在（Emde & Sorce, 1988）があり，養育者の応答性，感受性への信頼が子どもに育っていく。すなわち，養育者と子ども相互で情動という手がかりを提供し合い，読み取り合うことで連動しながら，子どもは有効な情動調節を行いうる。子どもの情動調節の発達には，母子相互のやりとりが調和的であることと同様に，日常の母子関係に不可避な葛藤状態を母子間で柔軟に元の調和的状態に修復していくことが重要とされる（Bringen et al., 1997；Emde et al., 2000）。つまり，Bowlby が初期に定義した生得的，生物学的な自らの生命維持のための特定対象との物理的近接関係から，それを基盤にした養育者との相互的情緒的応答性と親密さを確立し維持する関係を含むものへと，アタッチメントが指し示すものは拡大していったのである。

ASD の子どもとアタッチメント

自閉スペクトラム症（ASD）は Kanner, L.（1943）による「情緒的接触の自閉的障害（Autistic disturbance of affective contact）」の報告を嚆矢とする。Kanner はその報告の中で特徴について次のように述べている。「人生の初めから人との関係を持つことができず，極端な孤立性を特徴とする。外界の刺激に反応がなく，親が抱き上げた時に期待した姿勢が取れない。人との情緒的接触を拒否し，人よりは写真，物体に興味をもつ」「同一性保持の強迫的願望に支配されている。日課，家具の配置，様式，行動の順序など同じ状態であることに固執し，変化を恐れ，その完全性が乱されるとパニックに陥る。

興味の対象も常に同じで，特定の物にこだわり続ける。行動のパタンも紙や紐を一日中ひらひらさせるなど，常同的である。特定の関心ある事項には優れた記憶や知識を持っていて周囲を驚かせることがある」（髙木，2009）。すなわち自閉スペクトラム症の最初の報告から他者との情緒的なつながりをもたず，それを求めず人より物への興味をもつという，他者に対する情緒的アタッチメントが障害されていることが，疾患的特徴の1つとして Kanner によって記述されたのである。それはその後の Rutter, M. や Wing らの研究の中でも「対人関係障害」は中心的な特徴の1つであり，DSM や ICD といった操作的診断基準にも引き継がれている。

現在の操作的な診断基準（DSM-5）では，自閉スペクトラム症は社会的コミュニケーションと対人相互性や対人関係性の問題，限局・反復する行動や興味といった2つの特徴をもつとされている。こうした特徴は乳児期後期には，前者は視線が合わない，笑いかけても笑わない，表情が少ない，呼んでも振り返らない，模倣しない，発声が乏しい，人見知りがない，後追いがないなどとしてみられ，後者はカーテンの揺れ，回る物，テレビや電灯の明滅などへの強い関心として観察される。幼児期・学童期では，前者は視線が合いにくい，分離不安がない，他児との共同遊びや集団行動の苦手としてみられ，後者は特定のもの（数字，文字，標識，ロゴマークなど）への興味の偏り，感覚過敏などとして認められる。

こうした特徴は基本的には一生涯変化しないとされ，確かに重度の障害として大きな変化を見ないこともあるが，臨床的にはこうした特徴が消退し，変化することをしばしば経験する。すなわち，幼児期は明らかに診断基準を満たし，他者と相互的・情緒的交流をもたず自閉的世界にとどまっていた子どもが成長につれて，定型発達児からみれば幼いけれども，他者とくに養育者への情緒的なアタッチメント行動が出現し，

他児との感情を伴った相互的な関わりがみられるようになる。診断基準を十分に満たさなくなり，社会機能障害の目立たない自閉スペクトラム（AS）として捉えられるようになる。それが他者との交流，相互性，社会性の獲得の促進を目的に行われる療育や，適切な養育者との間での行動形成目的で行われるペアレント・トレーニング，対社会的に適切な行動をトレーニングする社会生活技能訓練（SST）などの技法によるのか，その子どもなりの成長や通常の子育てによるのかという鑑別は困難である。

こうして，自閉スペクトラム症の特徴をごく僅かに残すASとされる人もいれば，軽度ないし中等度残し診断基準を満たす自閉スペクトラム症の人もいるが，程度の差はあれこうした相互的な対人機能に特徴をもって成人し，それが個性とみなされて社会生活を定型発達者と変わらずに送る場合も，あるいは何らかの精神機能の障害を招来して精神科を訪れ，大人の自閉スペクトラム症と診断される場合もある。

反応性アタッチメント障害・脱抑制型対人交流障害とASの類似性と相異

現在の操作的診断基準におけるアタッチメント障害が指し示しているものは，乳幼児期あるいは子ども時代に，アタッチメント対象が得られなかったか，アタッチメント対象がその機能を果たさなかった場合に生じた，その人の行動特徴である。DSM-5では反応性アタッチメント障害と脱抑制型対人交流障害として捉えられ，前者では対人交流からの引きこもり，後者では無分別，無選択な対人交流がその特徴とされている。この2つの障害は，ともに背景に，①安楽，刺激，愛情に対する基本的な情動欲求が養育者によって満たされることがないといった社会的ネグレクト，②安定したアタッチメント形成を制約するような養育者の頻繁な変更，③選択的アタッチメント形成を困難にする通常ではない養育（養育者に対して子どもの比率の高い施設養育）などの存在が条件となっている。その上で，反応性アタッチメント障害では，成人養育者に対して苦痛であっても安楽を求めず，安楽に対しても反応しない，他者との対人交流は最小限で情動反応は乏しく，陽性の感情も少なく，養育者との交流でもイライラ，悲しさ，恐怖を表現すること，脱抑制型対人交流障害では，見知らぬ大人に対しても交流することや近づくことに躊躇いがなく，馴れ馴れしく，不慣れな環境でも養育者を振り返ることもなく，見知らぬ大人についていこうとする行動が観察されることが診断の根拠となる。

この反応性アタッチメント障害の行動特徴は自閉スペクトラム症の子どもに類似し，脱抑制型対人交流障害の行動特徴は時に注意欠如多動症に類似するために，鑑別が必要であることが診断基準に記されている。DSM-5では自閉スペクトラム症との鑑別は，ネグレクトなどの病歴の有無，限定された興味または儀式的行動，社会的コミュニケーションの特異的な欠陥，そして選択的アタッチメント行動の存在によってなされ，自閉スペクトラム症にはネグレクトの既往はほとんどなく，興味の限局性や儀式的行動などが特徴的で，発達レベルに応じたアタッチメント行動を示すと記されている。

ネグレクト状態におけるアタッチメント研究の嚆矢は，Tizard, B. らが1960年代後半から1970年代始めにロンドンの保育施設で行った研究である。子どもに対する養育者の割合は適切で，物理的な意味で整備された施設であったが，退所後の職員とのアタッチメントの断絶が子どもに悪影響となることを考慮して，子どもが彼らに対してアタッチメントを形成しないような指示が出されていたのである。4年間で65人の子どもが調査対象となり，その間に養子縁組さ

れた24人，親元に戻った15人，施設に残った26人が追跡調査された。この施設に残った26人中，選択的アタッチメントを示す子どもは8人，無差別的で過剰に人懐っこく注意を引こうとする，DSM-5では脱抑制型対人交流障害に該当する子どもが10人，情緒的引きこもり，無反応な反応性アタッチメント障害に該当する子どもが8人であり，養子縁組された子どもにはほとんど認めなかった（Tizard & Rees, 1975）。

　また，ルーマニアにおける遺棄され深刻なネグレクトを受けた子どもへの介入研究であるブカレスト早期介入プロジェクト（BEIP：the Bucharest Early Intervention Project）の報告では，地域生活で家族と生活し，施設経験のない子どもの母親へのアタッチメントは，安定型74%，回避型4%，未組織型22%で，施設養育された子どもでは安定型18%，回避型3%，未組織型65%，分類不能13%であり，さらにアタッチメントの形成度では施設経験のない子どもでは100%が明確なアタッチメント行動を示し，施設養育児では明確なアタッチメント行動を示したのは3.2%で，全くアタッチメント行動のみられない子どもは9.5%だった（Nelson et al., 2018）。すなわち，DSM-5が，反応性アタッチメント障害が重度のネグレクトを受けた子どもの母集団の中にでさえ一般的ではなく，10%未満にしか生じないと述べるのは，こうしたデータによる。

　一方，ルーマニアにおける遺棄され深刻なネグレクトを受けた乳児の養子研究で，Rutterらは，対象群（111名）の6%が自閉症の診断基準を満たし，診断基準を満たさないものの自閉症の特徴をもつ子どもを見出し，6歳時点で子どもの大半が改善を示し，診断基準を満たさなかったと述べ，これらを「疑似自閉症」としている（Rutter et al., 1999；Kumsta et al., 2010）。このことから，ネグレクト状況における，反応性アタッチメント障害と自閉スペクトラム症が明確に鑑別できないこともありうるが，Rutterは「疑似自閉症」は6歳までにその特徴が消失し，

コミュニケーションの柔軟性がある点で通常の自閉症とは異なると述べている（Rutter, 2012）。しかし，こうした子どもの転帰が自閉スペクトラム症の社会性，対人関係障害の回復なのか，反応性アタッチメント障害の回復なのかは議論が必要だろう。

■ 大人のASとアタッチメント

　ここで2つの事例をあげる。ともに自閉スペクトラム症と診断されているが，それぞれアタッチメントの課題が異なる。いずれもいくつかの臨床例を組み合わせた架空事例である。

 ### 事例 1 女性・20代

　乳幼児健診での指摘なし。両親は不仲でAが成人後に離婚，母親はその後再婚した。母親の回想に依れば，夜泣きが強く，敏感でずっと決まった形の抱っこでないと眠らなかった。臆病なのか歩き始めは壁に手を置き，斜め伝い歩きが長期間続いた。感覚運動遊びを怖がり，母親に甘えないが居ないと癇癪を起こす，やりにくい子と母親は感じていた。言葉の遅れは認めず，保育士は一方的で自分のペースで他児と遊ぶ，個性的な子どもと評した。小学校入学後も低学年頃は同様だったが，本人の回想に依れば小学校中学年頃から女児グループから自分が浮いていること，他児との違いに気づき始め，他児の振る舞いを観察し，特定の他児の振る舞いを真似して行動するようになった。しかし，どうしても「ぼろが出てしまう」「ばれてしまう」ので「仲間外れ」となり，中学校入学後は母親に訴えたが，「気のせい」「努力しなさい」などと言われて取り合ってもらえなかった。私立高校進学後，外国語の成績が図抜けており高評価され

たが，友人はできず，孤独感を母親や教師に話しても受けとめてもらえず，自傷行為が始まった。郷里を離れて単身，大学生活を開始したが自傷行為が続き，あちこちの精神科病院，クリニックを受診，うつ病，境界性パーソナリティ障害，解離性障害などと診断され入院加療も受けた後，生育歴，心理検査などから自閉スペクトラム症（ASD）と診断された。母親はこういう子だと思っていた，自傷行為での入院などもあまり気にならなかったと述べた。

受診時にはAはぬいぐるみを抱えて，自分の気持ちを察してくれた大人がずっといなかったこと，周りの人の気持ちを察知するために周囲の人の一挙手一投足や表情に敏感で注意が向いてしまうこと，対人関係がうまくいかない時には自傷してしまうことなどを，ぬいぐるみに語りかけるようにして治療者に語った。

 事例2 **男性・30代**
....

乳幼児健診で言葉の遅れ，呼名反応や指差し行動がなく，回るものへの凝視，融通が利かずこだわりがあることを指摘され，勧められて2歳半で療育施設に通所し始め，自閉スペクトラム症と診断された。幼稚園の年少（3歳児）組では他児と交わることはなく，集団参加を促すと癇癪を起こした。年長（5歳児）組では無口ではあったが年齢相応の会話をし始めた。一方，家庭では両親とあまり会話することなく，1人で本を読んで過ごし，会話する際には敬語を用いていた。小学校入学後もその態度には変化なく，他児と交わらないことから周囲から疎まれ，いじめを受けるようになったが，規則通りの生活を送り不登校には陥らなかった。中学校，高校でも判で押したような規則正しい日々を送り，言葉遣いは漢語が多用され迂遠冗長ではあったが丁寧だった。高校卒業後，専門学校に進学し

たが，他者との共同作業ができず，字義通り性が顕著なことから，就労支援のための診断を求めて来院し，生育歴，心理検査などから再度診断を確認した。その後，就労支援を受けて，製造業のライン作業で雇用され，真面目さと作業の正確さを評価されて順調に経過していた。

Bが30代になる頃，両親は老後を考え自宅を改築し，Bと弟が使っていた子ども部屋も改装されBの自室となった。Bは子ども時代から残していた玩具などの処分に同意し，両親は廃棄業者に引き渡した。ところが，職場から戻ったBが大事な物がなくなったと大声で怒り始めた。それは学習机の引き出しに入れた古い菓子缶の中の石のコレクションで，机の廃棄は同意したが，菓子箱の廃棄は了承していないと主張した。その石は鉱物標本や珍石ではないが，気に入った形や色などBが子ども時代から集めてきたもので，自室でそれらを日々眺めては心を落ち着かせてきたのだった。「命にも代えがたい物をないがしろにした」「信頼関係は失われた」と罵詈雑言を両親に浴びせかけ，いかにその石が大切だったか，1つひとつの石の記憶を滔々と毎夜遅くまでBは両親に語り聞かせ始めた。両親は幼少時に石を集めていたのは覚えていたが，成人後もそれを眺めていたことは全く知らず，困惑するばかりだった。

Aは成人期に，Bは幼少時に自閉スペクトラム症と診断された。日常生活では，Aは周りの人々の意向に敏感で空気を過剰に読む傾向にあり，Bは就労支援を受けてはいるが職場ではその特性は真面目，正確な作業として評価され，ASとみなすことができる人たちである。本田（2019）は，発達障害をもつ人の育ち方を養育者や周囲の大人との関係から，①特性特異的教育タイプ，②放任タイプ，③過剰訓練タイプ，④自主性過尊重タイプの4つに分けている。Aの育ちは②の放任に近く，Aの生活上の躓きに気づかず，理

解や対応，あるいは情緒的な受け止めが養育者には難しかった。すなわち，相互の情緒的利用可能性は狭く，Aの情動調整がうまく機能しなかったと考えられる。これは，定型発達者でも生じうる，現在わが国で巷間いわれる大人のアタッチメントの障害とも言えるだろう。

Bの養育者は，幼少時からBに診断を受けさせ，本人の特徴を理解して，また学校などにも配慮を依頼し見守り，就労支援も配慮の行き届いたもので，①と考えられ，職場での適応も良好だった。生活をともにしていても標準語で丁寧に話し，情緒的な交流は乏しいものだったが，その態度は幼少期から変化なく，両親はBの特徴として受け入れていた。自宅改築前にBに一人暮らしの意向を両親が尋ねた際，「ボクは家事ができませんから両親といるのが安心です」と返答したという。

Bowlby（1969/1982）はアタッチメントを「特定の他者に対する強い結びつきを形成する人間の傾向」と述べ，アタッチメント対象の4つの機能「近接性の維持」「安全な避難場所」「分離不安」「安全基地」をあげている。それぞれ，近くにいてともに過ごしたい対象，不安や恐怖がある時に立て直す場所，離れがたい対象，必要な時に助けてもらえる場所という機能である。Aが養育者に求めたものはこの4つの全てであって，それが満たされないことが病理の一端を担っていると考えられた。Bが養育者に求めたものは，自らの生活を保つ機能であり，情緒的なつながりの上にある「心理的安全基地」よりも，伊藤の述べる「道具的安全基地」（伊藤，1994）なのかもしれない。むしろ「石」と過ごす自室や時間が心理的な安心を与え，石に「愛着がある」という語が当てはまる事態と言える。ただし，伊藤は「道具的安全基地」は自閉スペクトラム症特有と述べるが，定型発達者にも見出せるのではないかと推測される。

また，Aは「母親には甘えないがいないと癇癪」を起こし，「決まった形の抱っこ」が睡眠に

必要であることから定型発達児とは異なるものの選択的なアタッチメント対象が必要であり，Bは理由はさておき「両親といるのが安心」と述べ，ともにアタッチメント対象をもっているといえよう。その点で，操作的診断基準のアタッチメント障害ではなく，アタッチメント形式が定型発達児と異なる点で，質的に異なるアタッチメントをもつと言える。

高橋（2006）は自閉症児のアタッチメント形成は定型発達児のそれとは異なったユニークな過程を辿ることを述べている。それによれば，自閉症児のアタッチメントは1）混沌，2）道具，3）快適，4）依存，5）自立の5段階で発達し，1）は対象の役割イメージが明確ではない段階，2）は対象を便利な道具としてのみ認識，3）は対象を道具に加え楽しい存在として認識，4）は安全基地として認識，5）は対象を基地として自立する段階とし，1）〜3）は自閉症児に特異的であり，4）5）は定型発達児にも認められると述べる。成人ASにそのまま当てはまることは適切ではないが，Aは4）5）段階の，Bは2）3）段階の課題を持ち越しているといえるのかもしれない。

■ ASのアタッチメント行動の変化と移行対象

Kannerの報告から「他者に対する情緒的アタッチメントの障害」は自閉スペクトラム症の臨床像の1つとされているが，多くの臨床報告や臨床経験はアタッチメント行動が成長の中にいくつかの様式で出現することが少なくないことを教えており，わが国での報告も多い（別府，1997；神園，2000；狗巻，2006；榊原，2013）。すなわち，自閉スペクトラム症をもつ人においても成長，発達に沿って選択的アタッチメント対象を獲得し，共同注意，要求，指さし，模倣などの対人行動を通して，自他区別が始まり，他

者に意図や情動が存在することの理解がなされていくことは少なくない。さらに児童期，青年期での対人関係の観察や体験，解決方法の学習，書籍などを通じた学習などを通して，社会的行動を身につけていく。しかし，社会適応過程でAが述べたように，対人関係上のぎこちなさが露呈したり，過剰適応状態で疲弊し，職場等での不適応症状が露呈したり，家庭内で情動不安定がみられることもある。そうした場合に，不安や恐怖の解消や情緒の安定化をもたらし，守られる場が必要であることは，ASをもつ人であっても定型発達の人であっても同様である。その場を構成するのは人であることも物質であることもあるが，人によってそれぞれの割合が異なるだろう。Aはもっぱら人を希求するが，ぬいぐるみも大切であり，Bは「石」が大きな部分を占めているようだが，自分の感情をぶつける対象としては両親を選択している。定型発達者においても，人を希求することも，Bにみられるように物質のこともある。対象が人か物かどちらかではなくその割合には濃淡があり，置かれた状況によって変化してモザイクのように組み合わさっており，個人によってパターンは異なるようである。

Winnicott（1953）は子どもを落ち着かせる毛布やテディベア，ぬいぐるみを移行対象と述べた。自閉スペクトラム症の子どもが手離さない物は移行対象と言えるかには議論があり（神園，2000）さらなる検討が必要[注1]であるが，フィギュアや石などの物が自閉スペクトラム症をもつ人にとって「落ち着かせるもの」であることは少なくない。その場合に何を対象とするかは個人によって異なり，昆虫，魚類などの生物（図鑑やフィギュアを含む），車両や鉄道，ペンなどの無生物（カタログなどを含む）など幅広い。それを本田は生来性の志向性のようなもの，選好性と述べている（本田，2018）。本田は選好性をここに挙げた「物」に限らず，発達障害をもつ人の行動や生活全般に認められ，選好性が尊重されることが環境への適応をよりよくすることを述べている。

まとめ——支援のために

大人のASをもつ人のアタッチメント行動は，定型発達の人と同様にさまざまである。定型発達をする人たちに比べて，獲得時期の遅れや，その強度や性質に質的差異を有する場合があっても，多くの人たちは選択的アタッチメント対象をもつ。加えて，成育過程の中で養育者との間のアタッチメント関係で，相互的情緒的応答性に関連するいわゆる「アタッチメントの障害」をもつことも定型発達をもつ人たちと同様である。こうした人たちが，さまざまな精神的不調で成人の精神科を受診し，ASやアタッチメントの課題がその背景に見出される。とはいえ，諸症状への基本的な対応はASも定型発達もさほど相異はないと考えられる。

しかし，自閉スペクトラム症をもつ人の情緒安定性を考える時に最も重要なことの1つに選好性の尊重がある。すなわち好きなこと，やりたいことができること，これが制約されることは定型発達の人よりも顕著に影響を及ぼし，精神機能の失調につながりやすい。精神機能の安定のためには，こうした選好する対象と過ごし，それを通して人とのつながりを保持する（同好の集まり）ことが欠かせない。この人とのつながりは，定型発達の人における心理的なつながりとは質的にはやや異なり，道具的，機能的な要素がより強調されるつながりかもしれないが，ASが安定する場の1つである。ASのアタッチメント行動とはそういうものなのかもしれない。

◉注
[1]「人より物」への関心が優先し養育者へのアタッチメントも十分ではない発達段階の自閉スペクトラ

ム症の子どもの手放さない物が移行対象であるか，またそれがWinnicottが移行対象の特徴として述べる「落ち着かせるもの」とみなせるのかは議論が必要であろう。

◉ 文献

別府哲（1997）自閉症児の愛着行動と他者の心の理解．心理学的評論 40-1；145-157．

Bowlby, J.（1969/1982）Attachment and Loss. Vol.1.：Attachment. The Hogarth Press.（黒田実郎，大羽蓁，岡田洋子ほか＝訳（1976/1991）母子関係の理論 I——愛着行動［新版］．岩崎学術出版社）

Bowlby, J.（1988）A Secure Base：Clinical Applications of Attachment Theory. Routledge.（庄司順一ほか＝訳（1993）母と子のアタッチメント——心の安全基地．医歯薬出版）

Bringen, Z., Emde, R.N., & Pipp-Siegel, S.（1997）Dys-synchrony, conflict, and resolution：Positive contributions to infant development. American Journal of Orthopsychiatry 67；4-19.

Emde, R.N., Korfmacher, J., & Kubicek, L.F.（2000）Toward a theory of early relationship-based intervention. In：J.D. Osofsky & H.E. Fitzgerald（Eds.）WAIMH Handbook of Infant Mental Health. Vol.2, Wiley, pp.3-32.

Emde, R.N. & Sorce, J.F.［生田憲正＝訳］（1988）乳幼児らの報酬——情緒応答性と母親参照機能．In：小此木啓吾＝監訳：乳幼児精神医学．岩崎学術出版社，pp.25-47.

Hofvander, B., Delorme, R., Chaste, P. et al.（2009）Psychiatric and psychosocial problems in adults with normal-intelligence autism spectrum disorders. BMC Psychiatry 9；35.

本田秀夫（2018）発達障害——生きづらさを抱える少数派の「種族」たち．SBクリエイティブ［SB新書］．

本田秀夫（2019）あなたの隣の発達障害．小学館．

狗巻修司（2006）自閉症幼児の他者理解の発達と療育上の留意点——愛着対象の形成に焦点をあてて．福祉社会研究 7；107-121.

伊藤英夫（1994）自閉症児の対人関係の発達 1．特殊教育研究施設報告 43；62-63.

神園幸郎（2000）自閉症児における愛着の形成過程——母親以外の特定の他者との関係において．琉球大学教育学部障害児教育実践センター紀要 2；1-16.

Kanner, L.（1943）Autistic disturbance of affective contact. The Nervous Child 2；217-250.（牧田清志＝訳（1976）情緒的接触の自閉的障害 I．精神医学 18；777-797／情緒的接触の自閉的障害 II．精神医学 18；897-906／十亀史郎ほか＝訳（1978）幼児自閉症の研究．黎明書房）

Kumsta, R., Kreppner, J., Rutter, M. et al.（2010）Deprivation-specific psychological patterns：Effects on institutional deprivation. Monographs of the Society for Research in Child Development 75-1；48-78.

Nelson, C.A. et al.［上鹿渡和宏ほか＝監訳］（2018）ルーマニアの遺棄された子どもたちの発達への影響と回復への取り組み．福村出版．

Rutter, M.［上鹿渡和宏＝訳］（2012）イギリス・ルーマニア養子研究から社会的養護への示唆．福村出版．

Rutter, M. Andersen-Wood, L. Beckett, C. et al.（1999）Quasi-autistic patterns following severe early global privation. Journal of Child Psychology and Psychiatry 40；537-549.

榊原久直（2013）自閉症児と特定の他者との間における関係障碍の発達的変容 2——主体的能力・障害特性の変容と特定の他者との関係．発達心理学研究 24-3；273-283.

髙木隆郎（2009）児童分裂病と早期幼児自閉症．In：髙木隆郎＝編：自閉症——幼児期精神病から発達障害へ．星和書店，pp.1-13）

高橋脩（2006）自閉症とADHDの愛着の発達について．そだちの科学 7；66-72.

滝川一廣（2021）愛着障害，発達障害，複雑性PTSDをどう考えるか．こころの科学 216；17-22.

滝川一廣，小林隆児，杉山登志郎，青木省三＝編（2006）特集によせて．そだちの科学 7；1.

Tizard, B. & Rees, J.（1975）The effect of early institutional rearing on the behavioral problems and affectional relationship of four-year-old children. Journal of Child Psychology and Psychiatry 16；61-73.

Winnicott, D.W.（1953）Transitional objects and transitional phenomena. International Journal of Psychoanalysis 34；89-97.（橋本雅雄＝訳（1979）移行対象と移行現象．In：遊ぶことと現実．岩崎学術出版社）

ASとトラウマ
症状論・支援論

桑原 斉

▎はじめに

　自閉スペクトラム症（Autism Spectrum Disorder）とトラウマについては，種々論じられているが，根拠の乏しい仮説に依拠した主張もあり，臨床の現場は若干混乱しているかもしれない。本稿ではASDとトラウマの関係について，心的外傷およびストレス因関連障害群，ASDに併存する心的外傷およびストレス因関連障害の症状論，ASDに併存する心的外傷およびストレス因関連障害の支援の順に精神医学的な見地から述べる。なお，本文中の有病率は引用文献がない場合にはDSM-5のテキストを参照している。

▎心的外傷および ストレス因関連障害群

　DSM-5は，原則的に不確かな病因論を排除して，記述的に症候を記載するスタイルで構成されているが，7番目の章，心的外傷およびストレス因関連障害群は例外である（APA, 2013）。DSM-5は，実際にまたは危うく死ぬ，重傷を負う，性的暴力を受ける出来事を，心的外傷的出来事（traumatic events）とし，通常のストレス因と区別している。心的外傷的出来事への

曝露を基準Aとし，心的外傷的出来事への曝露によって発症する精神疾患を，急性ストレス障害と心的外傷後ストレス障害（Post Traumatic Stress Disorder : PTSD）としている。急性ストレス障害を特徴付ける症状は，侵入症状，陰性気分，解離症状，回避症状，覚醒症状であり，心的外傷的出来事への曝露後3日（最短でも持続は3日）〜1カ月の間に診断される。PTSDを特徴付ける症状は，侵入症状，回避症状，陰性気分，覚醒症状であり，症状が1カ月持続することが診断には必要である。

　心的外傷的出来事の基準（基準A）を満たさないその他のストレス因に反応して，情動面または行動面の症状が出現する精神疾患が適応障害である。精神症状は，抑うつ気分，不安，素行の障害と多岐にわたるが，症状が一定の期間持続し一定の重症度であり，うつ病，不安症，反抗挑発症（Oppositional Defiant Disorder : ODD）など特定の精神疾患の診断基準を満たしたら，診断は変更される。ストレス因の始まりから3カ月以内の発症，ストレス因の終結後に症状が6カ月以上持続しないことが適応障害の期間の基準である。

　ここで診断上の注意が必要なのは，適応障害とPTSDとの区別で，基準Aを満たすストレス因への反応がPTSD症状の基準を満たさない場合と，基準Aを満たさないストレス因への反応でPTSD症状の基準を満たす場合，いずれも適応障害と診断されることである。さらに，適応

障害は期間で診断が制限されるが，ストレス因から3カ月を超えた遅延発症，ストレス因の終結後症状が6カ月を超えた場合には，他の特定される心的外傷およびストレス因関連障害に類適応障害として分類される。

社会的ネグレクト（小児期の適切な養育の欠如）によって発症する精神疾患が反応性アタッチメント障害（Reactive Attachment Disorder：RAD）と脱抑制型対人交流障害（Disinhibited Social Engagement Disorder：DSED）である。RADは抑制され情動的に引きこもった行動様式と持続的な対人交流と情動の障害を認め，DSEDは見慣れない大人に積極的に近づき交流する行動様式で特徴付けられる。いずれの精神疾患についても，重度のネグレクトを受けた子どもでも発症は稀だと考えられている。巷間，診断をよく耳にする"愛着障害"については，おそらく，精神医学における疾患診断とは異なる概念だと思われる（よって本稿では取り扱わない）。

ASDに併存する心的外傷およびストレス因関連障害の症状論

2018年に報告された成人のASDの併存症に関するメタ解析では，ASDにおける不安症の生涯有病率が42%，うつ病の生涯有病率が37%，強迫症の生涯有病率が22%であるのに対してPTSDの生涯有病率は5%とされている（Hollocks et al., 2019）。一般人口の生涯有病率が8.7%とされていることを踏まえると，PTSDが女性に多く，ASDが男性に多いことを差し引いても大きな違いは認めない。

急性ストレス障害については一般人口で，自動車事故など対人間以外の心的外傷的出来事の後の発症率は20%程度だが，暴行・強姦など対人間の心的外傷的出来事の後の発症率は20〜

50%だと考えられている。しかし，ASDでどの程度の発症率かは不確かである。

適応障害は臨床では頻回に遭遇する精神疾患（外来通院の5〜20%，病院の精神科コンサルテーションでは50%）である。しかし，症状や行動の評価はある程度評価者の裁量に任されており，ストレス因に反応していても症状がある程度重症で持続すると，情動の障害はうつ病，不安症，素行の障害はODDなどと特定の精神疾患に診断が変更される。そのため，有病率調査をはじめとした研究対象とすることは難しく，ASDと適応障害の併存率も不確かである。筆者が医療機関でASDの診察をしている印象では，児童・成人ともに相当な併存率だという実感を持っているが，医療機関を訪れるケースは情動あるいは行為に何らかの問題があって訪れるケースがほとんどであり，強烈なセレクションバイアスがかかっている可能性が高く，筆者の医療機関での実感は一般人口には適用できないだろう。また，そもそも定型発達者でも有病率は高いようなので，ASDで定型発達者よりも多く発症するかどうかは定かではない。このようにASDと適応障害の疫学的な関連は不確かであり，ASDと適応障害の併存を特徴付ける生物学的な機序も不明である。しかし，ASDに罹患していることで社会適応に困難が生じる可能性は高く，発症に足るストレス因に曝露される確率が一般人口より高いことは想像できる。

前節で述べたが，基準Aを満たさないストレス因への反応でPTSD症状の基準を満たす場合には適応障害と診断され，ストレス因の終結後症状が6カ月を超えた場合には，他の特定される心的外傷およびストレス因関連障害に類適応障害として分類される。このような，他の特定される心的外傷およびストレス因関連障害は，疫学的研究や生物学的研究の対象になることがないため，もちろんASDとの併存例での信頼に足るデータはない。しかし，ここも筆者の臨床的な実感のみで言うならば，このようなケース

はASDの中に無視できない程度には存在していると考えている。

具体的には幼少期のいじめ体験（暴言が主で，身体的暴力は伴わない）や職場の上司の叱責など，基準Aを満たさない程度のストレス因への暴露から10～20年間にわたり，侵入症状（フラシュバックほど明確に体験されるわけではないが，反復的，不随意的，および侵入的で苦痛な記憶を認めることが多い）と回避症状（学校や職場の回避による，社会適応の低下や，結果としての長期の引きこもり），陰性気分（学校や職場のせいで人生が破綻したという持続的でゆがんだ認識，学校や職場は危険だという過剰に否定的な信念），覚醒症状（時に攻撃的行動を認める，他者をいつも警戒している）を認めるケースが思い出される。

筆者はASDで同様のケースを複数例経験しているが，ASDではないケースでは経験したことがない。これは筆者が比較的多くASDのケースを担当していることが影響している可能性もあり，もしかしたら境界性パーソナリティ障害など他の精神疾患ではより多いのかもしれないため，ASDに関する特異性は筆者の感想の域を出ない。

巷間では，ASDとトラウマについて論じるのがトレンドであるように思われ，上記したような病状をPTSD，複雑性PTSDあるいは"発達性トラウマ障害"と診断・分類して論じているようにも窺える。筆者は，このような状態を他の特定される心的外傷およびストレス因関連障害（基準Aを満たさないストレス因への反応でPTSD症状の基準を満たし，ストレス因の終結後症状が6カ月を超えた病状）として検討する価値があると考えており，この病状がASDに特異的に（高い比率で）出現するのかどうか検討し，もし特異的に（高い比率で）出現するのであればその機序をASDとの関連で検討し，治療法を探索できるのではないかと思う。ここは根拠の乏しい仮説に基づく主張だが，筆者は，ASD

の中核症状である限定された反復的な行動様式（Restricted and Repetitive Behavior : RRB）と関連した脳機能が，ストレス因の認知を歪め，危うく死ぬ，重傷を負う，性的暴力を受ける出来事と同様の心的外傷的出来事（traumatic events）として体験されているのではないかと推察している。

RADについては，ASDの診断が除外基準になるため，ASDにRADを併存することはないし，併存率を調査することはできない。一方で鑑別診断では，社会的ネグレクトの有無とRRBの有無を判断することは，それぞれ普通に可能だが，ASDに特有な社会的コミュニケーションの障害とRADに特有なアタッチメント行動の異常を区別することは難しい。DSEDは注意欠如多動症との鑑別・併存診断について診断基準に記載されているが，主症状が，見慣れない大人に積極的に近づき交流する行動様式であるため，ASDの社会的コミュニケーションの障害と行動様式が重複し，ASDとの鑑別・併存診断もおそらく難しい（筆者はRAD・DSEDを診断した経験が乏しいため，これ以上踏み込んだコメントはできない）。

ASDに併存する心的外傷およびストレス因関連障害の支援

ASDに併存する精神疾患を対象としたランダム化比較試験は乏しく，ASDと併存する場合に特有の介入を推奨することはできない。これは逆に，定型発達者での介入をASDで実施することを否定する根拠がないことにもなるため，ASDに併存する精神疾患に対しては，原則，定型発達者と同様の標準的な介入を提供することがコンセンサスとなっている。

PTSDの介入については，トラウマ焦点化認知行動療法（Trauma-Focused Cognitive Behavioral Therapy : TF-CBT）あるいはEye Movement Desensitization and Reprocessing（EMDR）が標準的な治療法だと考えられている（National Institute for Health and Care Excellence, 2018）。問題はTF-CBTもEMDRも実施者に特別なスキルが必要なため，国内での普及が不十分なことである。医療資源（特別なスキルを持つ実施者）が限られた中で，TF-CBTあるいはEMDRの効果が確立した定型発達者のPTSDと，ASDとPTSDの併存例が心理療法の実施を待っている場合の医療資源の配分は難しい。筆者は原則早い者勝ちで，ASDでも定型発達者でもPTSDと診断され，TF-CBTあるいはEMDRの適応があると判断した場合には提案をして，本人が選べば実際に提供するのが正しい（倫理的）と信じているが，これがすべての医療機関のコンセンサスかどうかはわからない。なお，選択的セロトニン再取り込み阻害薬などPTSDで効果が確立した薬物療法は，ASDとPTSDの併存例でも，本人・家族に提案する。

ASDに急性ストレス障害が併存する場合の介入については，そもそも急性ストレス障害の介入には十分なコンセンサスがないため，ASDと急性ストレス障害の併存例の介入となると，なお試行錯誤になる。筆者は基本的には本人が安心できるよう，簡易な心理療法として心的外傷的出来事への反応に関する心理教育を主としたPsychological First Aid（PFA）を応用し，不眠など生活に実質的な支障をきたす精神症状に対して対症的な薬物療法を行う。ASDを踏まえたアレンジとしては，PFAを視覚化した形で提供することができるが，実際には定型発達者でも視覚化した形で実施することが多いように思われるためASDに特異的ではないかもしれない。

適応障害の治療法は確立していないが理論的には，原因となっているストレス因を解消することが根本的な治療になり，定義上は少なくとも6カ月以内に症状は消退する。しかし，同居する家族がストレス因になっている場合など実際に解消することが難しいことがある。また，学校や職場がストレス因になっている場合には，学校・職場を欠席すれば，抑うつ気分・不安などの精神症状は改善するが，学校・職場を欠席することで教育・就労の機会を失うことになり，長期化すると留年や無職が新たなストレス因になることもある。ASDと適応障害が併存する場合には，原因となっているストレス因が定型発達者にとっては通常ストレス因にならないことがあるのが留意点である。例えば常識の範囲内だが騒がしい教室や，曖昧な指示を出す上司が，ASDにとっては適応障害を発症させうるストレス因になる。このような状況では，ASDの開示を行い，耳栓の使用許可や，具体的な指示などの合理的な配慮によりストレス因を除去することができる。ASDにおけるストレス因への反応による適応障害の併存は，現代の精神疾患の体系では疾患単位での探求が難しいが，ASDの治療戦略を検討する上では重要なミッシングピースかもしれない。

他の特定のストレス因およびトラウマ関連障害（基準Aを満たさないストレス因への反応でPTSD症状の基準を満たし，ストレス因の終結後症状が6カ月を超えた病状）の治療法は確立していない。前述したように，ASDとPTSDが併存する場合の介入については，不確かさがありながらも，一応のコンセンサス（TF-CBTあるいはEMDRの実施）があるが，ASDと他の特定のストレス因およびトラウマ関連障害が併存する場合の介入は，試行錯誤になる。選択肢の1つは，PTSDに準じたTF-CBTあるいはEMDRを行うことである。医療資源（特別なスキルを持った専門家）が十分に確保されており，本人が希望すれば有力な選択肢だと思う。しかし，実際には医療資源は限られており，一定の効果が期待できるPTSDのケースを差し置いて，限られた資源を配分することには躊躇が伴う。他の選択肢はPFAを応用することである。これは外来診療の短い時間でも少しずつ進められるので現実

的に有用だと思っている。主として，PFAの要素である「ストレス反応に対する基本的な情報を提供」し，「現実的な問題の解決」を，ASDの行動特徴を踏まえて繰り返し進めると，症状は寛解に至らないもののある程度改善し，生活機能の維持・向上を図ることが可能だと実感している（これで十分だという確信は全くないが）。

RADおよびDSEDの治療も確立しているわけではないが，児童養護施設から里親養育に移行した場合に，児童養護施設での養育を継続した場合より症状の改善が認められたという研究報告があり（Smyke et al., 2012），養育環境の変更が治療になりうると示唆されている。これは社会資源の配分の問題であり，RADおよびDSEDを発症した子どもで里親養育を優先的に実施すべき根拠になる。社会的ネグレクトがあった上で，症状評価の側面でASDかRADか迷う場合に，ASDと診断することでRADの診断を棄却し，里親養育の優先順位が下がり，RADが治療される可能性が失われるとしたら悩ましい。その一方で，ASDと診断した場合には早期介入による治療（国内では十分には実施できないが）や教育的・福祉的支援の可能性は広がる。なお，ASDでもRADでも社会的ネグレクトが解消されるのが前提になる。経験はないがASDとDSEDの併存はPTSDの併存の場合と同様，早い者勝ちだと思っている。

ASDにストレス因およびトラウマ関連障害（PTSD，急性ストレス障害，適応障害，他の特定のストレス因およびトラウマ関連障害）が併存した場合に攻撃的行動・易刺激性（challenging behavior, irritability）が生じることがある。この場合には，まず併存するストレス因およびトラウマ関連障害の治療を優先することになる（National Institute for Health and Care Excellence, 2012）。そして，ストレス因およびトラウマ関連障害の治療を実施しても攻撃的行動・易刺激性の改善が不十分な場合には，併存するストレス因およびトラウマ関連障害の治療と並行して次

のステップに進む。次のステップは行動分析を用いて攻撃的行動を消去することであり，行動分析の効果はペアレント・トレーニング（親が行動分析を応用して適切な対応ができるようにトレーニングする）の形式で効果が実証されている（Bearss et al, 2015）。それでも攻撃的行動・易刺激性の改善が不十分な場合の次のステップが，抗精神病薬の投与で易刺激性を治療することであり，リスペリドンとアリピプラゾールの効果は確立しており（McPheeters et al., 2011），保険適用（ASDの易刺激性）も得ている。

■ おわりに

精神医学的見地からASDとトラウマについて述べた。ここで述べたことは，トラウマ体験の取り扱いではなく，心的外傷的出来事（traumatic event），その他のストレス因，社会的ネグレクトを原因とする精神疾患の取り扱いであり，医療機関で医療サービスを提供する場合の視点である。一方で，心理学的見地によるトラウマの理解や対応については筆者の知識，経験は乏しいが，より深淵で柔軟な領域ではないかと推察している。心理相談室など医療機関以外で，クライエントと心理の専門家の契約においてASDを支援する場合には，トラウマはもっと自由に扱われてもよいものだろう。

◉文献
American Psychiatric Association（APA）（2013）Diagnostic and Statistical Manual of Mental Disorders. Fifth Edition. Arlington, VA : American Psychiatric Association.
Bearss, K., Johnson, C., Smith, T. et al. (2015) Effect of parent training vs parent education on behavioral problems in children with autism spectrum disorder : A randomized clinical trial. JAMA 313-15 ; 1524-1533. doi:10.1001/

jama.2015.3150

Hollocks, M.J., Lerh, J.W., Magiati, I. et al. (2019) Anxiety and depression in adults with autism spectrum disorder : A systematic review and meta-analysis. Psychological Medicine 49-4 ; 559-572. doi:10.1017/S0033291718002283

McPheeters, M.L., Warren, Z., Sathe, N. et al. (2011) A systematic review of medical treatments for children with autism spectrum disorders. Pediatrics 127-5 ; e1312-1321. doi:10.1542/peds.2011-0427

National Institute for Health and Care Excellence (2012) Autism spectrum disorder in adults : Diagnosis and management. Retrieved from https://www.nice.org.uk/guidance/cg142

National Institute for Health and Care Excellence (2018) Post-traumatic stress disorder. Retrieved from https://www.nice.org.uk/guidance/ng116

Smyke, A.T., Zeanah, C.H., Gleason, M.M., et al. (2012) A randomized controlled trial comparing foster care and institutional care for children with signs of reactive attachment disorder. American Journal of Psychiatry 169-5 ; 508-514. doi:10.1176/appi. ajp.2011.11050748

ASと強迫
症状論・支援論

中川彰子

はじめに

　認知行動療法の技法のひとつである曝露反応妨害法（Exposure and Response Prevention：ERP）の登場により，強迫症（Obsessive-Compulsive Disorder：OCD）の治療効果は著明に改善し，多くの効果研究により実証された（Foa et al., 2005）。しかし，これは研究に参加するという条件をクリアできた状態の患者における結果である。より重症の患者では，週1回外来に通院して研究に参加することができず，予後については統制された研究で実証されていない。そのような生活障害の重い患者では，背景に神経発達症，特に自閉スペクトラム症（Autism Spectrum Disorder：ASD）を有する可能性が高いとも言われている。筆者は20年近く前から成人で強迫症を主訴として初めて医療機関を受診する患者の中に，それまでは診断されていなかったが，ASDを併存している，あるいは特性を有しているものが増えてきたことに気づくようになった。本稿では，成人のOCDの認知行動療法を実践してきた立場から，ASDを基盤にもつOCDの症状や支援について考えているところを述べたいと思う。

　ASDとOCD両疾患の病態生理の研究は急速に進んでおり，大規模コホートによる神経遺伝学的研究では，OCDと診断されたものは後にASDと診断される割合がそうでないものより4倍高く，ASDと診断されたものが後にOCDの診断を受ける割合は，そうでないものより2倍高かったと報告され，その原因として両疾患は病因を部分的に共有していると考えられているが（Meier et al., 2015），十分な解明には至っていない。ASDを併存するOCD患者では，幼小児期にはASDの存在に気づかれず，思春期以降になり，周囲への不適応状態に陥った時に二次障害としてのOCDを発症し，初めて医療機関を訪れるものも多い。筆者が経験する成人の併存例は，このような症例がほとんどである。成人のOCDで基盤にASDを有する場合，OCDを発症後，ASDの特性が顕在化して，ASDのこだわり行動の症状化が出現するが，治療によりOCDの強迫症状が改善するとASD特性からくるこだわり症状も軽減することを筆者は経験してきた。このことは，両疾患の病因に共通する部分があり，OCDの発症に伴う脳機能の変化が，生来のASDの神経基盤に影響を与えて自閉特性を顕著にさせ，また，その逆にOCD症状の改善による脳機能の変化がASDのこだわり行動に影響していることを示唆していると思われる。このような症例を次に呈示して検討したい。症例の掲載については，個人が特定されないように修正することで本人から書面による同意を得ている。

症例呈示

症例：60代女性・主婦
主訴：外出すると緊張し，人や物を傷つけたのではないかと何度も振り返る。動悸，胃のあたりの不快感。楽しいことが考えられず，済んだことをくよくよ考える。

生活歴・現病歴

　元来，性格的にはおおざっぱで明るい方だったという。高校卒業後，大手メーカーの営業所の事務をしていた時に夫と知り合い，21歳で結婚し退職した。2人の子どもを出産し，夫の転勤で引っ越しも多かったが，家庭中心に楽しく生活し，精神的に不調になることはなかった。

　もともと軽い確認癖はあり，パートとして働きだした40代ぐらいから，仕事場の施錠の確認，仕事がきちんとできているのかどうかの確認などがみられていたが，生活に支障はなかった。仕事をやめると症状はほぼ消失した。

　3年前に次男の嫁が手術を受けるので孫の世話をしに行くことになり，とても神経を使った。そこで孫からのインフルエンザ，ノロウイルスに感染し，体調も崩して精神的にも疲弊し，その後は孫の健康，安全に非常に神経を使うようになった。息子の家から自宅に戻っても，ガスの元栓を閉めたかどうかが気になり，他県の息子の家まで確認に戻ったりするようになったため，近くの精神科クリニックを受診。OCDと診断され，SSRI（選択的セロトニン再取り込み阻害薬）を処方され，やや軽快し9カ月で終了となったが，薬物中断による強迫症状の増悪がみられ，治療再開。2年前からパートとして勤めるようになり，治療終了となったが，その後仕事で確認が増悪し退職。加害恐怖も新たに出現し，自分で探したERPを中心とするカウンセリングを受け始めたが，その治療がつらく中断した。セラピストから「まず薬物療法でうつ症状をコントロールしたほうがよい」と言われ薬物療法を再開するも副作用で継続できず，筆者の勤務する精神科クリニックを初診した。

初診時現症

　夫に付き添われて来院。化粧気がなく，疲れた様子。年齢より老けて見える。質問にはきちんと答えようとするが，応答は少ない。質問紙によると希死念慮もみられ，抑うつ状態。精神運動抑制が認められる。"神経が一日中ピリピリして"，全般的な不安が多く，頓服の抗不安薬の服用も不安という。加害恐怖，確認強迫を認め，不合理感は強い。意識水準，知的水準に異常なし。思路障害も認めない。

初診時質問紙得点

- Y-BOCS（Yale-Brown Obsessive-Compulsive Scale）：強迫観念18点，強迫行為15点，合計33点（0〜40点）／重度
- SDS（Self-rating Depression Scale）：73点／重度
- AQ（Autism Spectrum Quotient）：36点（カットオフ：33点）（社会的スキル10，注意の切替7，細部への注意5，コミュニケーション6，想像力8）
- CAARS（Conners' Adult ADHD Rating Scales）：ADHDは非該当

治療経過

　これまでの経過と現症から，うつ病とOCDと診断した。本人は薬物の副作用への不安から，CBTによるOCDの治療を希望していたが，CBTを始めるには，まずはうつ状態から脱することが必要だということを伝え，患者も納得の上，escitalopramを10mgから開始し20mgまで増量

した。最初の3カ月は薬物療法と休養の期間とし，気分の改善とともに症状の把握を少しずつ進めた。

症状について

治療意欲は高く，症状を詳しく列記してきた中には，加害恐怖（歩いている時に人とぶつかって怪我をさせたのではないかなど）とみられる強迫観念とその打ち消しのための確認行為，自宅のガスの元栓，電気器具のスイッチ，戸締まりができていないのではないかという強迫観念とその確認など，典型的な強迫症状によくみられる症状が記載されていた。しかし，その他に，①食事の後片付けの最後に，シンクの生ごみ入れの中に捨てたナスのヘタ，胡瓜の端や魚の骨などがちゃんとあるかどうかを確認してからしかごみを捨てられない，②以前はなかったと思うが，何でも数を数える癖がある，③歩いている時に，道路のシミ，ゴミが何なのかが気になり，振り返ったり，確かめに戻ったりする，④何かを捨てる時に必ず2回確認する癖など，強迫観念とそれに伴う不安が明確でない強迫症状が認められた。その他にも"野菜に農薬がついているのが心配で，過度に洗浄する""料理中，肉や魚に十分火が通っているかどうかが心配で過度に確認する"などの症状もみられた。①は同一性の保持に関連するこだわり，②は数数え，③は"なんでも知りかつ覚えておかなければならない"というY-BOCSで"その他の強迫観念"に入り，ASD併存例によくみられる症状（山下，2010），④は儀式行為で，ASD特性による強迫症状であり，その他の上記の心配は健康不安としてASDによくみられるものであるため，AQの高得点とともに基盤にあるASD特性が示唆された。

曝露反応妨害法（ERP）の開始

抑うつ気分の回復とともに上記のように症状の把握が進み，治療としては，まず，有効性が実証されており，治療効果も比較的早く現れるERPを典型例の症状（加害恐怖）に対して行うこととした。患者と共に疾患と症状の仕組みについての心理教育を行ったところ，本人も自分の症状によく当てはまると納得し，症状理解が進むとともにこの治療法を希望したので，主訴である外出時の障害をもたらしている加害恐怖の症状に最初の治療対象として取り組むこととした。

ASD特性について

患者の記載してきた困っている症状の中には，典型的な強迫症状が半分，その他に，ASDの特性が強まって，過剰なこだわりや繰り返し行動などに発展しているものが半分くらいみられた。そこで，OCDの患者の中には，かなりの割合でASDの特性がみられ，本人の症状の中でも，その特性の影響によるものがかなりみられることを告げ，ASDの特性について説明を行った。自分にかなり当てはまると語り，少しほっとしたとのことであった。もともと1人で何かをするほうが好きで，学生時代，友人とつるむのは好きではなかったとのこと。趣味は，水泳と読書。優しい夫も似たタイプで，子どもが育った後は，2人で穏やかに暮らしていたとのこと。本人は，いろいろな症状が出てきて困惑していたため，特性の影響の強い症状は，典型的な強迫症状が改善すれば特に取り組まなくても改善がみられることも多いので，まずは，加害恐怖のみに取り組む方が効率がよいことを伝え，患者も同意した。

その後の治療経過

　治療の中でも，患者の特性は認められた。不安階層表を作ろうとするが，全ての刺激のSUD（Subjective Unit of Disturbance）を100（最大）と評価しており，自分の不安についての認知がうまくできないことが認められた。また一日に何度も治療のための外出をしており，過集中により疲れ切った状態，いわゆる治療強迫の様相を呈したため，ERP開始3カ月後に一旦治療を中断し，ASD特性の影響で感情の制御が困難になった場合によく用い，またSSRIの強迫効果を増強する作用ももつaripiprazole 1mgを処方に加え奏功した。この間にスマートフォンの教室に通い継続できていた。初診以来，初めて化粧をして受診もできた。"治療を休んで他のことをしたのがよかった"と感想も述べ，家事もほとんどできるようになったが，避けていることに挑戦したいと希望したため，1カ月半の中断の後にERPによる治療を再開した。その後は残っている加害恐怖の課題に積極的に取り組んで克服し，それに伴い，ASD特性による症状は特に治療課題にしなかったが，目立たなくなっていた。治療開始10カ月後には薬物を漸減し始め，時間をかけて中止することもできた。

　患者は経過を振り返って，人間関係で負担が生じた時にOCD症状が出現していたことに気づき，対人交流の負荷がありそうな時には無理をしないようにコントロールして症状再燃を予防したいと述べている。二次障害として強迫症を発症して，筆者の指摘で初めて自分のASD特性に気づき，二次障害として発症した典型例のOCD症状と特性による症状が増悪したものとを区別して症状を克服し，何よりも自分の特性への負荷がかからないような生き方を肯定し，目指すような変化が認められた。

　なお，本症例の治療はクリニックの一般外来で行われ，初診は40分，その後は平均1回10〜15分，週1回から次第に通院間隔を延ばして実施した。

ASDにおける RRBとOCDの強迫症状

　従来の自閉症研究では，強迫行為は限定された反復的な行動様式（Restricted, Repetitive Behavior：以下，RRB）の一部とみなされて，強迫観念の存在については触れられておらず，OCDの併存率はかなり低いものであった。しかし，近年，子どもや若いASD者でRRBの観察研究が行われるようになり，強迫観念も含めた強迫症の症状の存在が明らかにされ，ASDでは定型発達児に比し，OCDの症状を有する頻度が高いという報告が増加するようになった（South et al., 2005）。最近の17の研究のメタ解析では，ASDの子どもの4.9〜37.2%，成人の7〜24%がOCDと診断された（Russel, 2020）。ここで注目すべきは，研究によって大きな開きがあることで，これは，ASDにおけるOCDの診断が非常に難しいことによると思われる。

　RRBには，必ずしも自閉症に限らず小さい子どもでみられる，独特の手指の動きの繰り返し，くるくる回る，などの繰り返し行動もあるが，もう少し大きい子どもで，自閉症にみられるものでは，同一性保持，機能的でないルーチンや儀式などがある。これらは，子ども時代の後半や思春期によく観察され，大人になるといくらか減少する。OCD同様，このRRBも社会的および機能的障害をもたらす。自閉症の子どもの追跡研究では，後にOCDを発症したものでは，小さい頃のRRBが発展して強迫行為様になるものもあるが，急に発症し，かなりの苦痛を伴い，それに抵抗しながらも社会的な障害を引き起こす典型的なOCDの様相を示すものがあると報告されている（Hutton et al., 2008）。これがいわゆる二次障害としてのOCDである。二次障害は

ASDの特性が周囲の環境との不適応状況を生じ
ている場合に発症するため，大学に入学後あ
るいは前出の症例のように就職してからの環境の
変化に伴い発症する患者もみられる。

　筆者が出会う成人のASDの強迫症状は，二次
障害として生じた典型的なOCDの強迫症状と上
記の自閉症に特有のRRBが強迫行為様になって
いるものの両方がみられることが多い。Russel
らは臨床経験からOCDの症状ディメンジョン
で，RRBとの見分けが最も難しいのは，対称性，
順番，数数え，整頓に関する強迫観念とルーチン
や同一性を好むこと，ため込みと特異的な興味
の一部としての収集であるとしている（Russel,
2020）。筆者らはOCDにおけるASDの併存を示
唆する強迫症状についての検討を行ったが，上
記の症状とかなり重なっている（山下，2010）。
RRBともそれが強迫症状化したものとも取れる
ということは，少なくともASDの存在を示唆し
ている症状であると言える。

　OCD症状とRRBを機能の点からみると，典型
例のOCD症状では，強迫行為が不安を軽減させ
るという機能を持っているが，RRBにみられ，
不安との関係は明らかではない。ただ，同一性
の保持に関してみられる，ある特別のルーチン
を特に好んで，同じ行動に固執することは，環
境やスケジュールに変化が生じたりすると苦痛
が生じるということも自閉症のRRBにみられ，
不安と関連しうる。しかしながら，不安の質は，
OCD症状のように恐れている結果に関連してい
るというよりも，ある行動を特別な方法で行い
たいという好ましいものとして患者により報告
される（Russel, 2020）。筆者は，成人のASDで
これらのRRBに関連する症状を本人に負荷が生
じているマーカーとしてとらえ，すぐに治療対
象とはせず，患者の特性に合わせた環境調整や，
ERPによるOCD症状の改善を図ることにより軽
減するかどうかに留意することに努めている。

成人のASDに併存する
OCDへの認知行動療法の実際

　筆者が出会うOCDを主訴として受診する成人
の患者では，前述した症例でもそうだったよう
に，強迫症状の内容からASD特性に気付くこと
も多い。紹介状の診断名や内容にASDに関連す
る情報はみられず，初診でのやりとりや生育歴
では特にASD特性を感じさせない患者も多い。
それでも，近年ASDとOCDの併存率が徐々に
増しているのを感じており，強迫を主訴として
受診する患者では，初めからASDの存在に留意
するようにしている。

　OCDへの認知行動療法の有効性が実証され
たのは，ERPという技法が開発されて以降であ
る。強迫症そのものが均一ではなく，異種性が
強く，症状の種類も数多い。患者は普通，複数
の種類の強迫症状を有している。ERPの適応と
なるのは，いわゆる典型例と呼ばれているもの
で，先行刺激に誘発された強迫観念による不安
を，強迫行為で中和・軽減させるために悪循環
が生じている場合である。さらに，患者が強迫
症状に不合理感を抱いていることが必要である。
したがって，強迫症状を主訴として受診した患
者の強迫症状を詳しく把握する過程で，治療者
は，この典型的な強迫症状があるかどうか，ま
た，その症状に対しての洞察（不合理感）の程
度を確認し，ERPの適応である症状があればそ
のことに内心安堵する。それと同時に，症状の
詳細を把握する過程で，ASDの特性によると思
われる強迫症状の存在についても把握する。な
ぜならば，ASDが背景にあることが明らかにな
れば，その後の治療が異なってくるからである。
認知行動療法では，最終的には患者は自分の治
療者になることを目指している。そのため，強
迫症状についても質問紙などを用いてその詳細
を把握する。その過程で，典型的なOCD症状の

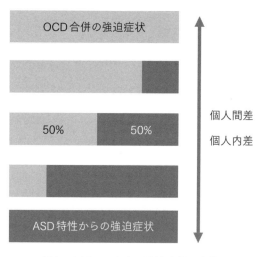

図1　ASDにみられる強迫症状の実際

（OCD合併の強迫症状／50%／50%／ASD特性からの強迫症状／個人間差　個人内差）

みではなく，ASDの特性によるものもあることが判明する場合が多い。ASDの特性についても自分で理解しておくことが必要であり，ASDの併存するOCDの治療を自分で行えるようになることが理想であるので，筆者は適切なタイミングで患者のASD特性についての告知を行うようにしている。紹介した症例は，OCDを発症してからASD特性が強まり，受診してそのことに気付くことにより，苦手な対人関係の過度の負荷は避けるようになり，平穏に過ごせている。

　図1に示すように，ASDにおける強迫症状は，患者によって，また，同じ患者の中でも時間経過の中で，いわゆる典型例のOCD症状とASD特性からくる強迫症状の割合が異なる。全く典型的OCD症状がない場合では，先行する刺激による強迫観念や不安が明らかではなく，必要に応じて行う行為が強迫的になっている強迫性緩慢のような症状が多くみられ，ERPが適応できないため，まず患者のASD特性に合わせた環境調整と新しい適応的な行為を学習してもらうシェイピングなどの技法が適用される。全体的にみれば，患者の特性に合わせた生活を作る工

夫が必要となる。ERPのように短期間で著明な改善は期待できない。支援者との連携が不可欠である。

　「はじめに」で触れたASDを併存するOCDに対するCBTの予後が現状でよくないことについては，いくつかの理由があると思われる。まず第一に，二次障害としてのOCDを発症している場合には，患者の特性と周囲の環境との不適合が生じているが，そのことを把握して環境調整を図ることが必要である。ASDの有無や疾患にかかわらず，環境の影響を把握すること（マクロの行動分析を行う）は必要であるが，特にASDの場合は重要である。これが不十分であると，その先の治療を誤ることになる。成人では職場の産業医と連携をとるなどが必要になることも多い。第二に，ERPでは不安が扱われるが，ASDの患者では自分の不安が十分理解できていないことも多いので，まず，不安についての心理教育から始める必要がある。Russel et al.（2019）は，ASD者のOCDに特化したCBTのマニュアルを出版しており，その中で，不安の理解についての心理教育の方法が詳述されている。そのほか，ASD併存例に適切な薬物療法をCBTと連動させることも重要である。OCDにおいてASDの併存例には典型例であってもERPが適用できない，あるいは治療予後が悪い，といわれているのは，このような患者理解と配慮がなされずに技法の適用を急ぐからであり，患者の特性に合わせた工夫をして治療を進めれば，十分な効果を示すという報告がなされてきている（Bedford et al., 2020 ; Nakagawa et al., 2019）。先にも述べたが，ASDにOCDを併発すると，それまで生活に支障のなかったASD特性が顕在化・症状化し，患者の生活のしづらさ，生きづらさは増すことになるため，CBTの治療者がASDへの理解を深め，ASDに特化した治療や支援を洗練させてゆくことが必要である。

◉文献

Bedford, J., Hunsche, M.C., & Kerns, C.M.（2020）Co-occurrence, assessment and treatment of obsessive compulsive disorder in children and adults with autism spectrum disorder. Current Psychiatry Reports 22-10; 53.

Foa, E.B., Liebowitz, M.R., Kozaket, M.J. et al.（2005）Randomized, placebo-controlled trial of exposure and ritual prevention, clomipramine, and their combination in the treatment of obsessive-compulsive disorder. American Journal of Psychiatry 162-1 ; 151-161.

Hutton, J., Goode, S., Murphyet, M. et al.（2008）New-onset psychiatric disorders in individuals with autism. Autism 12-4 ; 373-390.

Meier, S.M., Petersen, L., Schendelet, D.E. et al.（2015）Obsessive-compulsive disorder and autism spectrum disorders : Longitudinal and offspring risk. Plos one 10-11 ; e0141703. published online.

Nakagawa, A., Olsson, N.C., Hiraoka, Y. et al.（2019）Long-term outcome of CBT in adults with OCD and comorbid ASD : A naturalistic follow-up study. Current Psychology 38-7 ; 1763-1771.

Russel, A.（2020）Obsessive compulsive disorder. In : Chaplin, E., Spain, D., & McCarthy, J.（Eds.）A Clinician's Guide to Mental Health Conditions in Adults with Autism Spectrum Disorders-Assessment and Interventions. Jessica Kingsley Publishers, pp.111-127.

Russel, A., Jassi, A., & Johnston, K.（2019）OCD and Autism : A Clinician's Guide to Adapting CBT. Jesssica Kingsley Publishers.

South, M., Ozonoff, S., & McMahon, W.M.（2005）Repetitive behavior profiles in Asperger syndrome and high-functioning autism. Journal of Autism and Developmental Disorders 35-2 ; 145-158.

山下陽子（2010）広汎性発達障害を伴う強迫性障害の特徴についての研究．精神神経学雑誌 112-9；853-866.

ASと不安
症状論・支援論

村上伸治

不安とは

　不安は，精神症状の中で最も基本的な症状とされている。他の精神症状の多くは，不安が形を変えたものとして理解が可能である。例えば，不安な時に人は何か安心できる確かなものにすがりたくなる。確かなものにすがることができると，多くの不安は軽減する。だが，不安が強い場合，すがったものが本当に安心できるのかどうかが不安になる。そこで，確かめるという行動が起きやすい。例えば，戸締まりをしたはずだが，本当に鍵を締めたかどうかが気になって確かめたくなる。手を石鹸で十分に洗ったが，空気中のホコリに触れたので，もう一度洗いたくなる。車で会社から帰宅したが，途中で車体にゴンという音を感じたので，もしかしたら私は誰か人を轢いたのかもしれない，といったことを確かめたくなる。実際に確かめるとひと安心するのだが，しばらくするとまた不安になって確かめたくなる。これが強迫症状である。強迫症状は，強迫という形に現れた不安だと言える。

不安としての妄想

　不安な時は確かなものにすがりたくなるが，確かなものがない状況もある。例えば，試験の合格発表を待っている人は，発表前に結果を確かめる方法がない。「合格かもしれないし，不合格かもしれない。それはまだわからない」というのが正しい理解なのだが，気持ちにゆとりがなくなると，そう受け止めることは難しくなる。不安な時ほど，「落ちたに決まっている」のような「決めつけ」が起きやすい。ほかにも「職場で皆の私への態度がよそよそしいのは，○○さんが私の悪口を流しているからに違いない」「昨日来た宅配便の配達員は，実は泥棒で，我が家の下見に来たに違いない」などの決めつけが起きやすい。これが妄想と呼ばれるものである。

　高齢者の一人暮らしは不安になって当然である。孤独の不安を周囲に話し，信頼する人に助けてもらおうとする人は，病的な症状が起きにくい。不安なのに強がる人の方が，「一人暮らしの私の家の中に，知らないうちに誰かが入り込んでいる」などの妄想が生じやすい。認知症の高齢者が「私のお金を長男の嫁が盗った」と言い出したりしやすいのも，物忘れと自分の衰えの不安が関係している。

不安としての依存

　不安は依存としても現れやすい。例えば，アルコール依存症の人というと，「酒を飲んで暴

れる人」だと思われやすい。だが実際には，大人しくて普段からオドオド，ビクビクしている人が多い。普段から他者に対して緊張や不安を感じているので，酒を飲んだ時だけそれが緩んで楽になる。だから酒に依存してしまうのである。子どもがゲームにハマるのも，何かに打ち込んで生活が充実している時は起きにくい。反対に，受験や将来の自分などに対して不安を感じている時に，今を満たしてくれるゲームなどにハマりやすい。

このように，不安はさまざまな精神症状の根底をなすもので，それが多種多様な症状として現れる。これが不安を理解する際の基本である。

▍AS者の不安

自閉スペクトラム症（AS）者の不安の特徴を，ASの特性から考えてみたい。ASの特性のひとつは，細部に囚われ，全体が見えにくいことである。細部が見えるため，職人的な技能に長けていることも多いが，全体を俯瞰することは苦手である。そのため，たまたま目に入った事象が気になり，それに関する不安で頭がいっぱいになり，他の事象には目が向かなくなりやすい。事例を示す。

 30代の女性

ペット可のアパートに転居したので，念願の子犬を飼い始めた。ペットを飼うのは初めてだったが，周囲の人に教えてもらったりするのは苦手なため，犬の飼育法の本を徹底的に読み込んだ。その本に，犬からヒトに移る感染症についての記載があった。それを読み，数日前から子犬が下痢気味で，自分も風邪気味であることを

思い出した。感染症が不安になり，病院を受診した。病院では問題ないと言われたが，それから子犬の餌や自分の食事について異常に気を遣うようになった。そして，食品添加物だけでなく，洗剤などを含めて化学物質全般を避けるようになった。しかし実際には化学物質全てを避けることはできないので，しばしばパニックを起こすようになり，精神科を受診した。出された薬は怖くて飲めなかったこともあり，不安はひどくなり抑うつと希死念慮もみられるようになった。そして，リストカットをした上で農薬を服毒し救急病院に運ばれた。2日間ほど入院したが身体的には問題なく，精神科病院に転院した。

精神科病院に入院すると，表情は穏やかで，ケロリとした表情で抑うつ症状がほとんどなくなった。子犬は実家が面倒を見てくれることになり，子犬のことは気にしなくなった。そして，今度はリストカットの傷跡を気にし始めた。そして傷跡を消す方法をスタッフに尋ねることを繰り返した。傷跡の不安は強くなり，その不安でパニックになり，反対側の手首をボールペンで傷つける自傷を行った。傷跡を気にして傷を作るという自己矛盾には気づいておらず，パニックになると全体や状況が見えなくなっていた。それでも徐々に落ちついたので，実家に外泊した。子犬を見ると，感染症の不安と希死念慮が再燃した。外泊から戻ってしばらくすると落ち着いた。するとすぐに再度の外泊を希望した。外泊するとまた同じことになる懸念を伝えても「大丈夫です」と述べるので，再度外泊すると，再びパニックになって希死念慮が現れた。外泊による悪化を何回も繰り返したが，同じパターンが起こることを本人は予想できなかった。

目前の不安

事例1は，目の前の事象に不安で反応し，それに振り回され，良い時と悪い時がまるでチャンネルを切り替えるように入れ替わった。これは典型的なASの特性である。細かい点に囚われ，全体が見えない。遠近感が乏しく，たまたま目の前に現れたものが，自分にとっての全てになりやすい。そのため，状況によって，不安な事柄が次々に替わりやすい。今日の不安に囚われ，昨日あれほど不安だったことを気にしなくなったりする。自殺企図をしたのに，救急病棟で目が覚めるとケロッとしていたりする。そして，そのような急な変化やその連関を本人は認識できないことが多い。表面的な不安の水面下にある，元となる不安を捉えなければ，患者の不安を理解しにくい（図1）。広沢（2010）は，ASD患者の内面はさまざまな自分が格子状に並んだタッチパネルのようになっており，そのひとつをタッチ（クリック）すると，そのパネルが立ち上がり，パネルに合わせた自分が出現して立ち回る，と説明しており，ASD患者の言動の理解に大変役立つ。タッチパネル的な切り替わりがみられる例は多い。

事例2　女子大学生

不安と抑うつ気分，希死念慮を訴えて初診し，任意入院した。将来への不安など述べながら臥床がちに過ごしていたが，ある日の昼前，当科病棟からいなくなった。皆で探していると他病棟から電話があり，病棟の屋上でフェンスを越えようとしているのを他科職員が見つけて取り押さえたと連絡があった。当科看護師が迎えに行き，当科病棟に戻ったところで主治医面接と

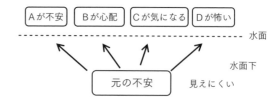

さまざまな不安が次々に切り替わる

図1　AS者の不安に多いパターン

なった。

〈きっかけやいきさつがあるなら教えてほしい〉「別にないです」

〈死のうとしたの？〉「わかんない」

〈今朝は，やる気は出ないけど，気持ちは苦しくないって言ってたけど？〉「そうです」

〈それから何かあったの？〉「何もないです」

〈今も死にたい気持ち？〉「別に考えてないです」

〈どんな気持ちで屋上へ行ったのだろう？〉「わからない」

〈じゃあ，質問を変えてみるね。魔法使いがここにいて，何でも願いごとを叶えてくれるとしたら，何をお願いしますか？〉「○○に会いたい！」（急に表情が明るくなり，男性アイドル歌手の名前を挙げた）

〈今，死のうとするような行動をしたところなんだけど？〉「あ，そっか。じゃあねえ，早く大学を卒業させてもらいたい（笑顔）」

〈卒業して，どうしたい？〉「お店を開きたい（笑顔）」

〈何のお店？〉「ブティック！（笑顔）」

事例3 20代の女性

　不安発作などで精神科に入院中。朝食後に訪室した時は，「不安なことを考えて，全然眠れませんでした。今日は最悪の日です」と言っていた。午前中の作業療法が終わった時は，「先生これ見て！　きれいでしょ？　今日の作業療法で作ったの。今日は気分がいいの」と教えてくれた。昼食後には，「昼ごはんに，嫌いな物が出た。もう今日は最低です」と言い，午後のレクリエーションの時には，「卓球でうまくラリーが続いたから，今日は楽しい」と述べた。夕食前には，「1年前の日記を読んでいたら，その時のしんどい感じを思い出した」と言うので，「今日の調子はどう？」と尋ねると，「悪い日に決まっているでしょ」と言う。夕食後にまた会うと，「カバンの底から，去年友達にもらったキーホルダーが出てきた。嬉しくなった」と言うので，「今日の調子は？」と尋ねると「今日はいい日です」と述べる。「今日は最悪って言ったりもしていたよね？」と聞いても「とにかく今日はいい日」と述べた。

事例4 男子浪人生

　受験生として入学試験を受けた翌日から，動悸がするようになり，循環器内科を受診したが問題ないと言われた。その翌日からは目が霞むようになり，眼科を受診したがこれも問題がないと言われた。次には食中毒が気になり手を異常に洗うようになった。その数日後の面接で，「受験の合否が気になるのですね？」とはっきり言うと，本人はビクッとして，「そうです」と答えた。「受験生として，合否が不安なのは当然。けれど，合格発表までは待つしかない。気にな

るのだから，気にしながら待ちましょう。試験は終わったのだから，しばらくは朝から晩までゲームをする毎日でも良いのでは？」と話すと，「そうですね」と言って肩の力が抜けたようだった。それからは，不定愁訴は治まった。

▌気持ちが読めない不安

　AS者は，他者の気持ちや意図が読むのが苦手である。障害が明瞭なASD者は気持ちや意図を読もうとしなかったり，他者への配慮自体をしなかったりするが，軽度のAS者は，気持ちを何とか読もうとするのだが，なかなかうまく読めない。そのため，人に気を使ったり配慮するばかりで疲れてしまったりしている。

　そして，AS者は「他者の意図や気持ち」だけではなく，「自分の気持ち」も読みにくい（村上，2017）。自分の気持ちが読めないと言うと，変なことだと思われやすいが，実際，AS者は自分の気持ちにも気づきにくい。過去の自分の言動を説明する際に，「ああいう行動をしたんだから，○○な気持ちだったんだろうと思います」などと，他者を気持ちを推察するように，自分の気持ちを説明する人が少なくない。事例1〜4からも自分の気持ちに気づきにくい特性を読み取ることができる。

　また，多くの具体的な事象から共通する意味を見出して，概念化や抽象化するのも苦手である。意味がわかりにくいから，他者の言葉に含まれる皮肉や冗談を意味として抜き出す作業が苦手であり，言葉を「字義通り」に理解してしまいやすい。事例4では，全体としての受験後の不安を認識できないので，不安はさまざまな形で現れるようになり，それら個別的な不安に振り回されていた。AS者の不安に対しては，表面的な不安の背景となる不安を推察して理解す

る必要がある。

不安としてのこだわり

　不安な時には確かなものに頼る方向は主に2つある。それは事物に頼る方向と、人を頼る方向である。AS者は人よりも事物に頼るが、頼る事物が変化すると困るので、変化や新しい状況を避けようとする。変化しない定点として「こだわり」が生じやすい。こだわりには錨の役割があり、錨があれば潮に流されなくてすむ。

　これとは逆に、いわゆる定型発達者は、確かなものとして親をはじめとした人を頼る。信頼する人となら新しい環境にも出て行くことができる。小さな子どもが新しい場所に行く際にも、母親の横にいて、母親の手をしっかり握っていれば、新しい場所に行くことができる。親子関係などの対人関係を安全基地として、行動範囲や世界を広げていくことができる。

支援1——変えない

　これまで述べたAS者の不安の理解をもとに、支援論を考えたい。先に述べたように、AS者は周囲の事物を変えないこと、または変えるにしても自分の思惑の範囲内の変化に限ることで、心の安定を保っている。そのため、AS者が強い不安に陥った場合は、本人が頼っていた何らかの事物の不変性が揺らいだために不安になっている可能性を考えたい。それによって、何が、どんな変化がその人を揺さぶっているのかがわかることが多い。

　対処として、最も確実で安全なのは、「変えない」ことである。一旦元に戻すことで取りあえずの安定を取り戻すことができる。だが、現実

生活では、変えないことは難しい場合が多い。その場合でも、何かが変わる中でも、何か変わらない事物を一部残すような対応をまずは模索したい。

支援2——不安を話し合う

　AS者の不安は、多様な形で現れる。定型発達者であれば、「こんな状況で、こんなことが起きたので、こんなふうになりはしないかと考えて不安になった」などと自分の不安を正確に認識して説明できる例が多い。だが、AS者の場合は、不安から飛躍して突然の希死念慮やイライラ、身体化、パニック行動などに現れたりしやすい。本人が「不安」だと認識していない場合も多い。なのでまずは、どんな経緯でつらい気持ちになったのかを話してもらうことが必要であり、「不安について話し合う」ということが重要となる。

事例5　22歳の男性

　「死にたくなる」を主訴に受診した。死にたくなる理由を尋ねたが、「わかりません。とにかく急に死にたくなる」と言う。話を聞いていると、休日に自分なりの時間の過ごし方をしている時は良いのだが、仕事中や、仕事に行く前に「死にたくなる」気持ちが起きやすいことがわかった。「苦しくなるのは仕事中」ということがわかるのにも時間がかかった。「仕事中は緊張しているのが当然ですよね」と言い、仕事中は苦しくなっても「仕事中の当然の緊張」と考えて、仕事中に苦しくなることが多いという理解をしていないためだった。さらに話を聞き、仕事中の何が彼を追い詰めるのかを探っていった。そして最終的には、最も彼を苦しめているものは、

「上司の指示がコロコロ変わること」であるらしいことがわかった。定型発達者であれば，「上司が気まぐれで指示をコロコロ変えるのがストレスで，仕事に行くのがつらくなってきた」という主訴で受診することになるのだが，彼の場合は，ここまで来るのにかなりの謎解きが必要であった。そして，急な予定の変更に弱いという彼の弱点が今の職場で露呈している，という病態だということもわかった。

　何回か通院してもらったが，薬物療法は行わないまま，症状はかなり軽減した。そしてそのうち来なくなった。「急な予定の変更が苦手」という特性，「上司など他人の気持ちを推し量るのが苦手」という特性，「自分の気持ちの動きを察知するのも苦手」という特性があることを説明するとそれを自覚でき，「自分を苦しめていたものは，自分の特性と上司の特性との相性の問題なのだ」ということがわかってスッキリしたからであった。

▌支援3——状況を解説する

　事例5では，まずは不安について話し合い，何が不安なのかを探ることで支援とした。そして，不安の正体がおおむねわかった段階から，患者のAS特性を含めた状況を解説することを支援の軸とした。AS者は意味の抽出や概念化が苦手で，今何が起こっているのかを把握しにくい。この事例では，「上司の気まぐれによって，自分が混乱している」という意味付けによって状況を理解できるという解説を行った。状況の解説を行うだけで，不安をはじめとしたさまざまな症状が落ち着くAS者は少なくない（青木・村上，2015）。

▌支援4——意図や気持ちを解説する

　状況だけではなく，AS者は，他人の気持ちや意図が読めずに苦労している。そのため，他人の気持ちや意図を解説することも重要である。そのためには，状況や周囲の人の言動も含めて詳しく教えてもらう必要がある。状況がわかると，かなり的確な解説を行うことができる。例えば，「おそらくその人は，あなたのミスを予想して，ミスが起きないようにと思って言ってくれているのだと思いますよ。悪意があるなら『○○』なんて言わないと思います。だから，今後は自分から，『ミスがあったらいけないと思うので，またミスしそうになったら教えてください』と言っておきましょう。すると，その人はあなたの味方になってくれると思いますよ」などと解説した上で助言をするとよい。

　そして，解説を要するのは「他者の意図や気持ち」だけではない。「自分の気持ち」も解説する必要がある。AS者は自分の気持ちに気づきにくいので，自分で説明のつかないイライラ，怒り，悲しみ，衝動がなどが頻発しやすい。特に衝動的行動を説明できない場合が多い。そして，自身の行動の理由がわからないことについて，違和感や困惑を抱いていなかったりする。理由を尋ねられて初めて考え，自分の気持ちなのに他人の気持ちを論理的に推察するような手法で説明しようとしたりする。定型発達の人であれば，感情の理由を本人がよくわかっていて，その理由を聞いてほしいと思っていることが多い。だがAS者は，感情の理由や説明を求めると答えられないだけでなく，質問されてからやっと考え始めることになりやすい。深刻な自殺企図を行った直後なのに，「なぜしたのかわかりません」とケロッとした表情で答える人もいる。自分の気持ちについて話し合いながら，推察でも良いので，自分の気持ちを察することを支援し

ていくことは，不安の対処としても重要である。

おわりに

　神田橋（2010）が「発達障害者は発達する」と述べているように，AS者も他者との関係性を遅れながらでも発達させていく。その促進のためには，「人と人は，コミュニケートすることができ，わかり合い，助け合うことができる。これはとても助かることであり，とてもお得なことなのだ」ということを，いかに早く知ってもらえるかが重要である。支援を要する人に対して我々は，ついつい指導をしてしまう。「ああしろ，こうしろ」と指図をしてしまいがちである。だが，AS者は納得ができないままでは，指示に従うのは苦痛であり反発しやすいので，指導よりも解説を優先するべきである。解説によって納得が得られると，次の困りごとの解説を求めて相談してくれるようになる。「解説してくれる他者がいると，人生は楽になる」「人と繋がると，人生は楽になる」ことを実感するようになる。AS者への適切な理解と支援が行われ，他者との関係性を育んでいく社会であることを願いたい。

◉文献
青木省三，村上伸治＝編（2015）大人の発達障害を診るということ──診断や対応に迷う例から考える．医学書院．
広沢正孝（2010）成人の高機能広汎性発達障害とアスペルガー症候群──社会に生きる彼らの精神行動特性．医学書院．
神田橋條治（2010）発達障害は治りますか？．花風社．
村上伸治（2017）現場から考える精神療法──うつ，統合失調症，そして発達障害．日本評論社．

ASと抑うつ
症状論・支援論

阿部隆明

▌はじめに

最近，自閉スペクトラム（Autism Spectrum：以下，AS）と抑うつとの関連が注目されるようになったが，AS症状の出現様式は発達段階や対人パターンによって異なる。さらには，抑うつ自体が，病前性格や知的能力，年齢，置かれた状況によって多彩であるし，診断的にも，習慣的な気分変動の範囲に収まるレベルからメランコリアの特徴を伴ううつ病までさまざまである。したがって，ASがベースにあっても，その都度の抑うつに対して適切な診断や治療方針を立てることが必要になる（阿部，2013a）。以下では，抑うつの不均一性を指摘した上で，ASとうつ病の病前性格との関連や，ASにおける抑うつ症状の特徴について説明し，最後に診断や治療，支援方法にも触れたい。

▌抑うつの不均一性

抑うつは英語ではdepressionであるが，周知のように，この言葉は症状としても疾患名としても用いられる。まず，疾患レベルの抑うつについて簡単にまとめておく。

身体レベルの抑うつとは筆者が便宜上名づけたもので，ここでは一旦発症すると周囲の状況とは関係なく一定期間持続する病態，すなわち自律化した脳機能障害を指す。DSM-5ではメランコリアの特徴を伴う抑うつエピソードや双極性障害の抑うつエピソードに該当する。その病像は発症年齢や病前性格，躁的因子の混入の程度によって若干異なる。壮年期以降に発症するものでは，寛解まで数カ月から半年を要することは珍しくない。他方，若年発症例では，数日あるいは数週単位で自然寛解し，後に双極性障害に移行することもある。また，抑うつに躁的因子が混入すると，激しい不安・焦燥やいわゆる混合性エピソードを呈する。これら身体レベルの抑うつは，薬物療法の良い適応となるが，壮年期に発症するケースにしても，休養させて心理的負荷を軽減することによって，かなり症状が改善する可能性はある。

適応障害レベルの抑うつとは，仕事や対人関係上のトラブル，失恋，身体疾患への罹患など，広義の喪失体験に引き続いて生じる症例が典型的である。また，対人スキルに乏しく，職場や家族内で持続的な葛藤を抱きやすい人は，操作的診断では気分変調症と診断されることが多い。

こうしたさまざまなレベルの抑うつを踏まえた上で，ASとの関連を論じていきたい。

ASの特徴とうつ病の病前性格

　ASは比較的新しい概念であるが，その特性を有する人物が突如として現れたわけではない。過去にも臨床現場で観察されていたはずであるが，それとして認識されていなかっただけである。ASの基本特性は対人的相互反応やコミュニケーションの質的障害，興味や関心の限定，強迫的な同一性保持行動にあり，気分や感情面の特徴はさしあたり一次的なものではない。この点で，かつてうつ病（メランコリア）の病前性格として重視されたKretschmer（1955）の循環気質とは対照的である。すなわち，こちらは感情優位の気質で，人との関わりを好み，その根底には周囲との共鳴性が存在している。

　他方で，ASに随伴する欲動面の特性を考えると，固執性はある種の強力性とも関連する。自分の世界に没入している時には，周囲のことを全く顧慮せず，長時間にわたって凄まじい集中力を発揮するASの一群がある。このように疲弊に抗して作業を続けるという精神生理的特性は，双極性障害の病前性格である下田（1950）の執着性格を思い起こさせる。加えて，こちらの特徴の1つである過剰な規範意識は，融通のきかない一部のASでも観察される。

　このように，うつ病の病前性格を便宜的に，循環気質に代表される感情優位のタイプと，執着性格に見られる欲動優位のタイプとに分けて考えると，ASは感情面や共鳴性では前者とは対照的であるが，欲動面に関しては後者と共通する面があると言える。実際，下田の原典に当たると，執着性格の半数以上に広義の内向性格が伴うとしており，その一部にASが含まれると推定することはあながち不当ではない（阿部，2013b）。

　ちなみに，ASに近いパーソナリティはシゾイド（schizoid）である。すなわち，他者に対する関心の薄さや，集団行動の苦手さ，単独行動志向などが両者で共通する。実際，シゾイドパーソナリティ障害（Schizoid Personality Disorder：以下，SPD）と高機能ASとの異同が議論される（Tantam, 2000）が，そもそも評価の観点が異なる。すなわち，SPDは思春期から成人になってできあがったパーソナリティの変異であり，ASは幼少期からの発達過程の偏倚を重視した概念であるため，ある程度の重なりは否定できず，同じ症例で双方の診断基準を満たすことはありえる。とはいえ，確かに対人的な行動パターンは共通するが，興味や関心の限定，想像性の障害に関してはSPDの診断では前提とされない。

　また，一口にASと言っても，Wing（1996）の分類に基づけば，対人行動においてバリエーションがある。抑うつとの関連では，孤立型は本人のライフスタイルを貫いている限りで，発症状況を構成しにくいと思われる。その一方で，受動型や積極奇異型では，他者との関わりの中で抑うつ的な病像を呈しうる。この場合は，学校や職場，家庭での不適応が先行することが多く，ここから適応障害レベルの抑うつに至ることは稀ではない。こうしたASのうつ病像は，一昔前まではシゾイドの抑うつとみなされていたように思われる。

ASに合併する抑うつ

　ASの明確な定義はないため，ここでは広汎性発達障害（Pervasive Developmental Disorder：以下，PDD）や自閉スペクトラム症（Autism Spectrum Disorder：以下，ASD）と抑うつとの関連を扱った研究報告を参照する。この種の調査では，対象や方法が不均一なため比較は難しいが，成人のASDにおける抑うつの合併率を調査した29報告を基に算出された統合推定値は，時点有病率が23％で生涯有病率が37％であった

という（Hollocks et al., 2019）。

　それぞれの報告を参照すると，多くは比較的若い年代が調査対象であり，中年期以降の抑うつの発症に触れているものはほとんどない。自閉症を成人期まで追跡調査した Mouridsen et al.（2008a, 2008b）は，気分障害の併存は自閉症では3.4%で対照群の3倍であり，非定型自閉症では11.2%と一層高率になると報告している。また，PDDの成人35人への半構造化面接を行った Ghaziuddin et al.（1998）は，抑うつは37%に併存していて，年齢が高いほど抑うつの有病率が増し，成人期で抑うつが社会不安障害と並んで頻度の高い合併症であると述べている。本邦では並木ほか（2006）が高機能PDDの横断調査を行い，10.6%に気分障害（大うつ病性障害24人，気分変調性障害17人）が併存していて，年齢が上がるほど併存率が高く，特にアスペルガー障害では高いと報告している。また山下（2008）は，高機能PDDでは，否定的な体験の蓄積から社会状況での困難さの気づきが増し，自己評価の低下や混乱をきたすことが，うつ病発症の準備状況になると指摘している。いずれにしても，年齢が高いほど，また高機能であればあるほど不適応をきたしやすく，抑うつも出現しやすいことになるが，合併する「抑うつ」の臨床特徴に言及している研究は少ない。

　諸家の症例報告をまとめた Stewart et al.（2006）の研究では，自閉症ないしアスペルガー症候群（ここではASDとしてまとめる）と抑うつを合併した15例が取り上げられている。それによると，最もよく言及される抑うつ気分に関して，当人が直接述べているのは1例に過ぎず，残りの症例は親を含めた第三者の陳述に依拠している。すなわち，悲しく惨めに見える表情や，号泣の頻度の増加，焦燥の悪化のような行動の変化からの類推である。自殺念慮を口にしたのは1例だけで，自殺企図で入院したのも1例である。他の抑うつ症状としては，活動における興味の消失が7例で認められている。食欲の障害

は8例で，睡眠障害は11例で報告されたが，そのうち1例のみが過眠で残りは不眠である。1例で疲労感を自発的に訴えたが，精神運動制止を認めたのは2例で，1例では患者の談話が著しく遅くなったと報告されている。思考や集中力の減退に言及していたのは2つの報告で，どちらも第三者によって観察された客観的な症状である。このように，ASDでは自ら抑うつ感を言語化することは少ないため，周囲が睡眠，食欲といった植物神経症状や行動面の変化に注意を払う必要がある。

ASにおける気分障害の精神病理

　これまでの研究は，ASDと診断された症例の合併症としての抑うつを扱ったものがほとんどであり，うつ状態に陥って初めてASに気づかれた成人患者についてはほとんど調査されていない。そもそもASが疑われても，幼少時の詳しい生活歴が不明でその確定に至らない場合も少なくない。とはいえ，上述したように，シゾイドと診断されるケースの中にASが紛れ込んでいる可能性を常に考えておくべきである。抑うつ症状に関しては，ASで指摘される副現実（Nebenrealität）の優位性（Lempp, 1992）や弱い中枢性統合（Frith, 1989）などの特性が反映されるはずである。ここではそのあたりの事情についても検討したい。

　まず身体レベルの抑うつは，特に壮年期以降にしばしば観察されるが，ASでは一旦こうした身体レベルのうつ状態に陥っても，その対処行動，すなわち自らのうつをどう引き受けるかは，定型発達者と異なる。ASでは，周囲に対する申し訳なさや自責感を抱くといった対他的症状は少なく，身体的な症状にこだわるという対自的な行動に終始しがちで，こだわりの著しい心気的愁訴，漠然とした不全感や焦燥感などがよく

見られる。このあたりは他者と共通した主現実（Hauptrealität）よりも本人のみの副現実が優位となるASの特性を反映するかもしれない。また，定型発達の抑うつ患者はよく「取り返しのつかなさ」を嘆き自責的になるが，ASでは「○○のせいでこうなった」と他責的になることが少なくない。

次に，一見身体レベルの抑うつに近い様相を呈し，抑うつエピソード（DSM-5）と判断されることもあるが，その機制が異なる抑うつ像を示すASもある。例えば，学校や職場への不適応を背景に，食欲不振が著明で活動性に乏しく全面的な抑うつに見える病像を呈する一群がある。確かにメランコリアの特徴に見えるが，不眠などの興奮性の要素が観察されず，むしろ遷延した擬死反射に近い印象を与える。それが高じるとカタトニア（緊張病）[注1] の病像を呈することもある。その反対に，強い希死念慮を訴えて，著しい不安・焦燥，気分変動を呈する症例もあり，こちらは運動暴発に近い反応といえる。なかには些細な契機で，度重なる被害体験がフラッシュバックしていると解釈できる症例もある。いずれも，保護的な環境に移され心理的な負荷が棚上げされると，症状は速やかに改善する点で，生命危急的反応（広沢，2010）と見ることも可能である。

上記のような病像まで至らずとも，ASで最も多い抑うつは，状況に反応して症状形成する適応障害タイプである。確かに，相手の気持ちを読みにくいというASの特性により，不適応を起こすケースは少なくない。上述したように，ある程度の対人場面に関わる受動型や積極奇異型では，対人的相互性の困難や柔軟性の乏しさのため仕事がうまく運ばない。それが自己評価の低下につながって適応障害レベルの抑うつを呈するが，挫折体験を積み重ねることで抑うつが慢性化して気分変調症と診断されることもある。とはいえ，この状態では抑うつ症状が必ずしも生活の全領域には及ばない。仕事に関する場面

では全くやる気が起きないと言いながら，趣味に関しては熱中していたりする。こうした臨床特徴は，一時期話題となった「新型うつ病」の病像とも重なり，実際にASと診断できるケースも少なくない（阿部，2017）。その都度の状況と一体化した形で生きているASでは，抑うつは選択的に見えることが多いのである。

また，心理的ストレスに対する病的反応として，抑うつよりも心身症的症状が前景化するASもよく見られるが，感情を言語化することが苦手な高機能のASといわゆるアレキシサイミア（失感情症）[注2] との親和性（Szatmari et al., 2008）を考えれば不思議ではない。後に抑うつを発症したASの既往歴として，過敏性腸症候群や頭痛などの心身症も散見される。

ちなみに，ASをベースにした双極性障害では，躁病相でも滑らかな共感性を欠き，妙なこだわりが一層際立つ。定型発達の躁病相では，一方的な面はあるにしても，調子を合わせている限りでは気持ちが通じるが，ASの場合は自己中心性や固執性がますます高まり，自分の思い通りにならないと興奮しがちとなる。その一方で，軽躁病エピソードの評価には注意が必要である。というのも，ASでは普段から自分の関心のあることには過度に熱中する傾向があり，睡眠欲求が減少することは珍しくないからである。これを定型発達の軽躁病エピソードと同様に捉えて良いかどうかは議論の余地がある。軽躁病エピソードに加えて，以前に，あるいは後に抑うつエピソードが認められると，双極II型障害と診断される可能性があるが，必ずしも気分安定薬や非定型抗精神病薬の適応にはならない。

ASを疑わせるポイント

ここからは，成人の抑うつでASの併存を疑わせるポイントについて考えてみたい。通常は，

発達歴や病前性格，学校や家庭，職場での様子を聴取して，ASの特徴がないかどうか検討することになるが，第三者からこうした情報が得られれば大変参考になる。また，本人の診察場面での様子やコミュニケーションのあり方などにも注意する。

まず，家族歴では，ASの家系には，本人と同じような特徴をもった人物が存在していることが多い。親も融通が利かなくて頑固，非社交的，自己中心的で人の気持ちが分からない人などと評価されていることは稀ではない。実際，家系にASDと診断された近親者，特に子どもが認められることも少なくない。既往歴では，上述したように，心身症的な病歴が聴取されることもある。

ASの発達歴に関しては，高機能の場合はほとんど異常に気づかれずに成長することも少なくない。学童期以降になって，周囲の状況を読めないために，また融通が利かないために，よくからかわれ，いじめの対象になる。その一方で，友達が少ないながらもそれなりに適応しているように見えることもある。ところが，後で本人に聞くと，表面上の付き合いはできていても，一人でいるのが楽だったと述懐される。対人関係からは距離を取るか，大変苦労したというエピソードが多い。

ASの診断は抑うつが重篤になると困難であるが，症状の軽くなった時点でコミュニケーションの相互性について注意深く観察する。表面的な会話にとどまることもあれば，診察医が辟易するほど冗長で細部にこだわった話を延々とすることもある。とはいえ，会社や学校などの集団場面で不適切な行動を起こしていても，一対一の診察時に全く異常を感じさせない高機能のASも少なくないため，コミュニケーションの微妙な異常（十一，2005）（話す様子の硬さ，話題の転換に対する戸惑いやすさ，物事を要約せずに語る冗長さや網羅性，過度の論理ないし分析性，プライバシーについて躊躇なく語る傾向な

ど）に着目し，社会的な場面で目に付く行動を複数の情報源から確認する必要がある。自記式質問紙である自閉性スペクトル指数日本版（AQ-J）（栗田ほか，2004）も参考になる。

ASにおける抑うつ症状の治療

一般的な対応

ASがベースにあっても，身体レベルの抑うつの急性期治療は定型発達者の場合と変わらない。すなわち，休養と薬物療法が基本であるが，復帰を前に抑うつ症状が遷延することが稀ではない。これは適応障害レベルの抑うつでも同様で，特に社会人では，一旦休職すると職場復帰がなかなか果たせない。背景に職場への不適応があるにもかかわらず，その事実を本人が自覚していないことも多いし，実際の職場環境にも一見，大きな問題がないと判断されることもしばしばである。そのため，原因不明の難治性うつ病としてさまざまな薬物療法を試され，抑うつが遷延しているケースが散見される。とはいえ現実には，定型発達者では問題にならない部分でストレスを受けていることが少なくない。すなわち，周囲の状況がよく分からないまま，表面上他人に合わせることや，仕事の優先順位を付けたり，同時並行で作業を進めたりすることが負担になる。この場合は，本人の仕事の適性を十分に評価する必要がある。ASでは，多数の人間が関わる仕事や，同時並行の複雑な作業，臨機応変な対応は難しい。本人の特性を考慮しない会社や家族からの復帰の圧力は，ますます本人を抑うつに閉じ込める。彼らに対しては指揮系統を一本化し，自分のペースでできる見通しのきく作業を用意したほうがよい。家族に対しても，定型発達の同僚と同じ適応レベルを期待するのではなく，本人のペースを認めた上で，得意なところや役立っている面を強調し

て，自己評価が下がらないように配慮してもらうべきである。

薬物療法

　上述したように，ASには状況依存性の抑うつ症状が少なくないため，事前に可能な限り環境調整を行うことが薬物療法の前提となる。置かれた環境をそのままにしておく限り，薬物を投与しても反応せず，副作用のみ目立つことがしばしばである。現在，ASに特化した抗うつ薬は存在しないし，その治験が行われていることも寡聞にして知らない。したがってASがベースにあっても，定型発達者と同様に標的症状に対して薬物が使用される。とはいえ，その反応性がASDでは若干異なり，少量でも効果のあるケースが指摘されている（杉山，2010）。

　投与される薬物は，抗うつ薬や非定型抗精神病薬，気分安定薬，抗不安薬などが中心であり，薬物療法のアルゴリズム自体は基本的に定型発達者の場合と変わりない。抑うつに加えて，こだわりや不安の強い状態ではSSRI（選択的セロトニン再取り込み阻害薬）が第一選択となる。焦燥が著しい場合は，非定型抗精神病薬も投与される。ただし，DSM-5の診断は同じでも，その内実は異なることが多いし，経過も一様ではない。心理的な負荷のかかる状況から離れれば，速やかに落ち着くことも多いので，抗うつ薬の継続的な投与は必ずしも必要ない。

┃ おわりに

　ASに関しては，対人性の困難が軽くなればなるほどコミュニケーションは自然になるため，特に高機能のASでは，その診断が難しくなる。うつ病と診断されても，一人で受診した場合には専門医でも背景のASが気づかれずに，何回

かの診察を経て，あるいは家庭や職場の状況を聞いて初めて，それと疑うことになる。しかも，発達歴が不明なためASと確定することはしばしば困難である。したがって，診断を確定させることは必須ではなく，ASを念頭に置いた治療や対応が奏効すればそれで十分であろう。

◉注
[1] 昏迷・無動・姿勢保持などを起こす症候群。
[2] 自らの感情を自覚，認知したり表現することが不得意で，創造力，空想力に欠ける傾向。

◉文献
阿部隆明（2013a）気分障害を伴う思春期・成人期の自閉症スペクトラム障害の診立てと薬物療法．臨床精神薬理 16；325-331.

阿部隆明（2013b）下田の執着性格論と現代の気分障害研究．臨床精神病理 34；53-59.

阿部隆明（2017）新型うつ病と発達障害．最新精神医学 22-3；227-233.

Frith, U. (1989) Autism : Explaining the Enigma. Oxford : Basil Blackwell.

Ghaziuddin, M., Wiedmer-Mikhail, E., & Ghaziuddin, N. (1998) Comorbidity of Asperger syndrome : A preliminary report. Journal of Intellectual Disability Research 4；279-283.

広沢正孝（2010）成人の高機能広汎性発達障害とアスペルガー症候群．医学書院．

Hollocks, M.J., Lerh, J.W., & Magiati, I. et al. (2019) Anxiety and depression in adults with autism spectrum disorder: a systematic review and meta-analysis. Psychological Medicine 49-4；559-572.

Kretschmer, E. (1955) Körperbau und Charakter. 8 Aufl. Berlin : Springer.

栗田広，長田洋和，小山智典ほか（2004）自閉性スペクトル指数日本版（AQ-J）のアスペルガー障害に対するカットオフ．臨床精神医学 33；209-214.

Lempp, R. (1992) Vom Verlust der Fähigkeit, sich selbst zu betrachten : Eine entwicklungspsychologische Erklärung der Schizophrenie und des Autismus. Bern : Verlag Hans Huber.

Mouridsen, S.E., Rich, B., Isager, T. et al. (2008a) Psychiatric disorders in individuals diagnosed with infantile autism as children : A case control study. Journal of Psychiatric Practice 14 ; 5-12.

Mouridsen, S.E., Rich, B., Isager, T. (2008b) Psychiatric disorders in adults as diagnosed as children with atypical autism : A case control study. Journal of Neural Transmission 115 ; 135-138.

並木典子, 杉山登志郎, 明翫光宜 (2006) 高機能広汎性発達障害にみられる気分障害に関する臨床研究. 小児の精神と神経 46 ; 257-263.

下田光造 (1950) 躁うつ病に就いて. 米子医誌 2 ; 1-2.

Stewart, M.E., Barnard, L., Pearson, J. et al. (2006) Presentation of depression in autism and Asperger syndrome. Autism 10-1 ; 101-116.

杉山登志郎 (2010) 成人の広汎性発達障害. In：精神科治療学編集委員会＝編：今日の精神科治療ガイドライン2010年版. 星和書店, p.270.

Szatmari, P., Georgiades, S., Duku, E. et al. (2008) Alexythymia in parents of children with autism spectrum disorder. Journal of Autism and Developmental Disorders 38 ; 1859-1865.

Tantam, D. (2000) Adolescence and adulthood of individuals with Asperger syndrome. In : A. Klin, F.R. Volkmar, & S.S. Sparrow (Eds.) Asperger Syndrome. New York : The Guilford Press, pp367-402. (山崎晃資＝監訳 (2008) 青年期および成人期のアスペルガー症候群の人々. In：総説アスペルガー症候群. 明石書店, pp.493-538)

十一元三 (2005) 高機能自閉症, アスペルガー症候群. 1 医療. In：篠田達明＝監修：自閉症スペクトラムの医療・療育・教育. 金芳堂, pp.141-155.

Wing, L. (1996) The Autistic Spectrum. London : Constable and Company Limited.

山下洋 (2008) 気分障害と広汎性発達障害. 臨床精神医学 37 ; 1525-1533.

ASと双極II型障害
症状論・支援論

鷲塚伸介

はじめに

　双極性障害（Bipolar Disorder：BD）を専門としている筆者の外来には，当然のことながらBDの患者が数多く集まるが，そこでやっていることは，できるだけ基本に忠実な薬物療法と，心理教育と生活指導をしっかり行うことくらいで，何も特別な治療をしているわけではない。このように，ごくごく標準的な治療を行っても経過が安定しないケースの一部に，本稿でとりあげる自閉スペクトラム症（Autism Spectrum Disorder：ASD），もしくは診断がつかないレベルではあっても自閉スペクトラム（Autism Spectrum：AS）の特性を併存していることが疑われる患者が含まれている。これはBDのうち双極I型障害（BDI），双極II型障害（BDII）問わず認められる。また，BDIIの一部には，そもそもBDと診立てるのではなく，ADHDも含めた神経発達症（発達障害）が主診断であると考えられるものも存在する。

　ASDとBDは全く異なる診断概念であるにもかかわらず，特に横断面だけに注目した場合，観察される症候が類似して見える場合がある。そのため，診断に混乱が生じることになるのだが，これらの類似点や相違点がきちんと整理された研究報告は乏しい。

　さらに，ASDもしくはAS特性を持つBDII患者の治療にあたっては，ASの特性を踏まえての働きかけを行わないと，BDの経過は安定しないことが多い。

　本稿では，最初にBDとASとの症状の類似点と相違点について，症例も提示しつつ筆者の臨床経験に基づく私見を述べる。さらに，特性を踏まえたASD併存例に対する治療や支援のうえで注意すべき点について記す。

ASDとBDの併存は多いのか

　ASDの5％にBDが併存するとした報告（Lai et al., 2019）がある。Norwegian registriesを用いた解析では，成人ADHDの7.8％，ASDの5.3％，ADHD+ASDの9.4％にBDが併存するとしており（Solberg et al., 2019），また，ASDでは30歳までのBDの累積発症率が7.3％との報告もある（Kirsch et al., 2019）。一方，BD患者に関してASDの併存率を見た研究では，BDIの若者の30％にASDが併存するとしたものがあるほか（Joshi et al., 2013），BD患者は寛解後も健常者と比較して対人応答性におけるASD的特徴が高いとする報告がある（Matsuo et al., 2015）。

　ただし，これらの報告の解釈には一定の注意が必要である。神経発達症については小児期の行動特徴を観察して診断されることが念頭におかれて診断基準が作られ，成人に当てはめても

的確な診断に至るのかどうかの議論は十分ではない。汎用されるDSMもDSM-IVまでは，ASDとADHDが併存する場合，ASDの診断を優先させてきたが，DSM-5になって併存例はASDとADHDを併記することに変更されたため，どの診断基準を用いて調査研究が行われたのかに注意する必要もある。また，DSMにおける軽躁病エピソードやBDIIの診断基準のあいまいさは以前から問題になっているところである。併存例があることは間違いないが，その頻度が高いと評価することには現時点では一定の慎重さが求められる。

併存なのか，過剰診断なのか

　BDII，ASDを含めた精神科領域の障害の場合，本当はそうでない人に診断をつけてしまう，いわゆる過剰診断に陥っているのではないのか，そして結果的に不要な薬物投与が行われているのではないかという問題提起がある。一方で，診断がついて適切な治療を受ければ十分機能的な改善が見込めたり社会的配慮の恩恵にあずかれるのに，きちんと診断されずに見落とされている過小診断が大きな問題であるとする意見も少なくなく，この問題に関する議論が続いている。
　結論からいえば，双方とも正しい面と正しくない面があり，どちらか一方に決められるものではない。臨床の現場では両者ともに経験されるところである。精神科では，血圧や血糖値のように目に見える形で客観的に診断がつけられたり，重症度を評価できる指標がほとんどないことによる限界でもある。また，ASを疑ってしかるべき患者においても，成人の場合は家族や知人などの協力がない場合は，小児期から現在までの本人の病歴や生活歴に関して客観的な情報を得ることが難しい場合も多いし，BD患者でしばしば経験する高学歴で華々しい経歴を聞

いた場合，社会適応に問題はなかったかのように治療者が短絡的に考えてしまう危険もあろう。仮にAS特性があったとしても，本人がそれを困りごととして自覚していないことも稀ではない。また，子どものときは顕著だったAS特性が，成人するにつれて「薄まって見えにくくなる」こともしばしば経験する。BDIIとASDの症候学的類似点の鑑別の困難さに加え，ASの成人例の診断の難しさにはこのような理由もある。

症例提示

　以下に筆者の経験した症例を提示する。個人が特定されないよう，各症例とも複数の事例をまとめて1つのケースとして記述しており，細部は加工している。

症例1 BDIIとASDを併存する女性

　22歳女子大学生。首都圏の大学を休学して実家で家族と同居中。
　小学校高学年からバレーボールを始め，中学で主将，高校では副主将を務めるなどチームの主力として活動していた。また，中学校では生徒会副会長も務め，成績も上位を維持して地元の進学校に進み，大学も偏差値の高い学校に現役合格して地元を離れた。大学1年の夏頃に特に誘因なく，興味関心の喪失・気力低下・悲観的思考・不眠等が出現し登校できなくなったため，大学近くの精神科クリニックを自ら受診。「うつ病」の診断でSSRIの投与が開始され，1カ月ほどで症状は軽快。その後再びバレーボールをやりたくなり，夏休み明けから大学の部活動に入り，2年生ではレギュラーとなり活躍した。この頃は自信に満ち，何でもできる気がしてい

た。夜の練習が終わってからアルバイトに出かけるなど、睡眠時間は3～4時間で過ごしたが疲れは感じなかった。濫費が目立ち、仕送りとアルバイトでは生活費が不足することがしばしばあった。大学3年時の秋より再び抑うつ状態となり休学した。翌年春になっても症状が改善せず復学の目途がたたないため、某大学病院に紹介されたところ、BDIIと診断され、地元で休養しつつ治療を続けるようにと実家に近い当科を紹介された。当科ではBDに対する標準的治療、すなわち気分安定薬や非定型抗精神病薬を用いて治療開始した。

筆者の外来で観察された点を列挙すると、うつ病相を脱し正常気分に復したと思われても表情の変化の乏しさが変わらなかったこと、いったんこだわったことについては言い出したら聞かないこと、外来がどんなに混雑しているときでも診察時間を気にせず話が長時間に及びがちであること、診察中にあくびを隠さないことなど、体育会系の部活の主将や生徒会役員を務めた経歴、あるいは22歳の女性としていかがなものかと思う行動が随所に垣間見えて、その表出には違和感が拭えなかった。本人の述べるところでは、「部活はいつも弱小チームで、たまたま自分が技術的に上手で練習は絶対休まなかったら主将になった」「生徒会は誰もやろうとしないので、先生に言われて手を上げたら決まってしまった」とのことであった。母親からは、「子どものときは、授業と無関係な本を読んでいて叱られたり、人の話が聞けず一方的に好きなことをしゃべり続けてクラスで浮いたりしていたが、それで本人も考えたのか、だんだん普通になってきたと思う。成績が良かったから、周りから『天然だからあの子は仕方ない』と許してもらっていたような気がします」という話があった。それに被せるように本人から「自分では意味ないとしか思えないことも、みんなと同じ普通にしなきゃいけないのがつらい。そこを無理にテンション上げるから、すごく疲れる」との話も

あった。

本症例について筆者は、BDII、ASDの併存例と診断し、ASDについても丁寧に説明をしたところ、本人、母親とも「やっと納得がいきました」とこたえた。

 ## 症例 2　ASDとADHD併存例だがBDではない男性

46歳男性会社員（事務職）。妻と2人の子どもとの4人暮らし。

44歳時に、本人の話では「業務負荷増大と交通事故が重なり」、抑うつ気分・意欲低下・興味関心の低下・不眠が出現。精神科クリニックで「うつ病」と診断され、抗うつ薬が何種類か投与されたが経過が安定しないとのことで当科紹介された。初診時、淀みなく症状を語り、高いエネルギーを感じる。もともと活動的で、好きなサッカーチームの応援に400km以上離れたところまで自家用車で日帰り往復するが、翌日は疲れ知らずに仕事をしていたとのエピソードを聴取したこともあり、うつ病ではなくBDIIを疑い、気分安定薬を主剤として治療開始した。前医処方の抗うつ薬は漸減中止した。

本人が「うつ状態」と述べる症状について詳しく話を聞くと、「自分がかくあるべし」と思うことを周囲がそのようにしてくれないときに、職場では「意欲がなくなり気分が滅入る」、家族には「イライラして怒鳴ってしまう」とのことであった。長時間労働だとしきりに口にするので、具体的な例をあげてもらうと、17時15分の終業時刻に仕事が終わらないと「今日は仕事がすごく多い」と感じ、退社時刻が18時の日は「何もやる気が起きないほど疲れ」「家ではぼーっとゲームだけやっている」とのことであった。ゲームをやめることがなかなかできず、

就寝時刻が遅くなるため朝が起きられず，その
ことを「不眠だ」と捉えている。決まった場所
にものが置いていないといらだちを感じ，帰宅
時に子どもが部屋を散らかしていると激怒して
片付けさせるという。「子どもは勉強が本分で
ゲームなど長時間やるべきではない」という考
えが強く，自身はゲームをしながら，その側で
同じくゲームをしている子どもにすぐに止める
よう怒鳴りつけて，何度か子どもと取っ組み合
いにもなったという。そのことで妻とも喧嘩に
なるが，「そんな叱り方をしてはダメ」と何度
言っても聞かずに，一方的な論理を振り回して
話にならないと妻はこぼす。本人に，なぜ家族
の話を聞けないのか尋ねると，「言われたことが
頭に残らない。学生時代は授業を聞いても全然
頭に入らないから，全部自分で本を読んで勉強
した。会社では会議の議事録を作るのが若手の
仕事だが，自分が若いときは人の話を覚えられ
ないから議事録ができなくて，上司から『お前
はもうこの仕事はやらなくていい』と言われた」
と，こちらの質問の意図とずれた答えをあっけ
らかんと話す。

　自身が高校まで続けていたテニスを子どもに
もやらせており，その部活動の送迎，練習の手
伝いなどは非常に熱心に行う。大会などで遠征
するときは早朝から深夜まで疲れ知らずに行動
し，「眠気も感じない。寝ないのは平気」とは
いうものの，その翌日や翌々日に朝起きられず
長時間寝てしまい，会社を休んだこともあると
妻は述べる。テニスの教え方にもこだわりがあ
り，指導法を巡って，コーチや他の保護者とト
ラブルになることが何度かあったという。特に
LINEのやりとりで一部の保護者と激しい対立関
係に陥ったことから，「子どものクラブ活動の
ことでLINEを使うことはやめるように」と伝え
たところ，「先生と約束したことですから」と，
予想に反してその取り決めをきちんと守る。

　落ち着きがなくそそっかしいところが昔から
あり，妻が覚えている限り，結婚後だけで8回交

通事故を起こしたという。ただ，事故の記憶は
本人にはあいまいで，さらには小児期・青年期
のエピソードを聞こうとしても「本当にあんまり
覚えてないんです」とのことで，生活歴や発達
歴の聴取が十分にできない。しかし，そのこと
を踏まえても，縦断的な経過をみるなかで，筆
者はこのケースをASDとADHDの併存例と診断
し，BDIIを含め気分障害はないと判断している。

■考察

　症例1でASD併存のBDII（AS＋BD例）を紹
介し，症例2でASD，ADHDの併存例で気分障
害とは診断できない症例（AS－BD例）を提示
した。ASDの場合，「社会的状況の読み取りの
弱さは，場にふさわしくない行動や一方的な発
話をもたらしやすく，これらは躁状態の抑制欠
如や多弁と酷似する」，また，ADHDでは「多
動や感情制御の困難は，躁状態における多動，
行為心迫や易刺激性と酷似する」との指摘もあ
り（岡田，2018），神経発達症とBDの鑑別は前
述したように困難である場合も少なくない。基
本的には，軽躁とうつの明確な気分変動が一定
期間明確に確認できれば，ASの存在が疑われて
もBDがあるものとして対処すべきであろうし，
気分の波がおさまっている状態と思われるにも
かかわらず，社会的不適応や人間関係のトラブ
ル，日常生活の滞りなどがいつまでも残るので
あれば，ASの特性の有無について再検討すると
いうのが筆者の考えである。これを踏まえて，
症例1はBDIIの診断をつけたが，症例2につい
てはいったんBDIIと診断したものの経過をみる
なかで撤回した。

　次に，症例を踏まえてAS特性のない典型的
なBD例とAS±BD例の相違点を挙げる。AS±
BD例では，躁やうつという大きな病相の変化

表1　自閉スペクトラム（症）併存の有無による双極II型障害の症候の比較
（BDII：双極II型障害／AS：自閉スペクトラム）

BDII単独	AS併存BDII（もしくはASのみ）
病相の交代がかなり明瞭	病相交替が曖昧なことが多い
1つの病相の期間が，少なくとも1週間は持続する	しばしば，一過性（時間単位〜数日）で病相が入れ替わる，もしくは終息する
軽躁状態では，高揚気分・誇大感を伴うことがほとんど	軽躁状態が疑われる期間は，易怒性と活動性亢進だけが目立つ場合がある
軽躁症状は生活全般で認める	軽躁を疑う症候が，しばしば興味関心のあることに限定される
軽躁状態での約束は守れず無効である	軽躁状態が疑われる期間でも，治療者が期待していない約束を律儀に守ることがたまにある
混合状態は，1つの病相から別の相への移行期か，抗うつ薬使用時に多い	混合病相と考えられる期間が長い
診察時は，同調性が高く会話が滑らかに進むことが多い	一見会話が滑らかに進んでいるようでも，どこかギクシャクしたところ，くだけていない部分，あるいは無礼さを感じることがある
正常気分では，診察は短時間で終わる	正常気分でも話が冗長で，診察が短時間で終わることは少ない
睡眠障害は病相と一致して認められ，治療者に違和感は生じない	睡眠障害が必ずしも病相と一致せず，しばしば正常気分でも遷延する
生活史の聴取に苦労しない	過去の記憶が顕著に欠落しているか，あるいはつらい記憶が極度に鮮明なため，しばしば生活史の聴取に難渋する

がくっきりと浮かび上がってこないことが稀ではなく，日内もしくは数日間での病相変化のほうが目立つことが多い。また症候学的には，軽躁状態において，典型的BDは高揚気分や誇大感を自覚できている時期が必ずあり，なおかつそれが生活の多くの場面で認められるのに対し，AS±BD例は易刺激性，易怒性の期間が長く，あたかも混合状態を長期間呈しているかのように見えることがある。気分爽快に見える場面は興味関心のある事柄に限定されることが多く，生活全般で気分が高揚したり過活動になることが少ない。睡眠障害については，典型的BDの場合，病相に一致（この場合，うつ状態では不眠ないし過眠となり，軽躁状態では睡眠欲求減

少を呈することを指す）し，しかも一定期間同一の睡眠障害を呈する期間が観察されるが，AS±BD例では，ある事象に熱中して「寝なくても平気」な状態になるものの，その状態が一定期間（例えば1週間程度）続くことはなく，疲労が蓄積すれば過眠に転じる。そのほか，典型的BDの患者は，気分が正常に復すると診察時間は短くなってくるが（このときに躁症状の兆しがないか治療者は注意が必要である），AS±BD例は，話が冗長でなかなか診察が終わらないことをしばしば経験する。

　以上，いくつか細かい点に言及したが，字数の関係で詳細な考察がこれ以上はできない。BDIIとされた症例のうち，AS特性の有無によって症

候学的に異なると思われる点を表1にまとめたので，参考にしてほしい。これはあくまで筆者の私見であるが，今後症例を積み重ねて洗練させていきたいと考えている。

支援策

ASDの診断がつくかどうかは関係なく，少なくともAS特性を持つと考えられる患者については，通常のBDに準じた心理社会的治療に加えて，AS特性についての心理教育も必要である。BDについての対応だけでは，AS特性のある患者の場合，どこかピンとこない，すなわち自身の生きづらさの本質とは異なるものを聞かされている感じがすることがあるようである。ASについて理解を深めることは，BDの治療への波及効果も大きいように思われる。なお，曖昧な説明を極力避けるとか，患者の認知特性を踏まえて例えば文書にしてこちらの意図を伝えるなどの工夫を行うことは，いまや発達障害治療に関わる援助者にとっては常識かもしれない。

また病状の悪化につながるストレス因を治療者は慎重に評価する必要がある。そもそもAS併存患者は，職場や学校で「普通にふるまおうとする」こと自体に疲れてしまい，そのためにうつ病相が遷延したり，新たな二次障害につながる恐れすらある。AS特性の患者の，このような過剰適応には注意しておく必要がある（本田，2018）。これは治療においても気をつけなければならないことで，復職支援のためのリワークプログラムの導入に際しても，他の参加者と同様に扱いすぎないよう注意が必要となる。筆者はBDの治療において，睡眠覚醒リズムが整っているか，日々の予定を入れすぎていないかなどの振り返りのために，生活記録表をよく使うが，絵に描いたようにきれいな記録表を作ることを目指して生活した結果，かえって疲弊した患者を経験したことがある。

AS併存のBDの場合，就労の問題も通常のBDとは異なる対応が必要である。AS特性ゆえに職場で過剰適応を強いられる場合など，本人に負荷の少ない働き方を職場と検討できるとよい。ただし，ここで注意したいのは，職場側の受け止め方として，BDとASは異なるイメージを持たれる可能性があることである。治療可能な疾患と考えられるBDやうつ病に対して，ASDは生来のもので治療薬もないことから，「職場としては手の打ちようがない」と安易に受け止められ，職場で実施可能な配慮を模索するのではなく，本人をどのように退職させるかということに議論の力点が置かれることすらある。このあたりはBD単独例以上に慎重な配慮が必要となろう。

薬物療法としては，BDについては気分安定薬主剤の治療となるが，ASの症状としての易刺激性が大きな問題となっていることも少なくない。治療当初から非定型抗精神病薬の使用も十分考慮されるべきであるし，賦活症候群や混合状態，急速交代型との区別がつきにくくなることから，抗うつ薬については，ASを併存しないBDと比較してより慎重な投与が求められると考える。

◉文献
本田秀夫（2018）自閉スペクトラムの人たちにみられる過剰適応的対人関係．精神科治療学 33；453-458.
Joshi, G., Biederman, J., Petty, C. et al.（2013）Examining the comorbidity of bipolar disorder and autism Spectrum disorders : A large controlled analysis of phenotypic and familial correlates in a referred population of youth with bipolar I disorder with and without autism spectrum Disorders. Journal of Clinical Psychiatry 74-6；578-586.
Kirsch, A.C., Huebner, A.R.S., Nehta, S.Q. et al.（2019）Association of comorbid mood and anxiety disorders with autism spectrum disorder.

JAMA Pediatrics 174 ; 63-70.

Lai, M.C., Kassee, C., Besney, R. et al.（2019）Prevalence of co-occurring mental health diagnoses in the autism population : A systematic review and meta-analysis. Lancet Psychiatry 6 ; 819-829.

Matsuo, J., Kamio, Y., Takahashi, H. et al.（2015）Autistic-like traits in Adult patients with mood disorders and schizophrenia. Plos One 10 ; e0122711.

岡田俊（2018）双極Ⅱ型障害と発達障害の併存．精神医学 69 ; 735-739.

Solberg, B.S., Zayats, T., Posserud, M.B. et al.（2019）Patterns of psychiatric comorbidity and genetic correlations provide new insights Into differences between attention-deficit/hyperactivity disorder and autism spectrum disorder. Biological Psychiatry 86 ; 587-598.

ASとアディクション

はじめに

依存症専門外来や専門病棟で勤務していると，自閉スペクトラム症（以下，AS）の患者と出会う機会はさほど多くない。依存症（以下，アディクション）患者たちと感情共有することはたやすいし，よほど泥酔しているか，覚醒剤乱用に伴う瞳孔拡大を隠そうとしてサングラスをしていない限り，視線もしっかり合う。彼らアディクション患者は「空気を読みすぎること」（いわゆる「とらわれ」）が特徴的な症状と言ってもよいくらいである。しらふの時は相手に気を使いすぎて気疲れし，恨みがわいて，一人になった後，アルコールや薬物，ギャンブルに走る。他方，病状が進行していくと，人間関係を発展・維持できなくなり，アディクション的行動にのみ興味が限定され，それを繰り返す，という点だけを見れば，ASと似ているかもしれない。

本稿では，ASとアディクションに関する先行研究を振り返った後，両者を併存した自験例を提示して，臨床上の固有の困難さや支援する上での注意点について論じたい。

アディクションを併存するASは稀なのか

人は一般的に10代後半から20代前半になる

と，先輩後輩，恋人，職場の同僚など，対人関係の範囲が小中学生の頃と比べると飛躍的に広がり，若者特有の新奇性追求や帰属する集団内での圧力などとあいまって，アルコール，薬物，ギャンブルなどの依存対象と接点を持つ機会も増えていく。そして固有のリスク要因を数多く抱えた若者の一群が，やがてアディクション的行動を習慣化させていくのである。AS患者は，発達早期から他者とのコミュニケーションや対人関係の構築に障害を抱え，新奇性追求の真逆ともいうべき単調な常同運動，儀式へのこだわり，限局された興味などが特徴である。したがって従来，ASのアディクション発症リスクは低い，と考えられてきた（Santosh & Mijovic, 2006 ; Sizoo et al., 2009）。

2010年代後半になると大規模な疫学調査により，ASとアディクションの併存に関する実像がより明確に描かれるようになってきた。スウェーデンにおける約2万7,000人のAS患者と対照群約135万人を比較した2017年の研究（Butwicka et al., 2017）によれば，AS患者の3.4%がアディクション（物質使用障害）を併存していたのに対して，対照群でアディクションと診断されていた割合は0.8%にすぎなかった。アディクションの下位分類の中で，特にAS患者が併存するリスクが高かったのは薬物使用障害（オッズ比8.5）であった。さらにASに注意欠陥多動症（以下，ADHD）を併存すると，アディクションやそれに関連した犯罪のリスクは増大した。

最近のASとアディクションに関する系統的レビューとしては，2020年にカナダのRessel et

al.（2020）によって発表されたものが挙げられる。AS患者におけるアディクションの有病率は，1.3〜36％と研究デザインによって開きが大きかった。AS患者がアディクションを発症するリスク要因としては，アディクションの家族歴，小児期逆境体験，不安障害やADHDの先行などが確認され，逆に知的障害を併存しているとアディクションの発症リスクは低かった。

さらに2021年に発表された台湾における大規模疫学研究（Huang et al., 2021）でも，スウェーデンの調査と同様の結果が得られている。約6,600人のAS患者を約2万6,000人の対照群と比較したところ，ASがアディクション（物質使用障害）を併存するハザード比は2.33倍（特に薬物使用障害が3.00倍）であった。興味深いのは，精神科で薬物療法を受けている群の方が，まったく薬物療法を受けていない群と比較して，アディクションを併存するハザード比が低かった（0.6倍），という点である。さらにASと併存する精神障害の中でも，衝動制御障害（2.55倍）と不安障害（2.23倍）では特にアディクションを併存するハザード比が高かった。

以上，近年の大規模疫学調査や系統的レビューの結果をまとめると，AS患者は一般人口と比べるとアディクション（特に薬物使用障害）を併存するリスクが高く，ADHDや衝動制御障害，不安障害，あるいは小児期逆境体験などを抱えている，適切な精神科的治療を受けていないなどといった条件が重なると，アディクションを発症するリスクは一段と高まるということである。

ASとアディクションの鑑別

ASは一般人口と比べればアディクションの問題を呈しやすい，というエビデンスが得られているものの，上述したスウェーデンの大規模疫学調査の結果を見ても，AS患者全体からするとアディクションの問題を併存しているのはわずか3％程度にすぎない。圧倒的大多数のAS患者はアディクションの問題を呈することなどないのが現実である。

逆にFelitti et al.（1998）による有名な全米の大規模調査（いわゆるACE研究）によれば，アルコール依存傾向を自認している者や違法薬物使用歴がある者の約52％に1個以上の小児期逆境体験が認められており，アディクション患者の診療にあたっては，トラウマインフォームドケアの視点は不可欠と言ってよい（小林，2019）。特に虐待やネグレクトの被害が重度で長期にわたるほど，解離性障害やICD-11で採用された複雑性PTSDが併存する確率が高まるが，その場合，情動調節障害や引きこもり，感覚過敏など，ASと鑑別困難な症状を呈することも稀ではない。そのため精神科医が発達歴や生活歴を慎重に検討することなく，診察時点での患者の現症や，ごく最近の心理検査の結果だけに注目してしまうと，アディクションの問題を呈している患者は「基礎疾患としてASを持っている」，と過剰診断される可能性が高まってしまうのである。

したがって，もともと発達早期にASを呈していて，その後アディクションを発症したのか（AS先行型），それとも何らかの小児期逆境体験を背景に持ち，アディクションの問題を先に発症していたが，経過とともにASに類似した病像を呈するようになっただけなのか（アディクション先行型），いずれかを鑑別するためには発達歴と生育歴の入念な確認が不可欠である。AS先行型でアディクションの問題を併存している患者と，アディクション先行型で一時的にAS様の症状を呈しているだけの患者との鑑別が重要であるのは，治療的関わり方が全く異なるからである。

アディクション先行型の場合，基本的な対人コミュニケーションの病理は自閉というより，

むしろ貧困，物理的あるいは心理的ネグレクト，各種の虐待など，さまざまな小児期逆境体験を通して形成された愛着障害（Flores, 2019）である。アディクションは，不十分にしか形成されなかった愛着関係に代わって感情を制御することに役立つがゆえに，患者はそう簡単に手放すことができない。だからこそ，性急にアディクション的な行動を断ち切ることを援助者側が要求すると，患者側の「誰にもわかってもらえない」「人は頼りにならない」といった対人不信感が増大し，すぐに患者は治療から脱落することになる。

　したがってアディクションが主たる病態である患者の場合，軽症例を除き，すぐにアディクション的行動が止まることを援助者は期待してはならない。断酒断薬という治療目標を治療開始時点から設定し，援助者側の価値観や願望に患者を合わせようとするのではなく，むしろ援助者側が患者のニーズに合った支援（例えば不眠の改善など）を先に提供し，まず患者との間に治療的愛着関係を結ぶ必要がある。そうでなければ，すぐに患者は二度と治療の場に姿を現さなくなり，アディクションの治療そのものが成り立たないのである。AS患者と異なり，アディクション患者における他者との交流を阻んでいる要因は，コミュニケーションそのものの障害や関心の狭隘さではなく，強烈な対人不信感である。年単位の時間がかかることが多いものの，一度，対人不信の壁を乗り越えることができれば，強い治療的な愛着関係の形成が自然と見られるようになることが本来アディクション患者の特徴である。したがって，介入すべき標的は表面的なコミュニケーション障害ではなく，その根底にある対人不信感である。

　治療開始後，患者が継続的に通院し，アディクション的行動が止まらないことを率直に報告してくれたり，周囲の人たちとの葛藤や本音の感情を吐露してくれたりするようになれば，援助者と患者の間に最低限の信頼関係が形成され

たと言ってよい。その場合，次に援助者が考慮すべきことは，段階的に自助グループなどの社会内小集団へと患者をつないでいくことである。なぜならアディクションにおける最終的な治療目標は，アディクション的行動に頼るのではなく，他者との健康的な愛着関係に頼って自らの感情を調節できるようになっていくことだからである（小林, 2016）。

　他方，就学前や前思春期頃から先にASの病態，すなわちコミュニケーションの困難さや興味の偏り，知的障害などを呈している場合，アディクション的行動は，もともとASの病態のために対人関係や社会適応が困難となって心理的苦痛を抱えている患者が，自らの苦痛を緩和するために見出した不適切な対処行動と解釈しうる。アディクション的行動を止めるためには，本人の心理的苦痛の源となっている対人関係や社会における適応不全に介入しなければならない。そのためにはASに対する疾病教育を個別に提供して，自らのコミュニケーション障害の特性を理解し，それを受け入れることを促しつつ，社会内で本人の特性に適した地域資源を見つける生活環境調整を通じて，対人関係や社会適応を少しでも改善させる必要がある。本人の病状を受け入れることが可能な作業所などの居場所を患者に提供することにより，患者が無理にアディクションの力を借りて周囲にいる「普通」の人たちのように振る舞おうとしたり，「普通」になれない自分に対する自己嫌悪や孤立感を改善するためにアディクションの力を借りたりしなくても済むようになる。つまり，AS先行型の場合，作業所などの地域資源は，患者が自らの疾病特性を受け入れ，あるがままで社会内に居場所を見出すことができる場なのである。

　表面上は同じアディクション的な行動を示していたとしても，AS先行型の場合，アディクション先行型のようなグループ療法主体の治療を提供しようとすると，介入に難渋することになる。具体的にAS先行型の患者がアディクショ

ンの問題を発症すると，どのような病像を呈し，支援はどういった点が困難になるのだろうか。イメージをつかんでもらうため，個人情報に十分配慮し，論旨に影響を与えない範囲で大幅に病歴を改変した上で，以下にAS先行型の自験例を提示したい。

症例提示

 ### ASに強迫性障害と依存症を併存した男性

症例は，ASに強迫性障害と市販感冒薬の依存症を併存した30歳男性である。

生育歴

2人同胞の第1子長男として出生し，会社員の父とパート勤務の母による養育を受けた。出産時に明らかな異常を認めなかった。小中学校は普通級に通い，定時制高校を卒業。建設業に従事したが1年半の勤務を経て退職。それ以降は派遣社員として職を転々とした。30歳を過ぎた頃には無職となり，親元で生活するようになった。現在は独身。

現病歴

小学生の頃から動作が遅く，いじめられることが多かった。学業成績も下位で，確認強迫症状を呈したため，小学校高学年時，児童精神科に通院歴がある。高卒後，建設業を転々としたが，職場では上司や同僚から叱責されることが多かった。

20代になると，確認強迫症状，焦燥感が増悪。母親に対する暴言暴力も出現したため，X−10年から精神科病院に通院するようになった。外来では女性の看護職員に対してストーカー行為に及び，他の医療機関に転医を指示されたこともあった。

X−2年頃から，下痢になると市販の下痢止めを大量に飲んだり，不眠を改善しようとして市販感冒薬を多めに内服したりするようになった。自己判断による服薬量は年々増え，過量服薬後に意識障害を呈して救急搬送されたことも複数回ある。市販感冒薬を乱用する回数が増えると，次第に親から受け取る小遣いでは薬を購入する代金が足りなくなり，万引きをすることも増えた。店舗で確保され，警察署に連れていかれるたびに母親が代金を代わりに支払うことで，事なきを得ていた。

市販感冒薬に対する依存症が疑われ，X年当院紹介初診。伏し目がちで，促迫的かつ一方的につぶやくような語り口が目立った。質問にはなんとか答えられるものの，すぐに自分の関心のある話題へとそれていくことが多かった。治療に対する本人の動機づけは皆無で，1年もたたないうちに通院を自己中断。その後も1年に1回程度，親の強い促しで散発的に当院外来につながるパターンが繰り返された。X＋5年に来院した際には，「実は告白したいことがあるんですが」と前置きしてから，「駅ビルの比較的人通りが少ない階段で，女性の前で性器を露出したが，すぐ逃げた」と語っていた。

本人の受診時には母親のみが付き添い，父親は全く治療の場に姿を現すことはなかった。混乱した母親から物質乱用や万引き行動に関連した電話相談が入ることも度々あったが，担当医はその都度，本人の要求通り小遣いを無制限に渡し，さらに万引きに対して親が代理で弁済することは，本人の物質乱用行動を促進してしまうので止めるよう繰り返し助言した。

X＋6年に入ると，市販感冒薬の乱用量は1日当たり数十錠に及び，本人も肝機能障害を心配するようになったため，1年ぶりに当院を受診。しかしその1カ月後に市販感冒薬の万引きで逮

捕された。今回は親も代理で代金を支払うことはせず，窃盗罪で本人が起訴されることに同意したため裁判にかけられ，執行猶予付き有罪判決を受けた。実家に戻ってきてからも，市販感冒薬の乱用は止まらず，お金を与えていれば万引きはしないだろうと母親は判断し，多めの小遣いを本人に毎月与え続けた。

X＋7年，母親に強く説得されて，本人は消極的ながら入院に同意。当院依存症病棟に任意入院となった。それまでは通院が全く一定しなかったため，実施困難だった心理検査を入院中に実施した。WAIS-III は全検査IQ 57，言語性IQ 64，動作性IQ 57という結果で，軽度知的障害が疑われた。下位検査評価点を見ると，「知識」では「広島に原爆が投下された日」は正答できていたが，「水の沸点」は「わからない」，「太陽が昇る方角」は「右」と答えるなど，非順当性誤答が目立ち，興味関心のばらつきが顕著であった。状況理解も不得意で，社会生活上，問題行動を取るリスクの高さがうかがわれた。

自閉症スペクトラム指数（AQ）の結果は，合計スコアが50点中37点，下位検査項目も「社会的スキル」と「注意の切り替え」が10点満点中8点，「細部への注意」「コミュニケーション」「想像力」がいずれも10点満点中7点と，すべて自閉症スペクトラム症の平均値とほぼ同等かそれを上回る値を示しており，ASの特徴を強く持っていることが示唆された。

病棟ではベッドシーツの汚染に対する不安の訴えが強く，頻回に交換を要求した。他患との交流や病棟プログラムへの参加は皆無だった。当初の治療契約通り2カ月の入院期間を終えて自宅退院となり，以降再び不定期ながら外来通院していた。

退院から半年後に自宅で母親に対して暴力をふるい，今度は当院の精神科救急病棟に措置入院となった。1カ月後，自宅に軽快退院したが，救急病棟の女性看護職員に対して執着し，「また救急病棟に入院したい」と頻繁に外来診察時に要求するようになった。市販感冒薬の乱用は止まらなかったものの，救急病棟を退院後に導入された訪問看護は抵抗なく受け入れていた。知的障害者を対象とした地域の作業所も紹介し，地域の障害担当窓口が通所を促したが，定期的な通所にはつながらなかった。

X＋8年に入っても，思い通りにいかないことがあると，処方された抗精神病薬と市販感冒薬を合わせて過量服薬し，救急搬送されることがあった。その後も感冒薬を買う所持金が不足すると万引きすることを繰り返し，再び窃盗罪で逮捕起訴された。執行猶予中の犯行だったため，実刑判決を受けて服役することとなった。

アディクションの問題を抱えたAS患者の支援

上に挙げた症例のように，根本にASの病理を抱えている患者の場合，アディクション先行型に対する標準的な治療モデルに患者を導入することは極めて難しい。自助グループはおろか，依存症病棟における基本的な教育プログラムにも乗ることができず，何度入退院を繰り返したとしても援助者と治療的愛着関係を構築することは困難である。

Isenbergらは，アディクションの問題を抱えたAS患者を支援する場合，自助グループに参加して互いに体験談を共有する通常の心理社会的治療よりも，アディクションが止まっている時に目に見えて分かりやすい報酬（小遣いや賃金，送迎サービスや旅行など）を患者に提供し，止めるメリットを直接的に体験してもらう方が有効であると論じている（Isenberg et al., 2019）。さらに作業所や職業訓練の場の方が，自助グループよりもAS患者に適している理由として，集団の目的や行動，スケジュールがより明確に定

義されており，参加者同士のコミュニケーションも仕事に特化したものに定型化しやすいことを挙げている。そして作業や訓練を通して習得した技術を余暇の過ごし方にも応用することで，より健康的な生活を送ることができるようになるであろう。

　アディクションを併存するAS患者に対して，認知行動療法も有効な選択肢となりうることをHelverschou et al.（2019）は検証している。報告によれば，対象者は全員IQ 70以上で最低10回以上のセッションに参加しており，プログラムはASに関する心理教育，認知再構成法，リラクセーション法，曝露療法など多様な要素から構成されていた。一定以上の知的能力を持ち，定期的なセッション受講に対する動機づけが形成されており，衝動性がさほど強くない一部のAS患者のアディクション問題には有効かもしれないが，本稿で提示したような症例には適応とならないことは明白である。わが国で導入するためには，それに特化したワークブックの作成が望ましく，そのためにはアディクションの問題を抱えたAS症例の経験を重ね，固有の病理を今後より精緻に把握することが必要であろう。

　他の精神障害の場合と同様，家族支援もアディクションの問題を抱えたAS患者の治療に不可欠である。アディクション的行動を継続するために患者はしばしば金銭を要求し，家族に対して暴力に及んだり，万引きなどの犯罪行為に走ったりする。家族が患者の要求に無条件に応じ続けることは，かえって患者の不適切な行動を強化してしまう。この点について援助者は繰り返し家族に情報提供し，時に警察対応を含む毅然とした対応を取る必要があることを説明しなければならない。AS患者の親自身もAS的な傾向を持つ可能性は低くないため（Jokiranta et al., 2013），家族に対する助言も一般論や抽象的な表現は避け，個々の行動や事象に関して具体的かつ直接的な言葉遣いを繰り返し用いた方がよい。

おわりに

　アディクション先行型とAS先行型を鑑別することは支援の筋道を考える上で重要であるが，実際の臨床現場では発達歴や生育歴の正確な情報が得られない場合もあり，明確に分けることが難しい症例と出会うことも珍しくない。ただし確率としてはAS先行型と出会う可能性は低く，アディクション患者でAS様の症状も呈している場合は，何らかのトラウマ関連障害の併存を先に検討した方がよい。

　どちらのタイプであったとしても，社会の中で何らかの生きづらさと固有の精神病理を抱えて孤立しており，その解決策としてアディクションという孤独な対処行動を選択している，という点は共通している。だからこそ援助者は，先天的なコミュニケーション障害であれ，後天的な愛着障害であれ，アディクションという問題行動の背景にある精神病理の特性を理解し，柔軟に，そして粘り強く，患者と年単位で関わり続けなければならないのである。

◉文献

Butwicka, A., Langstrom, N., Larsson, H. et al. (2017) Increased risk for substance use-related problems in autism spectrum disorders : A population-based cohort study. Journal of Autism and Developmental Disorders 47 ; 80-89.

Felitti, V.J., Anda, R.F., Nordenberg, D. et al. (1998) Relationship of childhood abuse and household dysfunction to many of the leading causes of death in adults : The Adverse Childhood Experiences (ACE) study. American Journal of Preventive Medicine 14-4 ; 245-258.

Flores, P.J.［小林桜児，板橋登子，西村康平＝訳］(2019) 愛着障害としてのアディクション．日本評論社．

Helverschou, S.B., Brunvold, A.R., Arnevik, & E.A. (2019) Treating Patients with co-occurring autism spectrum disorder and substance use disorder : A clinical explorative study. Substance Abuse 17 ; 13 : 1178221819843291.

Huang, J.-S., Yang, F.-C., Chien, W.-C. et al. (2021) Risk of substance use disorder and its associations with comorbidities and psychotropic agents in patients with autism. JAMA Pediatrics 175-2 ; e205371.

Isenberg, B.M., Yule, A.M., McKowen, J.W. et al. (2019) Considerations for treating young people with comorbid autism spectrum disorder and substance use disorder. Journal of the American Academy of Child & Adolescent Psychiatry 58-12 ; 1139-1141.

Jokiranta, E., Brown, A.S., Heinimaa, M. et al. (2013) Parental psychiatric disorders and autism spectrum disorders. Psychiatry Research 207 ; 203-211.

小林桜児（2016）信頼障害としてのアディクショ ン．日本評論社．

小林桜児（2019）物質関連障害および嗜癖性障害と 小児期逆境体験．精神医学 61-10 ; 1151-1157．

Ressel, M., Thompson, B., Poulin, M-H. et al. (2020) Systematic review of risk and protective factors associated with substance use and abuse in individuals with autism spectrum disorders. Autism 24-4 ; 899-918.

Santosh, P.J. & Mijovic, A. (2006) Does pervasive developmental disorder protect children and adolescents against drug and alcohol use?. European Child & Adolescent Psychiatry 15 ; 183-188.

Sizoo, B., van den Brink, W., Gorissen van Eenige, M. et al. (2009) Personality characteristics of adults with autism spectrum disorders or attention deficit hyperactivity disorder with and without substance use disorders. The Journal of Nervous and Mental Disease 197 ; 450-454.

自閉スペクトラムの子どもや若者とインターネットやゲームの世界

関 正樹

▌はじめに

　自閉スペクトラム症（Autism Spectrum Disorder：以下，ASD）はさまざまな状況における「対人的相互関係およびコミュニケーションの質的な異常」と「興味の限局および限定された常同的もしくは反復的な行動様式」によって特徴づけられる神経発達症のひとつである。本田（2018）は神経発達症の特性は必ずしも障害となるものではないという観点から，ASDとしての特性は有するものの「Disorder」と断定できるほどの明らかな生活上の支障はないタイプのものを自閉スペクトラム（Autism Spectrum：以下，AS）と呼んでいる。

　さて，アメリカ精神医学会の診断基準であるDSM-5のさらなる研究を要する項目にインターネットゲーム障害（Internet Gaming Disorder）が取り上げられたことや，ICD-11にゲーム障害が収載されたこともあり，インターネットやスマートフォンにはネガティブな視線が集まりやすくなっている。ASDとの観点でみれば，Romano et al.（2013）は60名の大学生を対象に，自閉的な特性と強迫的なインターネット利用（Compulsive Internet Use：CIU）との間に正の相関があることを報告しており[注1]，本邦におけるいくつかの調査においても，インターネットに嗜癖的であることとの関連が指摘され

ている（So et al., 2017；Kawabe et al., 2019）。このような状況から，今後，児童精神科医や精神科医のもとにはASD/ASの子どもや若者におけるインターネットやゲームとの付き合い方に関する相談は増えるものと思われるが，彼らがその世界とどのようにつながり，楽しんでいるかについての知見は多くない。そこで，本稿ではASD/ASの子どもや若者がインターネットの世界の中でもSNS，YouTubeなどの動画サービス，オンラインゲームとどのように関わっているかについて検討する。

▌ASDはインターネットに嗜癖的になるのか？

　ASDとインターネット依存症（Internet Addiction：IA）との関連を調べたSoらの報告によれば，IAの併存はASDの10.8%，ADHDの12.5%，ASD，ADHD併存群の20.0%に認められている（So et al., 2017）。河邉ほか（2017）によれば，本邦における一般の中学生におけるIAの有病率は2.0%であり，ASDにおけるIAの併存は多いと言えるだろう。これらの背景としては，自閉的な特性の直接的な影響に加えて，情動の調節の困難が，学校などでの不適応や学校とのつながりの低下を招き，結果としてオンラインゲームに嗜癖的になることが示唆されてい

る（Liu et al., 2017）。ただし，ASDの大学生と，定型発達の大学生との間のCIUの傾向に差がなかったという報告（Shane-Simpson et al., 2016）などASDとIAとの関連を完全には支持しない報告も散見される。以上からASD/ASとIAとの関連については，直接的なつながりもあるが，社会とのつながりの低下など保護因子の低下も大きな要素であると言える。以上のことからASD/ASとインターネットとの関連を考える時，インターネットにハマることそのものよりも，学校や職場，家庭などにおける本人の生きづらさに目を向ける必要があると言えるだろう。

　また，ADHDとの併存例についても言及しておく必要がある。Soらの調査においては，ASDとADHDの併存例におけるIAの有病率は20.0%と，一般人口におけるIAの有病率やADHDに併存するIAの有病率（12.5%）を大きく上回っている。ADHDに関しては，IAとの関連が多く報告されており（Wang et al., 2017），その背景には「衝動制御の問題」（Yen et al., 2017）や，インターネットの世界における即時報酬の多さなどが想定されている。ASDとADHDの併存例においては，衝動制御の困難がより強く認められることや，社会的な孤立がより強まりやすくなることなどが背景として考えられうる。

ASDとオンラインの コミュニケーション，SNSの世界

　チャットやメールなどのオンラインのコミュニケーションは相手の表情の認識や非言語的なコミュニケーションを必要としないため，ASD/ASの若者にとっては有利に働く側面も想定される。しかし，Mazurekらによれば，ASDの若者の64.4%が電子メールやチャットなどを利用しておらず，64.2%が余暇時間をテレビやビデオゲームなどに充てており，余暇時間にチャットやメールなどを利用する者は13.2%であったという（Mazurek et al., 2012）。また，本邦における大学生のSNSに関する調査においては，LINEの送受信をした友人の数やInstagramへの投稿数とASD特性との間に負の相関があることが報告されている（Suzuki et al., 2021）。

　しかし，このことから直接的に「ASD/ASの若者は社交性が低く，SNSが不得手である」と結論づけることには慎重であるべきであろう。なぜなら，日本におけるLINEやInstagramはリアルの友人関係が反映されやすいSNSであり，リアルで社交的であればあるほど交流も活発になりやすいRich Get Richer Model（Kraut et al., 2002）に馴染みやすいSNSであると言えるからである。これに対してTwitterは匿名性が高く，用途に合わせた複数のアカウントを使い分けることも多い。したがって，LINEやInstagramとTwitterとではSNSとしての性質が大きく異なり，使われ方も大きく異なる。特にLINEにおいては，リアルでの人間関係が反映されやすいことに加えて，同時性，即応性が求められること（ひょっとするとリアルのコミュニケーションよりもスタンプの方が早いかもしれないくらいである），コミュニケーションの手がかりが少ないのにもかかわらずチャットの話題に外れた話題を出すとひんしゅくを買ってしまうことなど，グループ内の雰囲気を忖度することが求められる場面も多い。「クラスのLINEは見ているだけ」と語るASDの高校生もいるが，リアルとつながったLINEのグループは発言をしないことでその場にとどまることができたとしても，過剰適応になりやすく，疲れやすい場のひとつになりうる。

　以上から，ASD/ASの若者たちは不得意であるがゆえにLINEにおけるメッセージの送受信をしないのではなく，そこでの他者とのメッセージのやりとりを好んで選ばないということも十分に考えられる。実際に，ASDの大人は，新しい友人関係を探し，「自分の趣味に関するディス

カッショングループに参加する」ことなどを楽しむ一方で，ASDでない大人はSNSを楽しみ，家族や友人と親しくするなど既存の人間関係を維持するためにインターネットを利用する傾向にあるという（Gillespie-Lynch et al., 2014）。つまり，ASD/ASの若者は趣味を通じたコミュニケーションを求めて，ASD/ASでない若者はリアルの人間関係をさらに確かなものにするためにSNSを使っていると言える。

ASD/ASの若者にとって，オンラインのコミュニケーションの利点は，距離が離れていても自分と同じ特別な興味や関心（例えば，レトロゲーム，鉄道，トレーディングカード，峠ステッカー集めなど）を持っている他者と距離や年代を超えてコミュニケーションを取れることにある。そのようなコミュニケーションはリアルを反映するLINEなどのSNSよりも匿名性が高く，知らない人とつながりやすく，趣味に応じてアカウントを使い分けることができ，非同期的で回答の推敲をする時間を確保できるTwitterなどの方が優れているかもしれない。そのような背景から「クラスのLINEは見ているだけ」と語った彼は「自分の好きなことは趣味垢で（Twitterに）書く」「Twitterには友達がいるから」と語る。また，「ボイチャ[注2]だと，すぐに返事しないと迷惑かけるからあえて切っている」と語るASDの大学生や，同様の理由でテキストチャットを好むASDの若者とも外来で出会う。以上から，AS/ASDの若者が好むオンラインを介したコミュニケーションのあり方や，彼らが好むSNSは，そうでない若者が好むそれとは質的に異なっている可能性がある。

ASDとYouTubeなどの 動画共有サービス

ASDの子どもと定型発達の子どもの趣味を比べてみると，選好性が異なることはいくつかの研究で示されている。アイルランドにおける調査によれば，ASDの子どもは，テレビやDVD，ビデオゲームなどの座ってできる趣味を好み，定型発達の子どもはサッカーなどの活動的な趣味を好むとされる（Russell et al., 2018）。また，Shaneらによれば，ASDの子どもは定型発達の子どもに比べてスクリーンメディアを利用する時間が多く，テレビ番組や映画の視聴が人気であったという（Shane & Albert, 2008）。また，最近では，YouTubeなどの動画共有サービスがASD/ASの子どもや若者にも（もちろんそうでない子どもや若者にも）好まれている。実際に外来を受診した9〜15歳のASD（$n=75$）とADHD（$n=42$）の子どもがどのような動画コンテンツを視聴しているかについて当院で調査したもの（関，n.d.）が図1である。

ASDにおけるゲーム実況の視聴率に比べて，ADHDの視聴率は81％と高く，ここからはADHDにおけるゲームとの親和性の高さが示唆される。ASDの子どもたちの一部は，彼らなりの楽しみ方でゲーム実況を楽しんでおり，「野球中継を見ると負けることがある」「いつもひいきのチームが勝つ野球を見たい」と言い，いつも同じ野球ゲームのゲーム実況を，いつも同じように応援し，いつもちょっとだけ相手チームの好プレイに怒り，いつも最後には勝利を楽しむというスタイルで視聴している子どももいる。このような楽しみ方は彼らの同一性に対する固執を反映していると言えるかもしれない。けれども，「その他」に分類された彼らが楽しんでいる動画の一部を挙げれば，「新撰組に関する動画」「エレベーターの動画」「洗車機の動画」「第二次世界大戦のアメリカ軍の空母に関する動画」などであり，彼らの特別な興味（大好きなこと）を反映しているようであった。「第二次世界大戦のアメリカ軍の空母に関する動画」を挙げた子どもは，もともとは機械の構造を好んでいて，空母に興味を持つようになり，写真

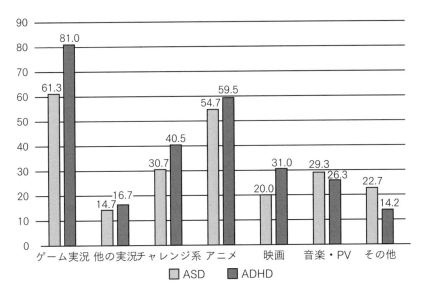

図1　ASDおよびADHDと動画コンテンツの視聴状況

を書籍で眺めたり，影絵を描いてクイズを出したりすることを好むようになり，そこから動画を見るようになったということであった。彼の大好きなことは，今では，第二次世界大戦を舞台にしたあまり有名とは言えない昭和アニメをYouTubeで見ることにまで広がっており，当時の歴史を学ぶことも好むようになっている。診察室でもこのような話を嬉々として語り，筆者と情報を共有したり，クイズを出し合ったりするのである。このように彼らの好みは，もともとは限局的なものかもしれないが，やがて体系立っていくことは臨床家ならよく知っているところである。

　以上のことから，YouTubeなどの動画共有サービスを彼らが好んでいるのは，いつも同じ内容のコンテンツを自分の好んだ安心できるやり方（静止させたり，スワイプして戻したりしながら）で1人で楽しめるという理由だけではなく，関連動画などを推奨してくれることから，そんな彼らの特別な興味を満たし，それに関する知識を体系化していき，彼らの世界を広げていくにあたって，うってつけのコンテンツだか

らと言えるかもしれない。

ASDと（オンライン）ゲームの世界

　ASD/ASの子どもや若者がビデオゲームを好んでいることもよく知られている。Paulusらによると，ASD男児が最も好むゲームは「Minecraft」（18.5％）であり，次いで「レースゲーム」（9.3％）であり，マルチプレイヤーモードで遊ぶ頻度は低かったという（Paulus et al., 2020）。筆者らの調査でも，中学生におけるゲーム内でのチャットの利用率はASD群（27.0％）がADHD群（40.7％）よりも低かった（関ほか，2021）。チャットはある程度マルチプレイを反映していることから，確かにソロで遊ぶことを好むASD/ASのプレイヤーは多いようにも見える。

　昨今のオンラインゲームではコミュニティが形成されやすい。例えば大規模な多人数同時参加型のオンラインロールプレイングゲーム（Massively Multiplayer Online Role-Playing Game : MMORPG）などのジャンルでは，仲間と協力していくことがゲーム上非常に有利であるため，コミュニティや仲間関係が作られる。当然1つのゲームにはさまざまなプレイスタイルのプレイヤーが集まるが，多くの新参のプレイヤーは教えるのが好きな古参のプレイヤーから教えられながら，少しずつそのコミュニティの中で強くなっていく。MMORPGなどのチャットではゲームの性質上テキストチャットが利用されることも多く，そこでは多くの雑談も交わされる。一方で，このコミュニティはリアルの社会の縮図であり，ヒエラルキーができやすいことや，嫉妬や羨望やちょっとした行き違いなどを背景にトラブルが起こることもある。また，「戦闘中に日常会話で流れを断ち切らない」「ログインしたらあいさつ」など，コミュニティの中での不文律やローカルマナーが存在することも多い。これらはコミュニティ構成員の性質（ガチ勢，エンジョイ勢など）にもよるため，非常に読み取りにくく，ASD/ASの若者におけるMMORPGなどのコミュニティにおける人間関係の難しさの背景には，このようなローカルなコミュニティマナーがうまく伝わっていないこともしばしば認められる。

　また，FPSやTPS[注3]では，MMORPGなどに比べてゲーム展開がはやくテキストチャットは不向きであり，ボイスチャットが用いられることも多い。ボイスチャットはテキストチャットに比べて自身の文章を推敲するような時間的な余裕などもないため，即応的に感情が煽られやすく，一時的に攻撃的な言動や思考が出てしまうこともしばしばある（Sestir & Bartholow, 2010）。したがって，ASDとADHDの併存例などにおいて，チームが負けた時などに口調が荒くなってしまい，仲間とトラブルになってしまうような事例を日常臨床でしばしば経験する。中高生の年代においては，クラスの友人とゲームをしていることも多いため，これらがリアル

のクラスの人間関係に影響を及ぼすこともある。

　このようにASD/ASの若者にとって，MMORPGであれFPSやTPSであれ，オンラインゲーム上のコミュニティにおける人間関係は難しいこともある。だからといって，これらのネットコミュニティからASD/ASの若者を遠ざければいいという話ではない。むしろ，これらのコミュニティは彼らにとってささやかな「居場所」となることも多く，ASD/ASの子どもや若者がネットやゲームの中でのコミュニティに関するリテラシーを安全に学ぶ機会を作っていくことの方が大切であろう。まだ小学生の子どもであれば，大人が一緒にゲームをしながら，ゲーム上でのリテラシーやコミュニケーションマナーを伝えていくことで，それらを学んでいくことは可能であろう。

　では，それより年長である場合はどうだろうか？　海外においてはAutcraftと呼ばれるMinecraftのコミュニティが存在する（AUTCRAFT : https://www.autcraft.com/）。Autcraftは，ASDのプレイヤーとその家族や友人のために設計されたMinecraftのサーバーであり，ASDやその家族を含む大人たちにより安全に管理されている。また，「ヘルパー」や「シニアヘルパー」といった子どもや大人が初めてサーバーに入ったASDの子どもや大人を助けてくれるようなシステムも用意されており，このようなコミュニティはASD/ASの子どもや若者が安全にリテラシーを学ぶ場になりうるだろう。

　Kristenらが指摘するように，ASDの大人は新しい友人関係を探し，「自分の趣味に関するディスカッショングループに参加する」など自身の大好きなことに関連するコミュニケーションを楽しんでいる（Gillespie-Lynch et al., 2014）。オンライン趣味トークなどのように，自身の大好きなことを誰からも批判されることなく安全に語ることができる場（加藤・藤野，2020）や，大好きなことを一緒に楽しむオンラインの余暇支援の場も，ASD/ASの子どもや若者がオンライ

ンでのリテラシーやコミュニケーションマナーを安全に楽しく学ぶことができる場になりうるものと思われる。

ASDやASの若者にとってのオンラインの世界と「居場所」

ASDの子どもがいじめにあうことは多く，不登校の状態にある広汎性発達障害の子どもの41.3％がいじめられた体験を有していたという（武井，2010）。また，不登校の背景にASDが見られることも多く，不登校の子どもの36％に広汎性発達障害が見られたとする報告もある（鈴木ほか，2017）。上記のようにASDの子どもにおいては，いじめなどの対人関係などのつまずきを背景に不登校に至ることも多い。そして，不登校の当初は，学校での「居場所」を失うとともに，学校に行けない自分を責められているように思い，家庭でも「居場所」を失ってしまうことが多い。そのように自暴自棄になってしまいそうな時に，SNSでのつながりやオンラインゲームにおけるコミュニティは，「居場所」から放り出された彼らを救命浮き輪のように救ってくれることがある。

「居場所」はその定義上，自身と影響し合う他者の存在が不可欠であるため，SNSやオンラインゲームに没頭することは厳密な意味では当初は「居場所」ではない。しかし，やがて，そこで偶然に出会った仲間との交流を通じて，子どもたちは同期的なコミュニケーションを回復していく。仲間と一緒に戦い，笑い，時には喧嘩をし，仲直りする……このような当たり前の人間関係を通して，救命浮き輪であったオンラインゲームの世界は子どもにとっての「居場所」となっていくのである。そして，家庭がそのようなオンラインのコミュニティにポジティブな眼差しを持つようになることで，家庭も「居場所」として回復していく。そして，そんな安心できる「居場所」から子どもは外の世界へ飛び出すチャレンジを繰り返すのである。

学校に行けなくなり，リアルでの「居場所」を失いかけた状態にあるASD/ASの子どもや若者と出会う時，最も大切なことは，彼らが大好きなことを話したり楽しんだりできる「居場所」を模索していくことであろう。そのために，私たち支援者は彼らの大好きなものやささやかな「居場所」に，丁寧な敬意とポジティブな眼差しをもって接する必要がある。そして，そのような「居場所」でうまくいかない時に，どうしたらうまくいくかを，対話しながらともに考える必要があるだろう。目の前の支援者を好きになることで彼らの「居場所」は，リアルの世界でも広がっていくのである。私たちはそのような支援者になれているだろうか？　大好きなことを役に立つ/役に立たないという物差しで見ていないだろうか？

ASD/ASの子どもや若者にとって，大好きなものや大好きなことは世界を広げていく大切なたからものである。そして，誰にとっても，大好きなものや大好きなことは，いつまでも大好きなままで大切にできたほうがいいに決まっている。私たち支援者は，そのことを忘れてはならないのである。

◉注
[1] CIUはインターネット依存症（Internet Addiction : IA）の別呼称と考えてよいが，背景にある考え方に違いがある。CIUはインターネットに嗜癖的になるのではなく，特定のコンテンツやサービスに嗜癖的になる結果，インターネットを強迫的に利用するという考えに基づく。
[2] ボイスチャット。パソコン上で相手と音声によるメッセージをリアルタイムでやり取りするシステム。
[3] それぞれ，First Person Shooting game（一人称視点のシューティングゲーム）とThird Person Shooting game（三人称視点のシーティングゲーム）

の略。

◉文献

Gillespie-Lynch, K et al.（2014）Intersections between the autism spectrum and the internet : Perceived benefits and preferred functions of computer-mediated communication. Journal of Intellectual & Developmental Disability 52-6 ; 456-469.

本田秀夫（2018）発達障害——生きづらさを抱える少数派の「種族」たち．SBクリエイティブ［SB新書］．

加藤浩平，藤野博（2020）オンラインで（も）できる自閉スペクトラムの子の余暇支援（https://www.note.kanekoshobo. co. jp/n/n44ef52cf8186［2022年7月22日閲覧]）．

河邉憲太郎ほか（2017）青少年におけるインターネット依存の有病率と精神的健康状態との関連．精神経誌 119-9 ; 613-620.

Kawabe, K. et al.（2019）Internet addiction and attention-deficit / hyperactivity disorder symptoms in adolescents with autism spectrum disorder. Research in Developmental Disabilities 89 ; 22-28.

Kraut, R.E. et al.（2002）Internet paradox revisited. Journal of Social Issue 58-1 ; 49-74.

Liu, S. et al.（2017）Autistic traits and internet gaming addiction in chinese children : The mediating effect of emotion regulation and school Connectedness. Research in Developmental Disabilities 68 ; 122-130.

Mazurek, M.O. et al.（2012）Prevalence and correlates of screen-based media use among youths with autism spectrum disorders. Journal of Autism and Developmental Disorders 42-8 ; 1757-1767.

Paulus, F.W. et al.（2020）Gaming disorder and computer-mediated communication in children and adolescents with autism Spectrum disorder. Z Kinder Jugendpsychiatr Psychother 48-2 ; 113-122.

Romano, M. et al.（2013）Differential psychological impact of internet exposure on Internet addicts. PLoS One 8-2 ; e55162. doi:10.1371/journal.pone.0055162.

Russell, S., Healy, S., & Braithwaite, R.E.（2018）

Hobby preferences and physical activity participation among children with and without autism spectrum disorder. Eujapa 11-2 ; 8. doi:10.5507/euj.2018.008

関正樹（n.d.）unpublished data.

関正樹ほか（2021）発達障害におけるインターネット依存度の調査——ゲームジャンルとの関連から．児童青年精神医学とその近接領域 62-3 ; 365-384.

Sestir, M.A. & Bartholow, B.（2010）Violent and nonviolent video games produce opposing effects on aggressive and prosocial outcomes. Journal of Experimental Social Psychology 46 ; 934-942.

Shane, H.C. & Albert, P.D.（2008）Electronic screen media for persons with autism spectrum disorders : Results of a survey. Journal of Autism and Developmental Disorders 38-8 ; 1499-508.

Shane-Simpson, C. et al.（2016）Associations between compulsive internet use and the autism spectrum. Research in Autism Spectrum Disorders 23 ; 152-165.

So, R. et al.（2017）The prevalence of internet addiction among a Japanese adolescent psychiatric clinic sample with autism spectrum disorder and/or attention-deficit hyperactivity disorder : A cross-sectional study. Journal of Autism and Developmental Disorders 47 ; 2217-2224.

Suzuki, K., Oi, Y., & Inagaki, M.（2021）The relationships among autism spectrum disorder traits, loneliness, and social networking service use in college students. Journal of Autism and Developmental Disorders 51-6 ; 2047-2056.

鈴木菜生ほか（2017）不登校と発達障害——不登校児の背景と転帰に関する検討．脳と発達 49-4 ; 255-259.

武井明（2010）精神科思春期外来を受診した高機能広汎性発達障害の臨床的検討．精神医学 52 ; 1213-1219.

Wang, B.Q. et al.（2017）The association between attentiondeficit/hyperactivity disorder and internet addiction : A systematic review and meta-analysis. BMC Psychiatry 17-1 ; 260.

Yen, J.-Y. et al.（2017）Association between Internet gaming disorder and adult attention deficit and hyperactivity disorder and their correlates :

Impulsivity and hostility. Addictive Behaviors　　64 ; 308-313.

第Ⅴ部

ASのメンタルヘルスをケアする

合理的配慮と環境調整

渡辺慶一郎　榎本眞理子

はじめに

　合理的配慮は本邦で近年注目されている概念であり，その不提供は障害者に対する差別の一形態である。合理的配慮を構成し運用するには，法的な枠組みや自閉スペクトラム（Autism Spectrum：AS）特有の事情を考慮することが求められる。本稿では国連の障害者権利条約と本邦の障害者差別解消法に示されている合理的配慮を概説し，具体的な場面（就労と医療）での合理的配慮の考え方を例示する。

　また，合理的配慮は差別防止のセーフティーネットであり，それを超えた配慮や関わりを制限するものではない。最小限の配慮以上の，人的あるいは物理的な環境調整については最後に触れる。なお，教育場面での合理的配慮は「学生相談」の項目を参照されたい。

差別防止としての合理的配慮

障害者差別解消法の合理的配慮

　2006年12月に国連で採択された障害者の権利に関する条約（以下，「障害者権利条約」）の批准に向けて，本邦では2011年8月に障害者基本法が改正され，2012年6月には障害者総合支援法が成立した。そして，2013年6月には，合理的配慮に関係する「障害を理由とする差別の解消の推進に関する法律」（以下，「障害者差別解消法」）が成立し，「障害者の雇用の促進等に関する法律」（以下，「障害者雇用促進法」）が改正された。これまではいわば"人の親切心"に頼っていた差別禁止を，法律を根拠とする義務へと転換したパラダイムシフトである。

　障害者差別解消法を根拠に内閣府が作成した「障害を理由とする差別の解消の推進に関する基本方針」（内閣府，2013）によれば，障害者に対する差別を，障害者に対する不当な差別的取り扱い及び合理的配慮の不提供を差別と規定している。さらに，「障害者が日常生活又は社会生活において受ける制限は，身体障害，知的障害，精神障害（発達障害を含む。）その他の心身の機能の障害（難病に起因する障害を含む。）のみに起因するものではなく，**社会におけるさまざまな障壁と相対することによって生ずるものとのいわゆる「社会モデル」の考え方を踏まえている。したがって，法が対象とする障害者は，いわゆる障害者手帳の所持者に限られない**」と記載していることは重要である（強調は筆者）。社会モデルに依拠し，かつ幅広い対象を想定していることがわかる。

　ところで差別にはどのような形態があるだろうか。内閣府の障害者政策委員会（差別禁止部会）では，差別の類型が検討された（内閣府障害者政策委員会 差別禁止部会，2012）。障害を直接の理由とする「直接差別」，外形的には中立であっても結果的には他者に比較し不利益が生じる「間接差別」，障害に関連する事由で区別，排除，制限等の非障害者とは異なる取り扱いが

なされる「関連差別」と「合理的配慮の不提供」である。最初の3つの類型は，実際の個々の事例で峻別するのは困難と考えられるため「不当な差別的取り扱い」としてまとめられた。最終的に「不当な差別的取り扱い及び合理的配慮の不提供」が差別と定義されたのである。

では合理的配慮とはどのようなものだろうか。障害者権利条約では「障害者が他の者と平等にすべての人権及び基本的自由を享有し，又は行使することを確保するための必要かつ適当な変更及び調整であって，特定の場合において必要とされるものであり，かつ，均衡を失した又は過度の負担を課さないものをいう（第二条 定義）」とされている。また，障害者差別解消法では「行政機関は（第七条）／事業者は（第八条），その事業を行うに当たり，障害者から現に社会的障壁の除去を必要としている旨の意思の表明があった場合において，その実施に伴う負担が過重でないときは，障害者の権利利益を侵害することとならないよう，当該障害者の性別，年齢及び障害の状態に応じて，社会的障壁の除去の実施について必要かつ合理的な配慮をするように努めなければならない」と説明されている。いずれも“必要であり適当な配慮”であること，その実施に“過度の負担がないこと”が示されている。つまり，(1) 障害があるために必要となっていること（必要性），(2) その配慮が適切なものであること（適切性），(3) 配慮の非過重性の3要件が重要である[注1]。さらに，障害の特徴やそれを取り巻く環境は個別性が高いため，障害者と行政機関あるいは事業者で話し合いながら合理的配慮を構成してゆくことが求められる（建設的対話）。

改正障害者雇用促進法の合理的配慮

障害者雇用促進法の改正に伴って，厚生労働省より「障害者差別禁止指針」（2015b）と「合理的配慮指針」（2015a）が示された。後者には

合理的配慮が目指す基本的な方針が示されている。すなわち，次の4点が重視されている。①障害者と事業主との相互理解の中で提供する。②合理的配慮の提供は事業主の義務であるが，その労働者が障害者であることを知り得なかった場合には提供義務違反を問われない。③配慮案が複数あるときに，より提供しやすい措置を講ずることは差し支えない。また，障害者が希望する措置が過重な負担であるとき，過重な負担にならない範囲の措置を講ずることが求められる。④事業主や同じ職場で働く者が障害特性に関する理解を深める。

そして「合理的配慮指針事例集」（厚生労働省，2017）の中に，発達障害がある者の雇用に関する取り組みが掲載されている。それぞれの一部を抜粋・簡略化して次節にまとめた。

就労場面での合理的配慮

基本的な考え方

全ての事業主は，労働者の募集・採用について，障害者と障害者でない者との均等な機会を確保するために，障害者からの申出により障害特性に配慮した必要な措置を講じなければならないとされている。また同様に，均等な待遇の確保または有する能力の有効な発揮のために，職務の円滑な遂行に必要な施設の整備，援助を行う者の配置，その他の必要な措置を講じなければならないと考えられている。ただし事業主に対して過重な負担を及ぼすこととなるときは，この限りでない。

募集・採用時の合理的配慮

手続き

障害者は，募集および採用に当たって支障となっている事情およびその改善のために希望す

る措置の内容を，事業主に対して申し出る。申し出を受けた事業主は，支障となっている事情を確認した場合，合理的配慮としてどのような措置を講ずるかについて当該障害者と十分に話し合いを行う（障害者からの申し出が困難な場合は，事業主は実施可能な措置を示し，当該障害者と話し合いを行う）。話し合いを踏まえて，合理的配慮の提供義務を負う事業主が，申し出があった具体的な措置が過重な負担に当たると判断した場合には，それを実施できない旨を当該障害者に伝える。同時に代替案があれば，「合理的配慮指針」の③に沿って考え，当該障害者と相互的話し合いを通して決定する。

具体的内容

高齢・障害・求職者雇用支援機構が作成した「障害者雇用マニュアル・発達障害者と働く」（高齢・障害・求職者雇用支援機構，2012）を参照されたい。イラストを用いてわかりやすく，実践に即してまとめられており，次項（採用後の項目）も含めて同書を参考に記載している。

採用面接時の支援事例として，ハローワーク等の就労支援機関の職員や，家族，特別支援学校の教諭，ジョブコーチが同席し，障害特性を説明したりコミュニケーションの補助を行うことが考えられる。ASのコミュニケーション能力に配慮したものである。

採用試験時では，時間配分を考慮することや，口頭試問の場合はわかりやすい質問で聞き取りを行う配慮が考えられる。口頭での面接を文字化して代替したり，試験時間を延長する配慮もありうるだろう。これはASに伴いやすい時間管理スキルの問題や聴覚情報処理障害，書字・読字障害に配慮したものである。

それ以外では，通常は行っていない入社前説明会を実施し，本人・保護者・支援機関の職員等に出席してもらい，見学・説明・質疑応答・配慮事項の説明などを行うことも考えられる。いずれも新奇場面への苦手さや不安緊張への対策でもある。

採用後の合理的配慮

手続き

労働者が障害者であることを把握した時点で，事業主は，当該障害者に対して職場において支障となっている事情の有無を確認する。一方，障害者は，事業主からの確認を待たず，支障となっている事情を申し出ることが可能である。さらに，支障となっている事情だけでなく，事業主には，障害者が希望する措置の内容を確認することが求められている。

合理的配慮の手続きにおいて障害者の意向を確認することが困難な場合は，就労支援機関の職員等に補佐することを求めても良い。そのほかは「募集・採用時の合理的配慮」における手続きと同様である。

具体的内容

業務指導については，作業ごとに担当者を決めて指示系統を一本化し，定期的に面談や声かけを実施することや，作業日報を活用して本人の状況を確認することが考えられる。指示系統が複雑だと作業の優先順位の認識で混乱することがある。また，困りごとがあればAS当事者から相談する体制ではなく，あらかじめ定期的なミーティングを設けておくほうが共有しやすい。困りごと自体の察知が曖昧だったり，それを主体的に伝える段で大変な労力を要することもあるためである。

業務遂行を確実にする工夫としては，業務指示やスケジュールを明確化するため，作業の流れを時間あるいは業務の完結で区切る工夫や，作業手順のマニュアル作成が考えられる。時間管理スキルの問題があれば業務の完結で区切る方が良いし，過集中とその後の強い疲労が目立つ場合は時間を決めて区切るほうが良いだろう。マニュアルは視覚優位の認知特性があれば効果

が期待できる。

出退勤時刻・休憩・休暇に関する配慮としては，通勤ラッシュを回避するため始業時間を遅くする工夫やリモートワークの活用，他者と時間をずらしての休憩，休憩時間の延長を認めることも考えられる。また，1人で休める空間や，休憩室にベッドを配置したり，通院日の休暇を認める配慮もあるだろう。ほかにも共通することだが，ASの当事者が努力を重ねることでこれらの配慮を返上するのが目標ではない。定型発達者が知らぬ間に自分たちと同じやり方やゴールを設定してしまうアンコンシャス・バイアスに注意しなければならない。

感覚過敏への対応としては，視覚過敏に対して蛍光灯を減らすなどの環境調整や，サングラス着用を認める工夫が考えられる。聴覚過敏に対しては，静かな作業環境を提供したり，耳栓やヘッドフォン着用を認めることもあるだろう。他者からの視線に対する過敏に対しては，机の周囲に衝立を設定する環境調整や，他者との関わりを少なくする工夫もありうる。物理的な聴覚刺激や視覚刺激などから身を守るだけでなく，人の視線や存在感から距離をとる効果も期待できる。

障害がある本人だけでなく，他の労働者に対して障害の内容や必要な配慮等を説明することも有効である。ただし説明に際しては，どのような内容を伝えるか，誰に伝えるかについて，事前に本人の同意を得ておくことが大切である。センシティブな内容なので，プライバシーが保てる環境で伝えたい。

▍医療場面での合理的配慮
（土橋・渡辺，2020）

基本的な考え方

国連の障害者権利条約では，「締結国は，障害者が障害を理由とする差別なしに到達可能な最高水準の健康を享受する権利を有することを認める」とした上で，本邦を含む締結国に対して「他の者と同一の質の医療（例えば，情報に基づく自由な意思を基礎とした医療）を障害者に提供するよう要請すること」と求めている。医療場面で合理的配慮の不提供が発生すると，最悪の場合は生命の危機に直結する。そのため一層慎重な対応が求められるが，医療現場では合理的配慮を制度として運用する仕組みは十分に浸透していない。不当な差別的取り扱い（同意のない医療強制も差別と位置づけられている）と合理的配慮の不提供を最少化してゆく取り組みが，医療の現場でも求められているのである。

受診に際して

医療機関では受診申し込みを電話で受け付けるところは多いが，それ以外の方法を採用するところも増えてきた。WEB上の予約フォームや電子メールを用いる方法である。ASの性質があると新奇場面や初対面の人物への心理的抵抗があり，また電話対応が大変苦手な方もいる。さらに感覚過敏や対人コミュニケーションの困難さも影響することがあるため，電話以外の複数の受診申し込み方法があることが望ましい。

また，身体的な不調をどのように表現したら良いかわからず問診票の記載に長時間を要する場合や，その記載内容が独特の表現になってしまう場合もある。ASの性質がある人には，自己の考えや感情を他者に伝わりやすいように表現して発信することが苦手なタイプがいる。身体に関する痛みや違和感についても同様であり，定型発達者には耳慣れない言い回しだと医療関係者に奇異に聞こえることもあるだろう。そのため診察受付の段階で警戒されてしまうことも過去には多かった。同様に，体を揺さぶったり独り言を口にするなど，行動面でも目立ってしまう場合もあろう。当事者にしてみれば気持ち

が落ち着く，あるいは落ち着かせるためにやむなくそうしているのであって，むしろ切迫した状況をおさめようとしているのである。医療機関では，ASなど発達障害の適切な理解が不足しないよう留意すべきである。理解を深めることが合理的配慮の構成や対話には不可欠なのである。

もしも，身体の不調を訴えて受診を求めているのに，クリニックや病院の受付で受診を断るような場合は，相当慎重でなければならない。医師法19条1項では「診察に従事する医師は，診察治療の求めがあった場合には，正当な事由がなければ，これを拒んではならない」と定めており，医師の応召義務に抵触する可能性も考えなければならない。ASなど発達障害の存在が原因となって身体疾患が見逃されるような事態を避ける努力が求められる。

また，待合室の環境で，物音や人の話し声，医療機関特有の匂いが，ASの感覚過敏のためにひどい苦痛をもたらすことがある。患者の少ない時間帯を案内することで，待合室に長く滞在しなくて済む工夫ができるかもしれないし，駐車場など建物の外で待っていてもらい，専用の呼び出し器や携帯電話で順番を伝えてもらう配慮も考えられる。

検査や診察に際して

検査や診察をする前に，医療従事者が本人にその説明をして，必ず同意を得るものだが，ASの特徴自体でコミュニケーションの相互性が困難な場合は，そのプロセスを一層丁寧に行うことが求められる。医療側からの説明が適切に理解されているかを確認すること，当事者からの不安や質問などのメッセージが十分伝わっているかを点検することが必要である。あらかじめ文字情報やイラストで視覚的に伝えたり，時にはASに緘黙が合併していることがあるので，家族や支援者に同席してもらったりすることも有

効だろう。ただし安易に同席者にばかり説明して，当事者の主体性が蔑ろにされないように留意する必要がある。当事者と家族や支援者の意向が異なることもあるので，注意しなければならない。

さらに，隣室の声が漏れ聞こえて医療者からの説明が耳に入らないことや，蛍光灯の光が強い刺激になる，多くの掲示物が視界に入り圧倒されてしまうなど，知覚自体やその処理過程で定型発達者と異なることがあるため，検査室や診察室の物理的な環境にも配慮が行き届くと理想的である。物理的な環境は，特定の医療ユーザーのために変更することは難しいため，あらかじめユニバーサルデザインを意識して設計すると良いかもしれない。

人は何らかの健康上の問題を抱えて医療機関を訪れる。障害の有無にかかわらず，普段と異なる精神状態であろう。不安や恐怖が強くなりやすいASの方もいることを医療従事者は知っておく必要がある。一度トラウマ的な体験をすると，長い間その記憶が鮮明に残存して本人を苦しめ，特定の医療機関だけでなく受診行為自体を徹底的に回避してしまう場合も稀ではない。

治療に際して

例えば入院が必要な場合に，ASに関連したパニックの存在や他者との交流困難を理由に個室利用や家族の付き添い（完全看護の病棟なのに）が求められるケースを考えてみよう。医療機関としては，マンパワーに余裕がない状況の中で，なんとか入院治療を実現しようと善意で考えたものであっても，通常は求めないことを要求すれば，合理的配慮の不提供以前に，不当な差別的取り扱いになる危険がある。医療従事者は，AS当事者のパニックや他者との交流がどの程度のものか，どのようにすれば入院中の問題を最少化できるかについて，当事者と話し合うことが求められる。合理的配慮の構成では，

この相互的な話し合いのプロセスが大変重要である。ただ，ASの性質自体に，相互的なコミュニケーションの困難さがあるため，話し合いにも当事者の性質に配慮した工夫が求められるだろう。また，医療機関の状況を一方的に説明して同意を得るのではなく，考えうる選択肢を双方が吟味してゆくのが理想的なので時間がかかるかもしれない。

また，検査・診察・治療などに限らず，当事者からの申し出がなくても明らかに困っている様子があれば，医療者側から声をかけたり困りごとを確認することが望ましい。合理的配慮の構成プロセスは，基本的には本人からの申し出がスタートとされているが，ASの性質上，本人からの意思表明が困難な場合がありうるし，「合理的配慮指針事例集」（厚生労働省，2017）の雇用に関する取り組みとして，労働者が障害者であることを把握した時点で，事業主には，当該障害者に対して職場において支障となっている事情の有無を確認することが求められている。本人が言い出さないからといって社会的障壁がないと即断することはできないと考えれば，医療者が主体的に当事者の困難を取り扱う姿勢が求められるだろう。

合理的配慮を超えた関わり

合合理的配慮は差別防止のセーフティーネットである。つまり，それを超えた配慮や関わりを制限するものではない。"合理的配慮さえしておけば，後は何もしなくて良い"という理解は望ましくないのである。合理的配慮を超えたものをどのように定義づけるかは幾つかの考え方があろうが，筆者は「ナチュラルサポーター」を目指すことを勧めたい。

例えば診察場面でわかりやすい言葉の使用を心がける工夫は，合理的配慮として関係者が話し合うまでもなく簡単に実行できるだろう。医療のユーザーに合わせて，簡便で日常的な工夫ができることはまず大切であり，そのためにはASに関連した知識をたくわえ，関わる者としての心構えを絶えず点検することが求められる。そして，ASの性質に依拠する困りごとは個別性が高いため，例えば"視覚支援で構造化"をワンパターンで行うことはできない。ASの個々人に対して，それぞれの支援内容を考えてゆく姿勢が大切である。さらに，ASの当事者と関わるなかで，本人が感じていることや考えていることを共有できるよう，関わる者が想像力を働かせてゆくと良いだろう。

おわりに

本稿では，差別防止としての合理的配慮について，その法的な根拠と考え方を概説した。その上で，就労場面と医療の現場での簡単な具体例を示して，合理的配慮の構成に関する留意点を示した。最後に，合理的配慮だけが支援ではないことを説明して，幅広い支援を考える上での筆者の提案を短く述べた。

◉注
[1] この3つの視点による整理は，桑原斉（現：埼玉医科大学教授）と中津真美（東京大学バリアフリー支援室特任助教）による。

◉文献
土橋圭子，渡辺慶一郎（2020）発達障害・知的障害のための合理的配慮ハンドブック．有斐閣．
厚生労働省（2015a）合理的配慮指針（雇用の分野における障害者と障害者でない者との均等な機会若しくは待遇の確保又は障害者である労働者の有する能力の有効な発揮の支障となっている事情を改善するために事業主が講ずべき措置に関する指針（平成27年厚生労働省告示第117号））（http://www.mhlw.go.jp/file/06-Seisakujouhou-

11600000-Shokugyouanteikyoku/0000082153. pdf）．

厚生労働省（2015b）障害者差別禁止指針（障害者に対する差別の禁止に関する規定に定める事項に関し，事業主が適切に対処するための指針（平成27年厚生労働省告示第116号）（http://www.mhlw.go.jp/file/06-Seisakujouhou-11600000-Shokugyouanteikyoku/0000082149.pdf）．

厚生労働省（2017）合理的配慮指針事例集［第三版］（https://www.mhlw.go.jp/file/06-Seisakujouhou-11600000-Shokugyouanteikyoku/0000093954.pdf）．

高齢・障害・求職者雇用支援機構（2012）障害者雇用マニュアル——発達障害者と働く（http://www.jeed.or.jp/disability/data/handbook/manual/om5ru8000000bfi1-att/om5ru8000000ngwd.pdf）．

内閣府（2012）「障害を理由とする差別の禁止に関する法制」についての差別禁止部会の意見．障害者政策委員会 差別禁止部会．平成24年9月14日（http://www.dinf.ne.jp/doc/japanese/law/promotion/bukai_iken.html）．

内閣府（2013）障害を理由とする差別の解消の推進に関する基本方針（http://www8.cao.go.jp/shougai/suishin/sabekai/kihonhoushin/honbun.html）．

TEACCH

岡東歩美　宇野洋太

TEACCH Autism Program

TEACCH Autism Programとは，ノースカロライナ州において実践されている，自閉スペクトラム症（Autism Spectrum Disorder：ASD）の人々とその家族の支援を行う包括的なプログラムである。「自閉症の原因は不適切な母子関係にある」という考えが主流であった1960年代に，①自閉症は情緒障害ではなく認知特性の特異性に基づく脳の障害であること，②親を治療の対象にするのではなく親と専門家が協働することが有効であること，③置かれている環境の意味を明確にすることが重要であること（構造化），について研究により明らかにし，「自閉症は脳の器質的な特異性に基づくもの」だという革新的立場に立ったEric Schopler博士によって，その研究成果を基盤として，1972年，ノースカロライナ大学医学部精神科にTreatment and Education of Autistic and related Communication-handicapped CHildren（TEACCH）部として設立された（内山ほか，2017）。さらに，後述するように2012年からはTEACCH Autism Programと名称を変え，州全体の施策として発展してきている。このプログラムは高い評価を受けており（Mesibov & Shea, 2009），世界の多くの国や地域でASD支援のモデルとされている。

TEACCH Autism Programのサービスはノースカロライナ州内7カ所に設置されたセンターを中心に提供され，各センターにより州全域がカバーされている。臨床サービスとしてはASDの診断および評価，家族と本人への療育支援，家族を対象としたサポートグループや当事者を対象としたソーシャグループ，就労支援サービス，居住サービスなどASDの人々の生涯にわたる支援プログラムを提供している。そのほか国内外での支援者を対象としたトレーニングの提供，ASDの心理，教育，生物医学的な研究の実施など，多方面にわたる包括的な支援活動が活発に実践されている（表1）。

TEACCHの最新の理念

Eric Schopler博士によってTEACCHが設立された時代，1965年には自閉症の有病率は2,000人に1人と推計されていたが（Centers for Disease Control and Prevention, 2020），2016年のCDCの調査においてASDは54人に1人とされている（Centers for Disease Control and Prevention, 2020）。また知的障害を伴わない高機能ASDの診断数の増加など，ASDを取り巻く状況は大きな変化を遂げている。TEACCHも2012年に3代目の新部長としてLaura Klinger博士が就任した際，それまでのノースカロライナ大学の附属機関からノースカロライナ大学とArea Health Education Centerの所属に変わった。さらに，ノースカロライナ大学医学部Division TEACCHから，州全体のprogramであることをわかりやすく示すTEACCH Autism Programに

表1　TEACCH Autism Program で行っていること

臨床サービス	・診断的評価 ・介入サービス 　幼児から大人まで 　早期介入（センター内および家庭内） 　両親へのコーチング 　学童期のグループ介入 　成人へのカウンセリング
成人向け サービス	・T-STEP プログラム ・援助付き雇用プログラム ・Carolina Living and Learning Center（CLLC）
学生および 専門家向けの トレーニング	・学生向け臨床研修およびインターン 　心理学 　ソーシャルワーク 　作業療法 　言語聴覚士 　スクールサイコロジー ・年次学会 ・オンライントレーニング ・5デイトレーニング ・ワークショップ ・専門家向け認定プログラム
研究	

名称変更した。

　また，内容も時代に合わせた新しい方向性を打ち出している。①過去40年の取り組みと変わらずASDの人々の家族とのパートナーシップを中心に据えること，②人間全体を見ること，③ASDの人たちの生活の質を高め，彼らが成功して地域社会で自立して機能できるようにすること，④ASDの人それぞれの個性を重視・尊重すること，という4つをTEACCHの核であるとして強調している（University of North Carolina at Chapel Hill, 2013；三宅，2014）。そのうえで，設立当初の「ノースカロライナ州でASDと診断されたすべての人にサービスを提供する」とい

う使命も形を変え，新たなTEACCHの使命として「生涯にわたり，ASDの人々とその家族の生活の質を高めるために，地域に根差したサービス，トレーニングプログラム，研究を創造し，普及させる」ことを宣言した（University of North Carolina at Chapel Hill, n.d.-a）。

　表2に現在のTEACCH Autism Programの公式ウェブサイト（University of North Carolina at Chapel Hill, n.d.-b）上に掲載されている現在のTEACCHが目指すところを示した。この中の一項目に挙げられているように，成人したASDの人々のサポートを充実させていくことは，現在のTEACCHの中でも重要事項として認識されている。

Structured TEACCHing（構造化）

　TEACCHは4つの大きな介入理念として，①家族との協働，②ASDの文化の理解，③強みを生かしたアプローチ（構造化），④全人的・生涯にわたるサポートを挙げている。その中でも認知特性に基づいた構造化アプローチは，"Structured TEACCHing" と呼ばれ，TEACCHの代名詞的存在としてよく知られている。構造化とは，ASDの人それぞれの認知特性に合わせた環境設定をすることで，その環境の持つ意味や期待されていることなどを理解し，本人が自立して行動できるようになるための支援手段である（宇野・内山，2010）。

　構造化には4つあり，①物理的構造化（1つの場所を多目的に使用するのではなく，何をする場所かはっきりさせる），②時間の構造化（写真や絵などでスケジュールをわかりやすく示しておく），③活動の構造化（課題を左から右，上から下に配置しておき，終わったら決められた箱に入れるなど，手順をわかりやすくする），④視

表2　現在のTEACCHの戦略的目標（筆者訳）

1 格差とアクセス	医療過疎地域や社会的弱者もサービスを利用できるようにする。
2 優れた運営	TEACCHのセンターやプログラムでサービスを受ける際の，クライアントや家族の体験を向上させる。
3 初めから正しいことを	エビデンスに基づいた早期介入を，各々の住む地域で普及させる。
4 次の世紀のためのトレーニング	TEACCHトレーニングの効果と普及率を向上させる。
5 思春期，成人期，そして高齢化	成人したASD患者をサポートするための新しいモデルを開発する。
6 多様な労働力	TEACCHのすべてのレベルで多様な人材をサポートするために，採用，指導，キャリア開発のプログラムを作成する。

覚的構造化（指示を口頭ではなくアイコンや写真で示す）である。なお，誤解が多い部分であるためあえて触れておくと，TEACCH Autism Programでは，Structured TEACCHingが読み書きなどを覚えさせるための「アカデミックなカリキュラム」ではなく，スキルや自立を促すための「フレームワーク」であるということを強調している。このStructured TEACCHingの手法は，幼児期や学校場面だけでなく，家庭や地域生活，さらには下記で示す成人向けサービスの中でも幅広く用いられている。それは，ASDの認知特性が生涯にわたり，かつ生活のあらゆる場面でみられる特性であるためである。

TEACCH Autism Programにおける成人期の支援

T-STEP

T-STEPとは何か

TEACCH School Transition to Employment and Postsecondary Education（T-STEP）は，高校卒業資格を取得予定または取得した知的障害のない16〜21歳のASDの人々の就職への移行を支援するために開発されたグループプログラムである。参加者は構造化された就労支援プログラムを通じて，就労に必要なスキルを身につ

けることを目標としている。参加者の居住地域のコミュニティカレッジ（アメリカの公立の2年制大学で，地域の住人に安価に大学教育と職業訓練を提供する役割を持つ）で実施され，ノースカロライナ州職業リハビリテーションサービス局からの資金と，米国議会主導の医療研究プログラムからの研究資金により運営され，参加者の費用負担はない。

知的障害を伴うASDの人々に比べ，知的障害のないASDの人々の方がより就労に際して困難を抱えることが明らかになっている（Taylor & Seltze, 2010）。T-STEPは，今まであまり注目されてこなかった青年期の知的障害のないASDの人々の支援に特化したプログラムである。

T-STEPの実際

T-STEPは，①6〜12週かけて行われる24回のセッション（下記に述べる4分野のスキル指導，グループでの練習，動画でのモデリング，ロールプレイなど），②インターンシップ（週に2時間，12週），③個人カウンセリング（キャリアカウンセリング，進学カウンセリング，セルフアドボカシーカウンセリング）から構成される（図1）。

24回のセッション

24回のセッションは，グループ形式により教室の中で行われる。これらのセッションは，就

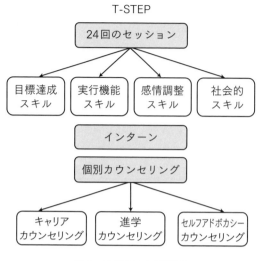

T-STEP

図1　T-STEPの概略図

労移行準備のために重要な4つの分野のスキルを伸ばすことに力点を置いている。

- 目標達成スキル：自分の目標を選択し、それに向かって努力する。
- 実行機能スキル：段取りを付けた仕事への取り組み方、時間管理、柔軟性をもつこと。
- 感情調整スキル：ストレスに対処し、正しいフィードバックを受け入れる。
- 社会的スキル：必要に応じて助けを求めるための、職場における（学校や家庭とは違った）社会的スキル。

ここで参加者は、時間通りに仕事に行けたか、仕事のタスクをこなせたか、などを自身でチェックするセルフモニタリングの方法や、目標が達成できたときに自分自身に「ごほうび」を与えるというセルフリワードの方法などを学ぶ。また、ルーティンストラテジーとして、困ったときの助けの求め方、混乱しそうなときの気持ちの落ち着け方、指導を受けたときにどう対応するかなどの「ストラテジー」、すなわち対策をあ

らかじめ考えておき、すぐに実行できるよう練習する。

インターンシップ

インターンシップでは、一般化された「安全な」空間での訓練が実施される。インターンシップはコミュニティカレッジ内のカフェテリアやカレッジの清掃など、参加者にとって安全と感じられる場所で実施され、先のセッションで学んだスキルや戦略を、参加者が直接実践できる場である。TEACCHでは仕事自体に必要な能力を「ハードスキル」と呼び、仕事に直結しないものの日常生活能力や対人関係など、就労生活に間接的に関連するスキルのことを「ソフトスキル」と呼ぶ（梅永・井口，2018）。例えば、仕事上の言葉遣いや、服装や振る舞いの規定、体調管理や感情のコントロール、遅刻や欠席の連絡方法などを学び実践する。こういった点も重視するのは、離職に至ってしまう原因として、ハードスキルよりソフトスキルの問題が多いためである。

個人カウンセリング

セッションはグループベースで行われるため、個々のキャリアや進学希望などについては個別にカウンセリング時間が設けられ、フォローされる。

T-STEPを受けたことで、就労支援サービスを受けずとも就職できる人々が増えることが期待されている。

TEACCH援助付き就労サービス

TEACCH援助付き就労サービスは、成人したASDの人々を支援し、安定したやりがいのある就労先を見つけ維持することで、彼らが可能な限り自立できるようにサポートすることを目的に提供されている。1989年の開始以来、このサービスはさまざまな就労支援モデルを用いて、

500人以上のASDの人たちが有給の仕事を確保し，地域社会の一員となることを支援してきた。現在も300人以上のASDの人たちがこのサービスを利用し働いている。

就労支援サービスは，本人の能力のアセスメントおよび仕事探しといった「就労前の支援」と，仕事を続けるための「就労後の支援」の2つに大別される。

就労前の支援

就労前の支援については，いくつかのステップに分けられる。第1段階はインテーク面談で，2時間ほどかけて本人の生活や就労への希望，保険の種類や現在受けている社会的サポートなどについて情報を収集する。第2段階はアセスメントであり，知的障害を伴わないものにはベッカー職場適応尺度，知的障害を伴うASD者にはTEACCH Transition Assessment Profile (TTAP) という評価尺度を用いて行われる。そのほか幾つかのASDに理解のある職場で実際に作業をしてもらい，複数の異なる環境でどういった能力が生かさせるか見ていく。また本人の希望についても再度確認する。第3段階は仕事探しで，ジョブコーチが主導しながら本人の興味があり能力を生かすことのできそうな職場に連絡を取っていく。必要があれば履歴書の書き方の指導や面接のロールプレイなども行う。仕事が決まると第4段階に進む。まずジョブコーチが仕事内容を把握し，本人にとって必要な構造化を用意する。その後，本人の理解しやすい形で具体的な仕事内容を教えていく。

就労後の支援

就労後の支援サービスについては，下記4つのモデルが利用されている。

　①個別就労支援：知的に問題がない，もしくは行動障害のほとんどないASDの利用者に対し，多ければ週2回程度，仕事に慣れて問題がなければ月に1回程度，ジョブコーチが面談し，問題があれば介入する。1人のジョブコーチが25〜30人を担当する。

　②シェアサポート：軽度の行動障害，軽度から中等度の知的障害がある2〜5人が同じ職場で働き，そこに常時1人のジョブコーチがつく。ジョブコーチは各人に対して間欠的に仕事のサポートを行う。

　③モービルクルー（移動作業グループ）：ASDの方1〜3人に1人のジョブコーチが付き，これを1グループとして，グループ単位で車で移動し仕事を行う。庭仕事や個人宅の清掃の仕事が多く，基本的にグループメンバーだけからなる静かな環境で仕事を完結できる。そのため，人と接するのが苦手な利用者を対象とすることが多い。

　④一対一モデル：重度の行動障害があるASDの方1人につきジョブコーチが常時1名付き，一対一で仕事をサポートする。

生活への支援

TEACCH Autism Programでは，家庭やグループホームへのコンサルテーションなどを行っている。また直接運営している施設にCarolina Living and Learning Center（CLLC）がある。CLLCは，ASDの成人を対象とした職業と住居を統合したプログラムである。ノースカロライナ大学チャペルヒル校から車で20分ほどの，ノースカロライナ州ピッツボロに位置する79エーカー（約30万㎡）の土地に，CLLCは5人用1棟と10人2棟のホームを持ち，計25人のASDの人々の生活の場となっている。敷地内には農園があり，生活と仕事の場が統合された環境で農園の運営をしている。さらにCLLCはASD支援の分野での専門家の育成にも携わっている。居住者は重度から中等度の知的障害，もしくは行

動障害のある ASD の人が主である。そしてスタッフが24時間体制で居住者の支援にあたる。

この居住プログラムでは，さまざまな分野で自立したスキルを身につけることを重視している。居住者たちはスタッフと協力して野菜，ハーブ，花の農園を手入れし，日々CLLCの広大な敷地を維持する。また他者と共同生活を送る。それによって，コミュニケーション，社会性，家事，料理，職業面のスキルを培っていく。

ほとんどの作業は，各居住者が自分のペースで作業できるように，個人ベースで構造化され，スケジュール設定されている。共同住宅ホーム内では，清掃，調理，シャワーや洗濯など個人の生活に必要な行動や室内での運動，余暇活動がスケジュールされている。屋外での活動には，草取り，花壇の植え付け，水やり，堆肥作り，農産物の収穫などがある。敷地内には作業用の建物もあり，収穫物でペーストやサルサを作ったり，庭のハーブや花を使って石けんやカード，ポプリを作るなどの活動も行っている。また，個人の興味に合わせ事務作業や敷地内の清掃作業を行う人もいる。CLLCの成功を受け，他のNPO団体であるGHA Autism Supportsが，ノースカロライナの別の地アルバマーレにCarolina Farmを設立し，こちらも成功した取り組みとして評価を受けている。

◉謝辞
本論文をまとめるにあたり，早稲田大学教育学部・大学院教育学研究科の梅永雄二教授，川崎医療福祉大学医療福祉学部・大学院医療福祉学研究科の諏訪利明准教授，大正大学心理社会学部・大学院人間学研究科の内山登紀夫教授に多くのご助言をいただくとともに，本論文の細部にわたりご指導いただいた。ここに感謝の意を表する。

◉文献
Centers for Disease Control and Prevention（2020, September 25）Data & statistics on autism spectrum disorder. https://www.cdc.gov/ncbddd/autism/data.html［Accessed on 15 Aug. 2021］

Mesibov, G.B. & Shea, V.（2009）The TEACCH program in the era of evidence-based practice. Journal of Autism and Developmental Disorders 40-5；570-579.

三宅篤子（2014）発達障害ベストプラクティス──子どもから大人まで．精神科治療学（増刊）29.

Taylor, J.L. & Seltzer, M.M.（2010）Employment and post-secondary educational activities for young adults with autism spectrum disorders during the transition to adulthood. Journal of Autism and Developmental Disorders 41-5；566-574.

内山登紀夫，宇野洋太，蜂矢百合子＝編（2017）子ども・大人の発達障害診療ハンドブック──年代別にみる症例と発達障害データ集．中山書店.

University of North Carolina at Chapel Hill（2013, October 30）The TEACCH autism program-the next forty years. https://www.youtube.com/watch?v=hRNyvrrcRio［Accessed on 15 Aug. 2021］

University of North Carolina at Chapel Hill（n.d.-a）TEACCH remote learning webinar. https://heelstream.med.unc.edu/hapi/v1/contents/permalinks/Qj3a7FLm/view［Accessed on 15 Aug. 2021］

University of North Carolina at Chapel Hill（n.d.-b）TEACCH strategic goals. https://teacch.com/about-us/mission-st/［Accessed on 15 Aug. 2021］

梅永雄二，井口修一（2018）アスペルガー症候群に特化した就労支援プログラムESPIDD．明石書店.

宇野洋太，内山登紀夫（2010）TEACCHによる療育．In：市川宏伸＝編：精神科臨床リュミエール19　広汎性発達障害．中山書店, pp.141-148.

CBT/ACAT

大島郁葉

はじめに

本稿では，ニューロダイバーシティの観点に基づき，定型発達の世界から見た「D（Disorder）」は用いず，「ASの人（Autistic People）」と書くこととする。なお，DSM-5などで診断を受けたASの人の研究論文に関しては，その論文の表記通りにASDと記す。

ASの人と医学モデル

先日，イギリスのASの研究者とメールのやり取りをして，面白いことがあった。彼女は，英国における平均的なIQを持つ "Autistic People" について，次のように述べていた。

"many autistic people (in the UK with average IQ) identify with the social model of disability and consider notions of curing or overcoming autism to be offensive."

これを日本語訳すると，以下のようになるであろう。

「英国の平均的なIQを持つASD者の多くは，障害の社会モデルに共感していて，ASDを治したり，克服したりするという考えを不快に思っているのです」

ここで言う「社会モデル」（Oliver, 1983）とは，障害者の心身の〈中〉に障害が宿るという従来の「医学モデル」（Bailey, 2000）に対して，障害は社会と個人の相互作用の関連性において存在する，という考えである。社会モデルは，障害の原因を個人の個体属性に置く医学モデルからの脱却を意味し，個人そのものは治療対象者としてみなされない。

日本においても徐々にニューロダイバーシティ（神経多様性）という運動がASの人たちの間で起こりつつあるが，海外においてはより明白に，アカデミズムにおいても社会運動としても活発である。研究論文においても，ひと昔前は，ASD者に定型発達者の適応を身につけさせることをコンセプトに置いた論文をよく見かけたが，現在においては，本人の変容よりも，社会がASの人を容認すべきであるという論調に変わってきているように思う。たとえばGillespie-Lynch et al.（2017）の調査では，ASの人やその家族を含む成人を対象に，ASに関する知識とスティグマを評価したところ，ASの人は他の参加者よりも科学的根拠に基づいたASの知識を持っており，ASと非ASを「中立的な違い」として表現する傾向が強く，医学モデルに反対することが多かったという。ASDの自閉特性に早期から注目し，AQ（Autism Quotient）の質問紙で有名なBaron-Cohen et al.（2017）は「遺伝子レベル，神経レベル，行動レベル，認知レベルのエビデンスは，ASDの人々が，差異または

障害の兆候を示すものの，ASDが疾患とは言えないことを示唆する」と明確に述べている。

認知行動療法は医学モデルの介入か，社会モデルの介入か

本稿のテーマであり，筆者が専門としている心理療法のひとつである認知行動療法（Cognitive Behavior Therapy：CBT）は，ASの人にとって，どのような意味を持つのであろうか。CBTは環境と個人の反応の相互作用の循環をとらえる行動分析学が基礎になっているため，社会モデルに基づく支援法のひとつと考えたほうが妥当かもしれない。一方，医療現場においてCBTが使われる場合には，各疾患の病理モデルの仮説があり，治療としてCBTを施行する。これは医学モデル的でもある。すなわちCBTには社会モデルの要素と医学モデルの要素が両方あると言える。

これには，CBTの成り立ちの歴史が関係しているかもしれない。具体的には，CBTには行動療法から来た流れと，認知療法から来た流れがあり，理論背景はそれぞれに異なる。行動療法系のCBTは，「心」や「思考」を観察可能な行動として変数化したSkinnerの徹底的行動主義に基づいている。このような行動療法の文脈では，個人－環境の相互作用を観察した上で，学習心理学の理論を踏まえた介入をしていく。このように行動分析学の流れから来る行動療法系のCBTは，必ずしも疾患そのものを対象とせず，個人が問題とする行動に幅広く焦点を当て，行動分析を経て行動の変容を図るものである（つまりCBTがターゲットとする対象は疾患に限らない）。そのため，このようなアプローチは社会モデル的なアプローチと言えるであろう。一方，認知療法系の文脈においては，精神科医で初期に精神分析のトレーニングを受けていた

Beck, A. [注1] によって創始され，うつ病や不安症といった特定の精神疾患の治療として，思考と行動の能動的な変容を求める。認知療法系のCBTはその意味で，医学モデルに近い介入法であると言える。

上述のように，一口にCBTと言っても，大まかに行動療法系，認知療法系の体系があり，それらの背景となる基礎理論や思想，およびモデルが異なる（熊野，2012）。さらに現在は，アクセプタンス＆コミットメント・セラピー，マインドフルネス・ストレス低減法，マインドフルネス認知療法，スキーマ療法といった，いわゆる第三世代のCBTが主流であり，それは，行動療法系と認知療法系の長所短所を掛け合わせてカスタマイズした新しい潮流ともいえる。しかしながら第三世代のCBTは，個人の性格や素因そのものに問題の起因をあえて置かず，環境と個人の反応（誤った連合学習）の循環の機能をメタ的にとらえ，それが非機能的であれば，機能的文脈に再学習していくという共通のプロセスをたどることから，行動療法系よりのCBTに近い心理学的介入法であろう。このように現在の第三世代のCBTは社会モデルに準拠していると考えられ，薬理学的治療といった医学モデルでの介入法と併用して行うことに，筆者は一定の意義があると考えている。

CBTはASDの社会適応にどのように寄与するか──ICFを用いた考察

2001年，医学モデルと社会モデルを統合するような形で，世界保健機関（WHO）総会がICF（International Classification of Functioning, Disability and Health：国際生活機能分類）を採択した（WHO, 2001）（図1）。ICFは，「健康の構成要素に関する分類」であり，新しい健康観を提起する概念である。日本心理学会の多様性

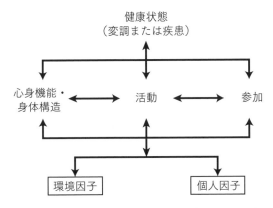

図1　ICFの構成要素間の相互作用（WHO, 2001）

ガイドラインにおいてもICFについて，「それまでの疾病の帰結としての障害観を有す『医学モデル』ではなく，さらに，環境が障害を作り出しているとする『社会モデル』でもなく，人が“生きる”ことを3つのレベル（心身機能・身体構造，活動，参加）で捉え，その機能低下を環境因子と個人因子から捉えるという『統合モデル』として論じられるようになったことと無関係ではないだろう」と論じている（日本心理学会，2021）。

　このような汎用性が高い概念を基盤に据えることで，ASの人が，健康に関する状況，健康に影響する因子（この場合は「ASの特性」）を深く理解するために使用できるであろう。CBTはICFの言葉を借りると，「心身機能（認知機能・脳神経系機能・自律神経系機能）」「活動（実際の行動）」に積極的に働きかけて，「参加（家庭や社会への関与や役割）」をより機能的な方向に促すことで，健康状態を増進させることを意図するものである。

　ここからは，ASD者に対するエビデンスに基づくCBTの種類について概説する。例えば，ASDの早期療育として，応用行動分析を用いたEarly Start Denver Model（ESDM）は3歳以前の介入に関してランダム化比較試験（Randomized Controlled Trial : RCT）で診断の軽症化

（Dawson et al., 2010）が実証されている。そのほかにも，学童期のASD児を対象とした社会的スキルトレーニング（Social Skills Training : SST）がある。なかでも，よりエビデンスに基づくCBTに沿ったものとして開発されたSSTに，アメリカのUCLAで開発されたPEERS（Program for the Education and Enrichment of Relational Skills）がある（Laugeson et al., 2012）。ASD者の「健康状態」へのCBTについては，併存疾患の治療を意図したものが多い。例えば，ASDに併存する不安症を対象に，ASD向けにカスタマイズされたCBTの効果が実証されている（Sofronoff et al., 2005）。また，学校環境に合わせたCBTをASD児に施行し，同じく不安症状のコントロールについて効果が得られたという報告がある（Rotheram-Fuller & Hodas, 2015）。また，ASD者のアンガーマネジメントに関しても効果が実証されている（Sofronoff et al., 2007）。

ASの特性理解を目的としたCBT ——ACAT

　ここからは手前味噌で恐縮ながら，筆者が開発し実装している，AS者に対する自己理解と配慮の獲得を目的とした，社会モデルに基づく介入法であるCBTについて概説する。

　ASD者が自身のASDの中核的な特性に対する知識や気づきがない場合，「自分はふつうではない」という個人の本質的な恥（セルフ・スティグマ）の概念と結びつきやすい（Calzada et al., 2012）。これには本邦における多様性への受容の低さや，神経発達症に関する社会への啓蒙の少なさとも関係しているはずではあるが，本邦のASD者のセルフ・スティグマに関連した社会的影響は現在まで，諸外国と比較して明らかにはなっていない。ASD児・者のセルフ・スティグマについては，ASDの正しい知識を得た

ことで，スティグマが軽減したという報告がある（Gillespie-Lynch et al., 2015）。近年，ASDの自己理解や受容を目的とした親子の心理教育プログラムが施行されており，その効果も実証されている（Gordon et al., 2015）。一方，これまでも国内ではそのようなプログラムは存在しなかったため，我々はCBTのフレームワークに欧米諸国で活用されている心理教育を加え，「ASDに気づいてケアするプログラム」（Aware and Care of my AS Traits : ACAT）を開発した（Oshima et al., 2020）。以下，ACATについて詳述する。

「ASの特性」を内包したCBTのモデルを用いたモニタリング

　CBTのモデルにはさまざまなものがあるが，一番ポピュラーなものがPadesky & Mooney（1990）のFive part modelであろう（図2）。このFive part modelは，思考，行動，身体反応，気分，および環境／状況間の相互作用から，現在の不適応を説明するための臨床ツールである。汎用性が高く，通常CBTのセッションの中で，クライアントの記述をもとにセラピストがこの図にエピソードを書き込み，記述的なケース・フォーミュレーションを行う。Five part modelは環境／生活要因を組み込んでいることから，環境または社会文化的要因（例えば，差別，経済的ストレス，各種ハラスメント，家庭内暴力）によって引き起こされた心理社会的問題を概念化・外在化し，共有することに役立つ。

　Five part modelは個人の環境に対する反応を書き出して外在化し，メタ認知を育てることを可能とするが，ASの人の場合，個人の反応に「ASの特性（この場合，ASの中核症状を説明できる精神機能の偏位および神経心理学的な特徴を指す）」が影響していることが大きい。そのため我々はASの人向けの認知行動モデルを図3のように作成した（大島・桑原，2020）。このように従来のFive part modelに「ASの特性」を組み込むことで，ASの人の環境に対する特殊な反応（つまり，症状）をとらえやすくした（このモデルについては後述する）。患者が自分の体験についてのモニタリングを行い，認知行動モデルという枠組みのなかで，自らに生じる環境－反応の相互作用を文字や図で書き出すことで，客観的に眺めることができる。このように，外から自分の内的な反応を客観的に理解する外在化を行うことで，ASの人は自分の「ASの特性」，その特性に関連する反応に気づき，さらには客観的に理解することが可能になる。これをACATでは「ASの特性」を含めた自己理解として位置付けている。

　ACATでは，具体的なエピソードレベルでの内的な反応をモニタリングする前に，主に「ASの特性」について説明を行い，そのうえで，エピソードレベルでのモニタリング／外在化を行う。これは一般的なCBTのボトムアップ式のモニタリングとは異なる点である。ASの人は，そもそも，体験のモニタリングから開始することに困難があると思われるため，ACATでは，モニタリングの前に「ASの特性」を知識として身につけることで外在化し，トップダウン式にASの人の体験が「どの特性から来るものか」というメカニズムを導き出す仕組みにしている（ACATで扱う「ASの特性」を表1に示した）。

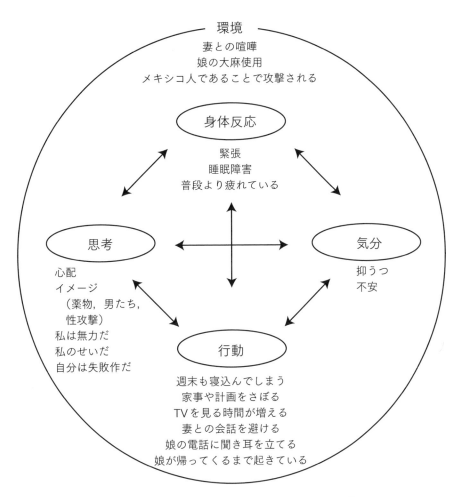

環境
妻との喧嘩
娘の大麻使用
メキシコ人であることで攻撃される

身体反応

緊張
睡眠障害
普段より疲れている

思考

気分

心配
イメージ
　（薬物，男たち，
　性攻撃）
私は無力だ
私のせいだ
自分は失敗作だ

抑うつ
不安

行動

週末も寝込んでしまう
家事や計画をさぼる
TVを見る時間が増える
妻との会話を避ける
娘の電話に聞き耳を立てる
娘が帰ってくるまで起きている

図2　Five part model（Padesky & Mooney, 1990）

表1 ACATで使用する「ASの特性」一覧

「ASDの特性」の表記	背景となる理論
人付き合いについての特性	DSM-5「相互の対人的－情緒的関係の欠落」「心の理論」の障害（Baron-Cohen et al., 1985）。
コミュニケーションについての特性	DSM-5「対人的相互反応で非言語的コミュニケーション行動を用いることの欠陥」「人間関係を発展させ，維持し，それを理解することの欠陥」
切りかえについての特性	DSM-5「同一性への固執，習慣への頑ななこだわり，または言語的，非言語的な儀式的行動様式」
興味の持ち方についての特性	DSM-5「強度または対象において異常なほど，きわめて限定され執着する興味」
感覚のとらえ方についての特性	DSM-5「感覚刺激に対する過敏さまたは鈍感さ，または環境の感覚的側面に対する並外れた興味」
物のとらえ方（まとめて考えること）についての特性	「中枢性統合」の障害（Happe et al., 2006）
計画や段取りをすることについての特性	「実行機能」の障害
はっきりしないことへの推測についての特性	「心の理論」の障害（Baron-Cohen et al., 1985），あるいは「自己の感情認知」の障害（アレキシサイミア）（Hill et al., 2006），「中枢性統合」の障害（Happe et al., 2006）
行動や気持ちのコントロールについての特性	ASDの特異的な特性とは言い難いが，易刺激性など行動・情動のコントロールの悪さ

CBTのモデルを用いて環境－反応を「機能的に」理解する

　図3のモデルを用いることで，定型発達を前提とした場合にはケースフォーミュレーションが難しいASの人特有の反応パターンでも，ACATでは介入の標的にすることが可能になる。また，「ASの特性」を加えたケースフォーミュレーションにより，自身の認知・行動パターンの中で「ASDの特性」を外在化することで，ASに対するメタ認知を増強させることも意図している。ここには，ASに対するスティグマからくる自己批判に陥らないこと，スティグマそのものを低減すること，問題解決的なスタンスを心理教育すること，といった意図が含まれている

（図4）。

問題（不適応）への介入

　ACATにおける認知的・行動的介入は2つのアプローチに大別される。ひとつは自身の認知や行動を変容することで，活動能力を向上させる方法であり，CBTの文脈においてはスタンダードである。一方，もうひとつは社会適応を改善するために環境調整を行うことであり，近年法制化された合理的配慮の提供を要望するというアプローチである。ACATでは前者を「自分の工夫」と呼び，後者を「周りの人の配慮」と呼ぶ。

　「自分の工夫」としては，例えば，自身の「AS

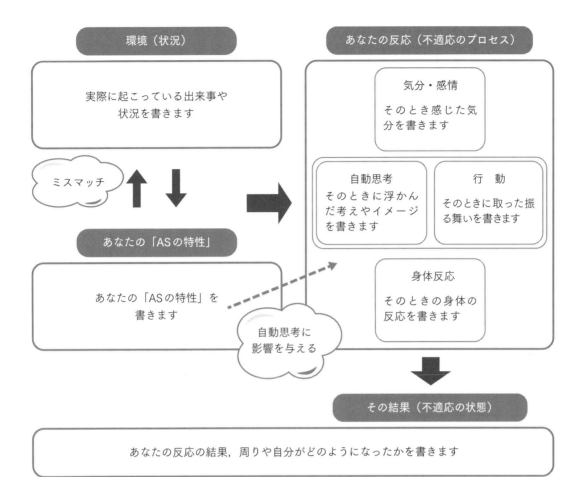

図3　ACATで用いるCBTのモデル

構造化された視覚的支援

AS特性をメタ認知
できていない状態

メタ認知的モニタリング
メタ認知的コントロール

AS特性をメタ認知
できている状態

図4　ACATを通してAS特性のメタ認知を育てる

の特性」を無視して苦手なことの克服に拘泥する行動をよくとっていたASの人が，心理的不適応の背景にある「ASの特性」を理解し，それを踏まえた認知の変容を試み（「自分は○○が苦手なので，それは諦めて，△△という方法で行こう」と考える），△△をするという行動変容を行うことで，社会的不適応が解消され，心理的不適応（自己効力感の低下）も解消されることを狙う。この介入はCBTにおいて最もスタンダードな介入方法だが，「ASの特性」の自己理解が適切な認知・行動変容の前提となる。さらに，ACATでは，少なくとも「周りの人からの配慮」を得て問題解決をするという選択肢があることを学習し，合理的配慮を要望する方法について話し合う。

　このように，ACATでは，自身の「ASの特性」，阻害的な環境因子および不適応について，自身で悪循環の図式を理解し，合理的配慮を要望するスキルの獲得も目指す。

AS/ASDの支援における CBTの位置づけ

　これまで，AS/ASD者に対するCBTの種類や在り方について概説したが，最後に，ASの人の支援におけるCBTの立ち位置について述べる。

　行動療法系のCBTは上述したように，学習理論をベースとして，そこに刺激−反応における個人差という変数を加え，パッケージ化した認知的・行動的介入を伴う心理療法である。ここには2つのポイントがある。ひとつには，CBTにはASDのような生物学的要因を持つ疾患のアセスメントや心理教育は含まれておらず，あくまで個人の環境的側面と反応の誤学習の連合を理解したうえで「意図的に」解除し，より機能的な学習をし直すことを目的としている。CBTがASD者やASの人の役に立つには，その人に

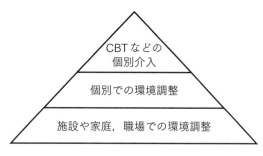

図5　環境調整と介入の手順（井上，2020を改変）

とってどのような症状が起こり得るのかを明らかにするために，CBTを施行するまえに少なくとも「ASの特性」に関する心理査定（アセスメント）が必要であろう。特にASの人ではなく，ASDの人に対しては，ASの概念と不適応のからくりを理解するためにも，アセスメントに基づく診断告知が必要であり，環境因子による症状の増悪が明白である場合には，ASDの診断に基づく大まかな環境調整があることが望ましい。環境調整が終わったのちに，CBTの個別介入を導入するという段階を踏むほうが順当であろう（図5）。

　もうひとつのポイントとして，うつや不安といった二次障害が前景にある場合には，NICEガイドラインに推奨されている（Pilling et al., 2012）通り，うつや不安に対する標準的なCBTを行う。一方で，CBTの施行に対する工夫として，ASD者に対するコミュニケーションをシンプルにすることや，視覚化した教材を用いるようにするなどの配慮が必要とされている（Russell et al., 2019）。私見となるが，うつや不安がある程度軽減されたのち，「ASの特性」から来る多岐にわたる不適応感への対処を目的としたCBT（例：ACAT）を行うことで，二次障害に対する再発予防にもなる可能性がある。二次障害のあるASD者に対する介入手順としては，ASDの心理教育が先か，二次障害の標準治療が先かは，議論や先行研究が不足しているようにも思われ，

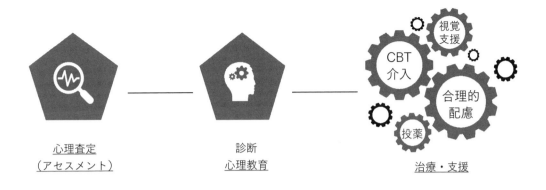

図6　ASDの支援におけるCBTの位置づけ

ケースバイケースの個別性に沿った対応が求められる場面もあるだろう。

このようにASDに対するCBTは，ASDの心理査定，診断告知，および心理教育を十分に行い，環境調整を図りながら，支援の「一部」として適用できるものであると筆者は考えている（図6）。

おわりに──自分の「ASDの特性」を理解すること

筆者が臨床においてお会いする機会があるASの人は，ほぼすべて診断を得ている。つまり，多く存在するASの人の中でも「なんらかの不適応が生じて診断を得たASDの人」に偏っていることは否めない。ASDの診断を得た人は，正体不明の不適応のからくりが分かったという意味においては，「なるほど，私の不適応はASDのせいか」と受け入れることが多く，その点で「ASの特性」を持つ一般とは異なる。その一方で，自分の人生に正体不明の不適応をもたらした期間が長い（つまり大人になるまで診断が分からなかった）場合や，人生の早期から保護者や学校の教員から「ASの特性」から来る認知パターンや行動を「いけないこと」「人と違っていておかしい」と否定されてきた場合，「私はこのASの特性があってよかった」「ASは自分のアイデンティティだ」とはなかなか思えない。むしろ，ほとんどの人がASの特性を忌み嫌い，ASDという診断から来るスティグマと戦うことになる。

このような苦労をしている人たちと一般のASの人たちを区分けせず，「AS/ASDを理解しよう」とすれば，理念としては正しくとも，図らずも傷つく人が一定数いるであろう。おそらく，その人のペースに合わせてじっくり話し合いながら，セラピーの構造の中で，自身の「ASの特性」が自分の人生にどのような影響を及ぼしてきたかという「機能」を理解していくプロセスを経ることは，「ASの特性」が自分の人生を不幸にしたという自己否定感（またはセルフスティグマ）から脱し，「ASの特性」に対してどのような工夫をすれば，より自分の人生の幸福感が高まるかのヒントが得られるきっかけになるだろう。診断を受けた「ASDの人」が自身の「ASの特性」の悪循環および好循環を「機能的」に眺めることができれば，ASDの「D」を軽減するという効果のみならず，心理的な適応（自己否定感の軽減や，ASがあってもいいのだという自尊心）を促進するはずである。そして

この両者（不適応の軽減および自尊心の回復）が，AS/ASDへのCBTにとって二大目標となると信じている。

◉注
[1] 本原稿の執筆中の2021年11月1日にBeck, A.氏が逝去された。Beck博士の生前の大きすぎる功績を称え，心から哀悼の意を表します。

◉文献

Bailey, J.S. (2000) A futurist perspective for applied behavior analysis. In J. Austin & J. E. Carr (Eds.), Handbook of Applied Behavior Analysis (pp.473-488). Context Press/New Harbinger Publications.

Baron-Cohen, S. (2017) Editorial perspective : Neurodiversity-A revolutionary concept for autism and psychiatry. Journal of Child Psychology and Psychiatry 58-6 ; 744-747.

Baron-Cohen, S., Leslie, A.M., & Frith, U. (1985) Does the autistic child have a "theory of mind"?. Cognition 21 (1) ; 37-46.

Calzada, L.R., Pistrang, N., & Mandy, W.P.L. (2012) High-functioning autism and asperger's disorder : Utility and meaning for families. Journal of Autism and Developmental Disorders 42 ; 230-243. https://doi.org/10.1007/s10803-011-1238-5

Dawson, G., Rogers, S., Munson, J. et al. (2010) Randomized, controlled trial of an intervention for toddlers with autism : The early start Denver model. Pediatrics 125-1 ; e17-e23. https://doi.org/10.1542/peds.2009-0958

Gantman, A., Kapp, S.K., Orenski, K. et al. (2012) Social skills training for young adults with high-functioning autism spectrum disorders : A randomized controlled pilot study. Journal of Autism and Developmental Disorders 42-6 ; 1094-1103. https://doi.org/10.1007/s10803-011-1350-6

Gillespie-Lynch, K., Brooks, P.J., Someki, F. et al. (2015) Changing college students' conceptions of autism : An online training to increase knowledge and decrease stigma. Journal of Autism and Developmental Disorders. https://doi.org/10.1007/s10803-015-2422-9

Gillespie-Lynch, K., Kapp, S.K., Brooks, P.J. et al. (2017) Whose expertise is it? Evidence for autistic adults as critical autism experts. Frontiers in Psychology 28-8 ; 438.

Gordon, K., Murin, M., Baykaner, O. et al. (2015) A randomised controlled trial of PEGASUS, a psychoeducational programme for young people with high-functioning autism spectrum disorder. Journal of Child Psychology and Psychiatry and Allied Disciplines. https://doi.org/10.1111/jcpp.12304

Happé, F. & Frith, U. (2006) The weak coherence account: detail-focused cognitive style in autism spectrum disorders. Journal of Autism and Developmental Disorders 36 (1) ; 5-25.

Hill, E.L. & Berthoz, S. (2006) Response to "Letter to the editor: The overlap between alexithymia and Asperger's syndrome", Fitzgerald and Bellgrove. Journal of Autism and Developmental Disorders 36 (4) ; 1143-1145.

本田秀夫 (2017) 大人になった発達障害. 認知神経科学 19-1 ; 33-39.

熊野宏昭 (2012) 新世代の認知行動療法. 日本評論社.

Laugeson, E.A., Frankel, F., Gantman, A. et al. (2012) Evidence-based social skills training for adolescents with autism spectrum disorders : The UCLA PEERS program. Journal of Autism and Developmental Disorders 42-6 ; 1025-1036. https://doi.org/10.1007/s10803-011-1339-1

日本心理学会＝編 (2021) 心理学における多様性尊重のガイドライン (https://psych.or.jp/wp-content/uploads/2021/11/guideline.pdf).

Oliver, M. (1983) Social Work with Disabled People. London : Macmillan.

大島郁葉，桑原斉 (2020) ASDに気づいてケアするCBT——ACAT実践ガイド. 金剛出版.

Oshima, F., William, M., Takahashi, N. et al. (2020) Cognitive-behavioral family therapy as psychoeducation for adolescents with high-functioning autism spectrum disorders : Aware and Care for my Autistic Traits (ACAT) program study protocol for a pragmatic multisite randomized controlled trial. Trials 21-1 ; 814. https://doi.org/10.1186/s13063-020-04750-z

Padesky, C.A. & Mooney, K.A. (1990) Presenting

the cognitive behavioral model to clients.

Pilling, S., Baron-Cohen, S., Megnin-Viggars, O. et al. (2012) Recognition, referral, diagnosis, and management of adults with autism : Summary of NICE guidance. BMJ 344-7865 ; e4082. https://doi.org/10.1136/bmj.e4082

Rotheram-Fuller, E. & Hodas, R. (2015) Using CBT to assist children with autism spectrum disorders/pervasive developmental disorders in the school setting. In Cognitive and Behavioral Interventions in the Schools. New York : Springer, pp.181-197. https://doi.org/10.1007/978-1-4939-1972-7_10

Russell, A., Jassi, A., & Johnston, K. (2019) OCD and Autism : A Clinician's Guide to Adapting CBT. London : Jessica Kingsley Publishers.

Sofronoff, K., Attwood, T., & Hinton, S. (2005) A randomised controlled trial of a CBT intervention for anxiety in children with asperger syndrome.

Journal of Child Psychology and Psychiatry and Allied Disciplines 46-11 ; 1152-1160. https://doi.org/10.1111/j.1469-7610.2005.00411.x

Sofronoff, K., Attwood, T., Hinton, S. et al. (2007) A randomized controlled trial of a cognitive behavioural intervention for anger management in children diagnosed with asperger syndrome. Journal of Autism and Developmental Disorders 37-7 ; 1203-1214. https://doi.org/10.1007/s10803-006-0262-3

Weiss, J.A. & Lunsky, Y. (2010) Group cognitive behaviour therapy for adults with asperger syndrome and anxiety or mood disorder : A case series. Clinical Psychology and Psychotherapy 17-5 ; 438-446. https://doi.org/10.1002/cpp.694

World Health Organization (2001) International classification of functioning, disability and health : ICF. World Health Organization. https://apps.who.int/iris/handle/10665/42407

マインドフルネス／ACT

杉山風輝子　熊野宏昭

マインドフルネス／ACTの概要

「第三世代の認知行動療法」と呼ばれる心理療法の中に，アクセプタンス＆コミットメントセラピー（Acceptance and Commitment Therapy：以下，ACT）やマインドフルネス心理療法があり，近年，その治療効果が注目されている。

ACTとは，「自分のコントロールが及ばないものを受け入れ（アクセプタンス），人生を豊かにする行動をとることを自己決定する（コミットメント）こと」（Harris, 2009［武藤ほか＝訳，2012]）を目指した心理療法である。ACTでは，6つのコアとなるプロセスを中心に治療計画を立てていく。その6つとは，「今，この瞬間」との接触，脱フュージョン，アクセプタンス，文脈としての自己，価値，コミットされた行為であり，通称「ヘキサフレックス」と呼ばれている（図1）。ACTでは，この6つのコアプロセスのそれぞれを促進することで，心理的柔軟性を得ることを目的としている。それぞれのコアプロセスについて，以下にその概要を簡単に説明する。

「今，この瞬間」との接触とは，思考の世界に埋没したり，ルーティンとなっている作業を意識せずただこなすだけになったりせず，瞬間ごとの体験に十分な注意を向けることである。脱フュージョンとは，思考，想像，記憶などから距離を置き，考えたことは考えたことに過ぎず，現実とは異なると気づくことである。アクセプタンスとは，嫌悪的な思考や感情に対して，それに気づきながら，それを変えるための行動をしないでいることである。文脈としての自己とは，何かを考えたり感じたりする自分とは別に，そのように考えたり感じたりしている自分自身の様子に気づきそれを観察する自分，またはその観察者としての視点のことである。価値とは，人生において本当に大切にしたいことや，継続的にどう行動したいのかを表すものである。そして，コミットされた行為とは，価値に沿って実際に行動を起こしていくことである。

このヘキサフレックスの図で示された左側の4つのプロセス，すなわち「今，この瞬間」との接触，脱フュージョン，アクセプタンス，文脈としての自己が，マインドフルネスとアクセプタンスのプロセスであり，右側の4つのプロセス，すなわち「今，この瞬間」との接触，価値，コミットされた行為，文脈としての自己が，コミットメントと行動活性化のプロセスである（Hayes et al., 2012［武藤ほか＝訳，2014]）。ACTでは，悪循環を起こしている行動や思考に対して，マインドフルな態度でそれらとの関係性をコントロールから受容へと変化させることと，自分の人生において本当に実現したいことを見極め，そのために必要な行動を実際に起こしていくこと，この両輪を達成することを目指している。特にこの2つのどちらにも含まれているコアプロセスは，「今，この瞬間」との接触と文脈としての自己である。つまり，思考，感情，身体感覚など「今」体験しているありとあらゆることに十分に意識を向け，それらが自ら

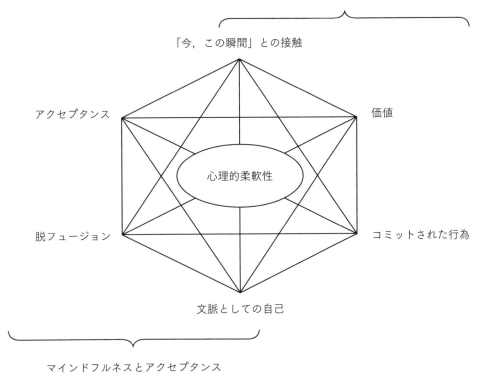

コミットメントと行動活性化

「今，この瞬間」との接触

アクセプタンス　　　　　　　　　　　価値

心理的柔軟性

脱フュージョン　　　　　　　　コミットされた行為

文脈としての自己

マインドフルネスとアクセプタンス

図1　ACTのヘキサフレックス（Harris（2009）より抜粋）

の行動や外部の環境からの刺激により変化して
いく様子に常に気づき続けることは，悪循環か
ら抜け出す際にも，適応的な行動を増やしてい
く際にも，どちらにも必要な力であると考えら
れている。
　一方で，マインドフルネスとは，「今の瞬間の
現実に常に気付きを向け，その現実をあるがま
まに知覚し，それに対する思考や感情にはとら
われないでいる心のありよう」（熊野，2012）と
定義づけられている。マインドフルネスは，も
ともと仏教などで提唱された心の態度であった
が，近年，宗教的含意を取り除いたそのメカニ
ズムに対して科学的な裏付けと検証が行われ，
多様な精神疾患に対して有効であることが示さ
れている。第三世代の認知行動療法の多くで，
この考え方が取り入れられており，上述の通り，

ACTにおいても，アクセプタンスやコミットメ
ントを実行する際に，マインドフルな態度で行
うことの重要性が強調されている。

マインドフルネス／ACTの効果研究

　マインドフルネスやACTを用いた治療の効果
研究は，年々，その対象や範囲を拡大し増加傾
向にあるが，ASD者を対象とした実証的研究は
今のところ多いとは言えない。特に，子どもか
ら思春期のASD者やASD者の両親を対象とし
た研究の方が多く，成人のASD者を対象とした
研究は，未だ検討されている最中である。
　例えば，Byrne & O'Mahony（2020）による成

人のASD者や知的障害者に対するACTの効果を検討したレビュー論文によれば，ACTは，特に高機能ASD者で，何らかの不安障害やうつ病などの併発症のある者に対して，不安や抑うつ，侵入的思考をある程度減じる効果が認められることが示された。しかしながら，サンプル数が少ないことや，統制群を置くなどして実証的な検討を行った研究が少ないことなどから，その効果を結論づけることはできないと論じている。

また，成人のASD患者42名を対象として，マインドフルネスによる治療を行った群と統制群の2つに分け，9週間のマインドフルネス心理療法の効果を検討した研究では，マインドフルネスによる治療を行った群で抑うつ，不安，反芻傾向が改善し，ポジティブ気分が増加したことが示された（Spek et al., 2013）。また，この研究では，反芻傾向の減少とポジティブ気分の増加には関連性が見られなかったことから，ASD患者では，反芻することがポジティブに作用している可能性について論じている。つまり，ASD患者は，しばしば会話や状況における暗黙のルールを察することが苦手であるため，頭の中で繰り返し反芻することでその意味を理解しようとしており，反芻は社会適応においてある程度は必要なスキルである可能性があると述べている。ただし，反芻傾向は抑うつや不安との関連性が高いため，マインドフルネスの練習により，必要以上の反芻を自分で止められるようになることは，ASD患者の二次障害であるうつ病や不安障害を予防する観点から重要であるとも同時に述べている。

さらに，成人のASD者54名を対象とし，インターネットを介して自分で認知行動療法を実施した群，マインドフルネス心理療法のプログラムを実施した群，統制群に分け，それぞれの効果を比較した研究では，認知行動療法のプログラムを実施した群とマインドフルネス心理療法を実施した群のどちらでも不安が改善し，その効果が3〜6カ月継続したことが示されている

（Gaigg et al., 2020）。この研究では，ASD者によく見られる特徴のうち，不安症状を呈する要因となりやすいものとして，不確実性への不寛容さやアレキシサイミア（失感情症）傾向，感情の受容の程度も測定しているが，認知行動療法を実施した群で，不確実性への不寛容さのみが改善しており，マインドフルネス心理療法を実施した群と統制群では改善が認められなかった。また，他の特徴は，3つのどの群でも改善しなかったことも報告された。この研究では，最後までプログラムを遂行できた参加者の数が少なかったことや，介入前の得点においてすでに群間に差が示された影響もあると考察されている。

以上のように，マインドフルネスやACTを用いた治療を行うことで，ASD者特有の思考過程や感情体験などは変化しないが，特に反芻思考を減らすことは可能であり，それによりASD者が二次障害として経験しやすい抑うつや不安に対して，一定の効果が期待できることが先行研究により示されている。

▌マインドフルネス／ACTの治療戦略

では，どのようなメカニズムにより，マインドフルネスやACTが抑うつや不安に効を奏するのであろうか。これらの心理療法に共通する方略は以下の通りである。

マインドフルネスやACTによる心理療法では，問題となっている個別の行動や思考を，1つひとつ変容させていくだけではなく，行動や思考の性質や役割を知り，人生の幅広い領域で対応できるような思考の柔軟性や行動レパートリーを獲得することを目指している（熊野，2012）。このような，問題を生み出している悪循環から抜け出す過程の具体例として，アクセプタンスや脱フュージョンのプロセスを中心に述べたい。

通常，不安を感じた時は，まずは，その不安を取り除くための対処行動について考えることが多いだろう。水を飲んだり深呼吸したりして，リラックスするためのさまざまな対処方法を考え，実行することで，不安をなくそうと努力する。このように，個別の場面に応じて「水を飲む」や「深呼吸をする」などの対処方略を1つひとつ身につけ，それぞれの不安に対処できるようなスキルを獲得することを目指すことが多い。ところが，このように体験していることを回避しようとする対処や努力は，実際のところ，うまくいく確率が低く，多くの場合，不安をより一層際立たせるばかりで役に立たない。それどころか，努力したにもかかわらず，不安を思うように収めることができなかったことに対して，また不安を感じてしまい，不安が不安を呼ぶ悪循環に陥ってしまうことさえある。

そこで，ACTやマインドフルネスでは，このような努力が逆効果になってしまっていることに目を向け，不安を減らすためのさまざまな努力を止め，自分が体験していることの一部として不安を感じ，受け入れようとするアクセプタンスが勧められる。そうすることで，必要以上に不安を強調したり拡大させたりする悪循環から抜け出すことが可能となるのである。これらの体験を通して，ただ目先の1つの不安をなくすための方法を学ぶことに留まらず，思考や感情など，自ずと生じてしまうさまざまな体験に対して，回避以外の選択肢，すなわち，体験に気づき，その体験を十分に味わうことを選べるようになることが，ここでの目的である。

また，思考との向き合い方を学ぶことも，悪循環から抜け出すための重要なプロセスである。例えば，「私は役立たずだ」といった自分に対するラベリングや，「きっと無能だと思われたに違いない」といった推論は，その時々の状況をどのように解釈したかという1つの思考に過ぎないが，それを思い浮かべるや否や，それがまさに実際に起きたことであるかのように感じ

てしまう。つまり，ネガティブな出来事が起きたことで気持ちが落ち込むのではなく，出来事をネガティブに解釈したことで気持ちが落ち込むのである。このような時，「私は役立たずだ」という考えを，「私は人から必要とされている」と，出来事に対する解釈を変えることさえできれば，落ち込んだ気分が解消されるのではないか，と努力してしまいがちである。しかし，このような努力も，労力の割には成果に結びつきにくく，一度，頭に浮かんだ考えはそう簡単には変えられないことの方が多い。

そこで，ACTやマインドフルネスでは，頭の中にそのような解釈や思考が思い浮かんだことをそのまま認識しながらも，それを無理に変えたり自分の望む考え方へ方向づけたりするのではなく，ただの思考のひとつに過ぎないと距離を置くことを練習する。そうすることで，さまざまな出来事に反応して，頭の中に習慣となっている解釈や考えが思い浮かんだ時に，そのひとつに固執することなく，あらゆる可能性を探索できるようになる。さらに練習を重ねると，思考は頭の中に浮かんでは消えていく現象であることが理解できるようになり，思考が浮かんでは過ぎ去っていく様をただ観察し，待つことができるようになる。それにより，自分が考えたことによって必要以上に苦しむことが減っていくのである。このように，「私は役立たずだ」といった個別の思考を，1つひとつ別の思考に変化させようとするのではなく，頭の中に浮かぶ思考は，いかなる内容であったとしても（ネガティブであれポジティブであれ），一定の距離を置き，思考そのものから受ける影響力を減らすことが脱フュージョンの目的である。

ここまでの説明をまとめよう。ネガティブな体験をしている時は，出来事に対してネガティブな解釈を行っており，その影響でネガティブな感情や身体の不快感などが生じるが，それらを避けようと努力することで，ますますネガティブな体験が膨らんでしまうことがある。さ

らに，そのことについて，「こんなことで落ち込むなんて心が弱いせいだ」「これくらいのことで不安になるなんて異常だ」とネガティブな解釈を上乗せし，なおかつその考えに同一化することで，不安や抑うつが生み出され増強されてしまう。こうした問題に対し，マインドフルネスやACTでは，個別の状況や思考の内容，感情の種類にかかわらず，嫌な考え，感情，身体の不快感などの体験に十分に気づきながらも，それらに同一化しないで，一定の距離を保ってただ観察することを練習する。考え続けることをやめ，不快な感情や身体感覚を，しばらくの間そのまま感じ続けることで，不安や抑うつを最小限に留め，それ以上育てずにいることが可能になるのである。

ASD者へのマインドフルネス／ACT──その注意点を中心に

ここで，ASD者にマインドフルネスやACTを適用する場合に，注意が必要なことが2点ある。

1点目に，アクセプタンスにおいて自分の感情や身体感覚をそのまま感じることは大変重要なプロセスであるが，ASD者の中には，特定の身体感覚が過敏すぎたり鈍感すぎたりすることで，そのまま感じることが難しい場合がある。アクセプタンスの練習では，しばしば呼吸やその他の身体感覚に意識を向けることが勧められる。例えば，首や肩の周りの筋肉が硬直し，胸の周りを少し圧迫されるような不快感に気づくことで，不安を感じていることに気づくことができる。アクセプタンスの過程では，このような身体感覚に意識を向け，それらが時間の経過とともに変化していく様子を観察することを通して，感情調整力が向上する可能性が示唆されている（Hölzel et al., 2011）。

または，他人の気持ちを推測し共感する能力

において，身体感覚に対する気づきが重要であることも示されている。つまり，自分自身の身体に緊張や悲しみの感覚があることを通して，場を共有している相手も緊張していたり，悲しんでいたりすることを知ることができるのである。ASD者が，不安や落ち込みなどのストレス反応に早い段階で気づいてケアすることが難しかったり，他者に情緒的に共感することが苦手であったりする理由のひとつに，身体感覚を適切に知覚できない可能性がある。このような特徴がある場合には，アクセプタンスの練習は，ASD者本人にとって著しく不快であったり困難であったりするため，慎重になる必要がある。その時々で変化する微細な感情や身体感覚全般に気づくことは難しいので，「不安な時」や「やる気が出ない時」など，対象となる感情や場面を限定し，そのような時に体験している身体感覚のうち，何か1つ，本人にとって分かりやすく目印となるような特徴を見つけることが役に立つ可能性がある。

また，そのような特徴を見つけることができたとしても，その感覚をコントロールしようとすることを止め，適度な距離を保ちながら観察することは，身体感覚が鋭敏すぎたり鈍感すぎたりするASD者にとっては，非常に難しい場合もある。そのような場合には，「落ち着くまで，1人になれる場所に移動する」や「10分間，休憩する」などの，個別の対処スキルを学ぶことも役に立つだろう。

2点目に，脱フュージョンにおいて，思考と距離を取るプロセスが重要であるが，ASD者には，言語の重要な機能のひとつである認知対象との心理的な距離を作るという機能が働かない（字義通りに捉えてしまう）認知特徴がある（杉山，2011）。そのため，思考と距離を取ることが実現しなかったり，時間がかかったり，1つの思考に対しては適応できでも，別の場面に汎化しなかったりすることがある。脱フュージョンの過程では，頭の中の思考に対し，「今，こん

な考えが浮かんでいる」と言語的に認識するだけで，ある程度の心的距離が生まれる。その結果，「今，そう思うだけで，時間が経過したら変わるかもしれない」「自分はそう思っただけで，他の可能性もあるかもしれない」など，1つの思考に固執せずにその他の可能性を探ることが容易になる。

しかし，ASD者にとっては，思考していることに気づいたとしても，心的距離は生まれにくいため，別の視点で考えることなどは難しく，この思考の柔軟性を手に入れるには至らない場合がある。つまり，脱フュージョンが達成されることの真価は，「思考でさえも一過性に過ぎない」ことに気づき，その時々で浮かんだ思考の1つひとつに執着しなくなる点にあるが，ASD者では，そこまでには至らない場合もある。それでも，自分が思考しはじめたことに気づき，それ以上考え続けるのをやめることは，反復的に練習すれば，時間がかかっても，ある程度できるようになることが多い。不必要に繰り返されていた反芻を，一時的にであれ止めることができれば，抑うつや不安などを減じることは可能である。

ASD者の支援のために

ASD者にはさまざまな個性があり，その特徴や苦手なことには，非常に大きな個人差がある。ACTやマインドフルネスによる支援は，ASD者の特徴によっては，部分的にしか有用でない場合もあるが，反芻を止め，二次障害である抑うつや不安を減じることには，一定の効果がある可能性が高い。上述のように，ACTやマインドフルネスは，個別の問題への対処スキルを学ぶことよりも，そうした問題を生み出す悪循環に共通するメカニズムを体験的に理解し，行動の形や思考の内容にかかわらず，広い範囲に適応

できる心理的柔軟性を獲得することを目指している。

しかし，ASD者にとっては，言葉による概念化や汎化が難しいことから，時間がかかったとしても，個別の問題への対処スキルを学んだり，場面ごとにどう対応することが望ましいかといった新しいルールを獲得していく方が取り組みやすい。そして結果的に，不安や抑うつなどを含んだストレス反応を効果的に減じることができる場合もある。そのため，個々人の障害特徴をよく理解し，必要に応じてソーシャルスキルトレーニングやコミュニケーションスキルトレーニングなども併用して社会適応を促しながら，ACTやマインドフルネスによって自身の思考や感情との向き合い方を学ぶことで，より大きな効果が期待できる。

◉文献

Byrne, G. & O'Mahony, T.（2020）Acceptance and commitment therapy（ACT）for adults with intellectual disabilities and/or autism spectrum conditions（ASC）: A systematic review. Journal of Contextual Behavioral Science.

Gaigg, S.B., Flaxman, P.E., McLaven, G. et al.（2020）Self-guided mindfulness and cognitive behavioural practices reduce anxiety in autistic adults : A pilot 8-month waitlist-controlled trial of widely available online tools. Autism 24-4 ; 867-883.

Harris, R.（2009）ACT Made Simple : An Easy-to-Read Primer on Acceptance and Commitment Therapy. New Harbinger Publications.（武藤崇，岩淵デボラ，本多篤ほか＝訳（2012）よくわかるACT（アクセプタンス＆コミットメント・セラピー）——明日からつかえるACT入門．星和書店）

Hayes, S.C., Strosahl, K.D., & Wilson, K.G.（2012）Acceptance and Commitment Therapy : The Process and Practice of Mindful Change（2nd ed.）. New York : Guilford Press.（武藤崇・三田村仰・大月友＝監訳（2014）アクセプタンス＆コミットメントセラピー（ACT）——マインドフルな変化のためのプロセスと実践［第2版］．星

和書店）

Hölzel, B.K., Lazar, S.W., Gard, T. et al.（2011）How does mindfulness meditation work? Proposing mechanisms of action from a conceptual and neural perspective. Perspectives on Psychological Science 6-6 ; 537-559.

熊野宏昭（2012）新世代の認知行動療法．日本評論社．

Spek, A.A., Van Ham, N.C., & Nyklíček, I.（2013）Mindfulness-based therapy in adults with an autism spectrum disorder : A randomized controlled trial. Research in developmental disabilities 34-1 ; 246-253.

杉山登志郎（2011）自閉症スペクトラムとは（特集 自閉症スペクトラムの生物学）．分子精神医学 11-4 ; 264-268.

PEERS®
友だち作りのSSTの可能性

山田智子

ASDの社会性の課題と，思春期・成人期の社会適応

自閉スペクトラム症（ASD）は，社会的コミュニケーションおよび相互関係における持続的な障害や，限定的で反復的な行動／興味の様式を特徴とする（American Psychiatric Association, 2000）。これらの特性が社会性や言語，行動などに影響することで，友だち作りや人間関係の問題が起こり，社会適応の困難を招きやすい。

思春期は，仲間との関係がうまく築けないことが続くと，社会的な活動への参加が消極的になる。その結果，周りの仲間から無視され，孤立してしまうことも少なくない。そのような状況が長期にわたって続くと，うつや不安神経症といった精神的な病に移行することもある。またADHDの特性を併せ持つ場合には，積極的に人に関わっていく一方で，トラブルになることも多く，からかわれたり，いじめられたりしやすい。いずれのパターンであっても，友だちと良い関係が持てないために，強い孤独感を抱えることになってしまう。このようなことから，ASDの若者は，時に社会的な活動への参加意欲が低いように思われていることがある。しかし大事なことは，実際には決して友だちが欲しくないのではなく，どのように友だちを作れば良いのかがわからなかったり，これまでの経験から人との関わりに不安を抱えていたりするということである（Bauminger & Kasari, 2000）。

成人期では，自立するステップとして，就労が重要な課題となるだろう。しかし，まず採用の面接でつまずきやすい（Kapp et al., 2011）。限られた時間内に質問に答え，意見を述べなければならない双方向の会話は，彼らにとって容易ではない。学業成績が良くても採用に至らず，親子で悩みを抱えるというエピソードは，よく耳にする。それをクリアして何とか採用に至ったとしても，同じ仕事を継続することがまた容易ではない（Kapp et al., 2011）。職場での会話や上司・同僚との人間関係がうまくいかなかったり，感覚過敏，不安傾向の強さ，こだわりなどが，日常的な問題の解決を困難にするのである。

アメリカの雇用データによると，自閉症の成人の8割以上は無職か，能力を活かせない仕事をしていると見られている（Newman, 2020）。また，ASDの子どもを持つ保護者が，大人への移行期に何を最も願っているかについて調査した研究がある（Veytsman, 2021）。それによると，雇用については，定型発達の子どもの保護者が，本人の希望する分野でキャリアを積み上げることを望んでいるのに対して，ASDの子どもの保護者は，可能であれば仕事を得て，何より継続することが目標だと考えている。人生のパートナー探しという面では，複数の調査によると，自閉症の人の8割が恋人を求めている

が，恋人がいるのは3分の1か半分程度で，婚姻経験がある人はさらに少ないと言われている（Newman, 2020）。先述した研究によると，社会的な人との関わりについては，定型発達の子どもの保護者は，恋人と出会い，結婚して家族を持ってほしいと願っているが，ASDの子どもの保護者は，同世代の友達を見つけて社会的な関係を築けることが一番のゴールだとしている（Veytsman, 2021）。つまり，ASDの若者が抱える社会性の課題が，成人への移行期における保護者の願いとの違いとして現れた結果となっている。

ASDとSST

　このような背景から，ASDの若者の社会適応を支援するうえで，ソーシャルスキルトレーニング（SST）へのニーズは高い。ソーシャルスキルとは，対人関係の構築や円滑な集団活動への参加に必要なスキルであり，PEERS（Program for the Education and Enrichment of Relational Skills）プログラムは，なかでも"友だち作り"に焦点をあてたカリキュラムとなっている。というのも，思春期に親しい友だちが1人か2人いるかいないかが，その時期だけでなく，その後の人生の社会適応に大きな影響を及ぼすからである（Bauminger & Kasari, 2000）。
　SSTは幼児期から児童期を対象とするものが多く，思春期・青年期を対象にし，効果が検証された報告は極めて乏しいと言われている。米国カルフォルニア大学ロサンゼルス校（UCLA）Semel Instituteにおいて，Laugeson博士によって開発された思春期を対象としたプログラムPEERSは，その数少ないひとつである。このプログラムは，ASDを中心として，社会性に課題のある若者が，友だち作りに必要なスキルを身につけるために作られている。PEERSは先行研究により，介入効果についてエビデンスが認められ（Laugeson et al., 2012），日本においても，筆者らが実施した追試研究によって，その有効性が確認されている（Yamada et al., 2019）。効果が科学的に認められ，マニュアルがあることで支援者が再現可能なプログラム，それがPEERSである。

エビデンスに基づいたSST

　PEERS®は，認知行動療法と保護者への介入を2つの大きな柱としている。具体的な指導方法と，その特徴について以下に述べる（Kapp et al., 2011；Laugeson & Park, 2014；Laugeson, 2017）。

グループ指導

　ソーシャルスキルの指導をグループで行うことは，自然に近い仲間との環境の中で学び，練習することができるため，直感的に捉えやすく非常に効果的だと言われている。欠席やドロップアウトなどの理由でメンバーが多少減ることがあっても，集団としての機能が維持できるように，具体的には1グループあたり7〜10人を推奨している。参加者1人ひとりに細やかなフィードバックやサポートをするうえでも，望ましい人数と思われる。
　実際のセッションの様子を見ていると，参加者が他のメンバーの意見に触れながら学ぶ中で，同世代の仲間の考え方に気づき，新しいスキルを比較的すんなりと受け入れている姿が見受けられる。また，セッションが進むにつれ，それぞれの参加者の中に，グループの仲間に受け入れられているという感覚が芽生えてくる。そのことが，社会的な場面で孤立しがちな彼らにとって，とても心地よいものとなり，人と繋がるス

キルを学ぶという PEERS の“目的”を意識しながら，課題に取り組めるようになっていくことがわかる。

具体的なルール＆ステップ／
話し合いによる指導（心理教育）

　PEERS では，大人が正しいと思う振る舞いではなく，社会的な場面で周りの仲間とうまく関われている若者が使っている，発達段階や環境に合ったスキルを，具体的なルールやステップに沿って指導する。また，セラピストがアクティブな役割を果たすことで，参加者との間で話し合いをしながら心理教育を進めていく。目的は，社会的な振る舞い・考え・感情などを読み解き，参加者に気づきを促すことにある。

　実際の例を，PEERS 第 6 セッションの“会話に入る”でみてみよう。友だちを作るためには，新しいグループの会話に入っていくことが一つの方法であるが，そのような場面で大人からのよくあるアドバイスは「勇気を出して“こんにちは”って話しかけてごらん」である。しかし，あまりよく知らない同世代の子が，突然近づいてきて「こんにちは」と自己紹介を始めたら，思春期・成人期の仲間はどんな反応を示すだろうか。表面的に一言二言返答されるか，全く相手にされないだろう。もしかしたら少し戸惑いを感じながらも，会話に入れてくれるかもしれない。しかしいずれにしても，グループの会話の流れを止めてしまうため，心地よくグループから受け入れられる可能性は低くなる。

　そこで PEERS では，まずは“見る・聞く”（グループの様子を見て，楽しそうに話しているか，話題は何かを聞く），次に“待つ”（会話の間を待って，流れを止めないようなタイミングを捉える），それからいよいよ“加わる”（今，話されている話題に沿った一言を言って，会話に加わる）という 3 ステップを提示している。つまり，まずは興味がもてる話題かどうか，次にそ

の会話に入りたいかを判断して，タイミングを見計らってそっと入ることで，仲間に受け入れられる一歩となることを目指している。このように，具体的な細かいステップと話し合いがあることから，参加者からはとてもわかりやすく，実践しやすいという意見がよく聞かれる。一方，指導する側からは，自分は普段何気なくやっている行動なので，どう教えれば良いかわからなかったが，具体的なステップにすることで理解しやすくなるのだと知って驚いたという話を耳にする。明確なルールやステップがあることで，指導者も自信をもって流れを提示することができるのである。

ソクラテス式問答法

　ソクラテス式問答法は，なぜそのルールやステップが大切なのか，理由を考えさせるための質問である。認知行動療法ではよく使われており，特に思春期の子どもたちと関わっていく際には役立つ。なぜなら，自らその理由に気づくことで，思春期の特徴である指示的な指導への拒否感や対立を緩めることができるからである。また，セラピストと対話しながら協働作業することで，高度な思考スキルを身につけられると言われている。

　先ほどの“会話に入る”の場面で，具体的な例を挙げよう。「会話に入る時の最初のステップは，その会話を“見ること・聞くこと”です。では，何を聞いているのだと思いますか？」という質問に対する答えは，“話題が何かを聞く”である。これに対してソクラテス式問答法の場合は「なぜ，話題が何かを聞くことが大切なのですか？」と質問し，答えは，もし会話のテーマが自分の知らない内容だったら，その会話に入っても，会話を続けることや楽しむことはできないから，ということになる。このように，そのステップがなぜ大切なのかを考え，納得できれば，ステップを覚えることも，また実際に

使おうとする意欲も増すことになる。

ロールプレイ
——Good role play & Bad role play

　ソーシャルスキルを学ぶ際に，適切な（不適切な）社会的振る舞いを客観的に見ることは，そのスキルがどのような場面で使えるのか，また何が良くないのかをイメージするのに有効である。実際のセッションでは，ロールプレイの時間になると，参加者の目がコーチの演技に釘付けになる。先ほどの"会話に入る"のセッションのGood（Bad）ロールプレイでは，指導者は，「このロールプレイを見て，コーチのしていることの何が正しいか（間違っているか）を考えてください」と言ってから，適切な（不適切な）振る舞いを見せる。各ロールプレイの後に，相手の視点に立って考える質問が続くことで，見るべき視点も示唆される（次項の"認知的な方策"参照）。社会的な場面を客観的に観察することで，その振る舞いが相手にとってどのようなものであるかに気づく機会が得られる。

認知的な方策

社会的な振る舞いを読み解くこと（社会的認知）

　研究によると，社会的な場面で非言語および言語の意味を読み解くために，ロールプレイを見ながら，認知的な方策と合わせて観察したことを言葉にして表現することは，ASDの若者が相手の視点に立って考えるソーシャルスキルを高める上で効果があると言われている。例えば"会話に入る"というロールプレイを見せた後で，「グループの人たちは，私と話したそうでしたか？」「それはどんな様子からわかりましたか？」という質問をする。つまり参加者はこれらの質問に答えることで，具体的な振る舞いに目を向け，受け入れられたかどうかを査定する必要があることを学ぶ。

　そして実際にグループ会話に入る場面では，自分が受け入れられたかどうか，相手の反応をみる方法として，以下の3つの質問を自分自身に問うことを勧めている。これらの質問は，"相手の振る舞いの中で，どこに着目すれば良いか"を考える手立てとなっている。

　　言語的手がかり
　　「あなたに話しかけていますか？」
　　アイコンタクト
　　「あなたのことを見ていますか？」
　　ボディランゲージ
　　「あなたの方に体を向けていますか？」

　この3つの観点を持つことで，最初の質問「グループの人たちは，私と話したそうでしたか？」に答えるための情報が得られる。具体的には，そのグループのメンバーが，あなたに話しかけていて，あなたのことを見ていて，あなたの方に体を向けているとしたら，あなたと話したいと思っているということになる。PEERSでは，ロールプレイだけでなく，宿題の振り返りの場面でも，同様の社会的認知を促す質問が使われている。

相手の視点に立って考える質問

　人との関係を築き，維持していくためには，社会的な場面で起こっていることの意味合いを考えることが重要である。PEERSでは，他者の視点に立って考える力をつけるために3つの質問をする。例えば"会話に入る"のBadロールプレイを見た後で，グループ会話に不適切な入り方をしたAさんについて，以下のように尋ね，Aさんの振る舞いが，相手からはどう見えているのかということに気づいてもらう。

　　「Aさんの会話への入り方は，グループの人たちにとってどうだったと思いますか？」
　　「グループの人たちは，Aさんのことをど

う思っているでしょうか？」

　「グループの人たちは，またＡさんと話したいと思っているでしょうか？」

　このロールプレイが有効なもうひとつの理由は，この３つの質問を参加者に考えさせた後で，ロールプレイを演じたコーチに，実際どう思ったかを確認できることにある。

　「Ａさんの会話への入り方は，あなた（コーチ）にとってどうでしたか？」
　「あなた（コーチ）は，今Ａさんのことをどう思っていますか？」
　「あなた（コーチ）は，またＡさんと話したいと思っていますか？」

　ロールプレイを見るたびに，この３つの質問をグループの子どもたちとコーチに繰り返し尋ねることで，子どもたちは，この質問を予測してロールプレイを見ることができるようになっていく。

問題解決

　社会的な場でどう振る舞うことが適切なのかを考え，それに基づいて行動することは，問題を解決するうえで大切なプロセスである。PEERSでは，何か問題が起こっている時に，まず考えられる要因をブレインストーミングすることから始める。例えば，会話に入れてもらえない場面では，入れてもらえない理由にはどんなことがあり得るかを挙げる。会話への入り方が間違っていたとすれば，次回は適切な入り方のステップを踏むことが必要だろう。もし学校で自分の悪い噂が広がっているとしたら，学校以外の場所で仲間に入ることを試みる方が良い。あるいは，彼らが自分たちだけで話したいと思っているとしたら，別の機会にトライするか，他のグループを探すことになる。つまり，考えられる要因に合わせて，次回はどう行動すれば良いのかを考えるのである。

　PEERSのセッションが進むにつれ，参加者が問題に応じた解決方法があるということに気づき，何かトラブルが起こった時に，この場合はどうすれば良かったのだろうと考え始めるようになる。また，自分が嫌われているから会話に入れてもらえないという自己否定的な思いに囚われている場合には，ほかにも理由があると知ることで自尊感情が守られる。その結果，人との関係を避けるのではなく，方法を考えようという姿勢に変化していく。

行動リハーサル

　行動リハーサルも，認知行動療法ではよく取り入れられている手法である。新しく学んだスキルを，その場で実際に使ってみることになるため，定着しやすい。SSTをグループで実施するメリットには，グループの仲間と一緒に練習することで，実際の場面に適用しやすいということがある。もちろん練習であっても，新しいことに挑戦するのは容易ではない。だが，セッションの場がリーダーやコーチによってサポートされた安心できる環境であり，グループのメンバー同士の支え合う関係であることによって，参加者のチャレンジが後押しされる。

フィードバック

　行動リハーサルの直後に具体的なフィードバックをすることで，自己認知を深めつつ新しいスキルを身につけることができる。本人は完璧にやっているつもりでも，第三者から見ると，修正する方が望ましいということは珍しくない。自分は今何ができていて，何が課題なのかに気がつかないまま，スキルを適切に使うことはできない。

　例えば，会話に入る際には，まず“見る・聞く”，次に“待つ”というステップが必要だが，

行動リハーサルで，ある参加者が突然思いついたセリフを言いながら，無理やり会話に入ってしまったとしよう。ADHD傾向を伴う場合には，起こりがちな行動である。またASDの若者は，IQのレベルに関係なく自己認知が弱いと言われており（Kapp et al., 2011），ステップを学んだ直後は，まだ自分は何が苦手なのかに気づいていないことが往々にしてある。そこで，間違った会話への入り方をした場面でタイムアウト（一時中断）し，「どのステップを踏む必要がありましたか？」と尋ね，自分の入り方を振り返るように促す。時間が経つとなかなか思い出せないことも，その場で尋ねられると，自分に何が抜けていたのか気がつきやすい。このように即時フィードバックを受けることで，どう修正すれば良いのかが具体的にわかり，適切なステップで行動リハーサルに再挑戦することができる。このようなセッションにおける成功体験が，実際の社会的場面での成功体験へとつながっていく。

宿題と振り返り

　宿題は，認知行動療法の重要な要素である。宿題をすることで，スキルを練習し，その習得を目指すだけでなく，どれくらいそのスキルがマスターできているのかを，本人・保護者・指導者のそれぞれが確認できるからである。例えば，取り組むことが難しい宿題は，本人の課題とリンクしていることがよくある。その場合は，スモールステップのチャレンジを促す。保護者（ソーシャルコーチ）のフィードバックも受けながら宿題を継続することによって，SSTにおいて課題とされる実際の生活場面での般化と，個別化を図ることにつながっていく。

　思春期から成人期の発達段階にある若者が強く思い込んでいることを，言葉による説得で変えることは容易ではない。思い込みを変えるために必要なのは，実際に対人関係や社会活動の

体験を持つこと，そしてその体験を話し合うことだと言われている（青木，2001）。宿題やそのフィードバックをする過程で，まさにこの変化が生まれていく。

保護者への介入

　保護者が同時に同じスキルを学び，家庭や地域での実践を支え，ソーシャルコーチになることで，般化と個別化がより促進される。宿題は新しく学んだスキルを練習する機会であるが，保護者がその様子を見守り，必要に応じて介入することでその効果が大きなものになる。これによってプログラムが14セッションで終わっても，トレーニングは続くのである。フォローアップ研究で，5年経ってもその効果が維持されているという結果は，家庭でコーチの果たしている役割によると言われている（Mandelberg et al., 2014）。

PEERSができること
──ソーシャルスキルの習得を超えて

　以上のようなPEERS®の指導によって，参加者は人とつながるスキルを身につけていく。このプログラムに取り組むことを通して，SSTが単にソーシャルスキルの知識や社会的な振る舞いを身につけるだけでなく，自己理解や他者理解が深まることにもつながっていると感じるようになった。最後に，PEERSを受けることで見られる参加者の変化について，先行研究と実践を通して気づいたことをまとめる。

　①行動リハーサルやアクティビティ，宿題などに取り組むことで，実際に学んだスキルを実践してフィードバックを受ける。個々の社会性や課題に応じたレベルでス

キルを身につけ，何ができて，何ができていないかにも気づき，どうすべきかを考えるなかで，自己理解・他者理解が深まっていく。また，相手の視点に立って考えるという姿勢が芽生え，共感性が高まることにもつながっていく（Gantman et al., 2012）。

②社会的な振る舞いには，ルールやステップがあると知ることで，社会的な場で直面する問題には，それに応じた適切な対応方法があると考えられるようになる。方法があるとわかれば，どうして良いかわからないというパニックや不安が軽減される（McVey et al., 2016）。

③共通の興味を探したり，相手の視点に立って考えたりすることでASDの特性であるこだわりなどが緩むという結果が，多くの先行研究で出ている（Gantman et al., 2012 ; Laugeson et al., 2014 ; Laugeson et al., 2015 ; Yamada et al., 2019）。実際のセッションのなかでも，「自分は興味がないと思っていたことだったが，相手の話を聴いているうちに面白そうだと思った」というような言葉が聞かれたり，相手の興味に合わせて会話をしようしたりするなど，限定的な興味が少しずつ広がる様子が見られる。

④全セッションを通じて"友だち作りとその良い関係を維持する"という目的を意識させることで，何のためのソーシャルスキルなのかを考えさせる。セッション中，時に提示されたルールとは別の方法を好むというこだわりが出ることがある。その際，本人の思いを否定するのではなく，「もし，あなたが友だちを作りたいと思っているとしたら，○○することはリスクがあります」と伝え，判断は本人に委ねる。多くの場合，目的が納得できると気持ちを切り替えやすくなり，優先順位も考えることができるようになる。

ASDの特性や個性が生きづらさになるのではなく，その人の人生において魅力として活かされるためには，どう支援すればいいのだろうと試行錯誤するなかで，筆者はPEERSに出会った。研究・実践を重ねるなかで，SSTができることに大きな可能性を感じている。PEERSは，現在も世界各国で実践・研究が続けられ，異なる文化圏でも同様な効果が認められている。ところが，これだけ効果が認められているプログラムであっても，Laugeson博士は，ソーシャルスキルは指導者が強制して教え込むものではないと語る。あくまで学びたいというモチベーションがある人に対して，その情報を提供すること，そして学んだことを使うかどうかは本人次第であるとしている。人は皆一人ひとり違うということに，心から敬意を持って向かい合う姿勢が表れた言葉である。カリキュラムのなかに，個別化と般化を目指す仕組みが多く取り入れられているのもそのためだろう。

高校卒業以降は，社会的なサポートの場が減ってしまう傾向がある（Kapp et al., 2011）。ところが，仲間とのサポートネットワークを築くことが難しいASDの若者にとって，実際はよりサポートが必要なのが成人期かもしれない。大人になるまで，周りとの関わり方に違和感や困り感を抱えつつも，自分の特性に気づいたり，診断などを受けたりすることにつながらなかった場合にはなおさらである。どの発達段階にあっても必要なサポートが得られ，学びたい時に学べる場がある，少しでも早く社会のなかにそんな環境が整うことを願っている。そしてPEERSがその一端を担えるように，研究を重ねつつ，実践の場を広げていきたい。

◉文献

青木省三（2001）思春期の心の臨床. 金剛出版.
American Psychiatric Association（2000）Diagnostic

and Statistical Manual of Mental Disorders. 4th Ed. Washington, DC.

Bauminger, N. & Kasari, C. (2000) Loneliness and friendship in high-functioning children with autism. Child Development 71 ; 447-456.

Buhrmester, D. (1990) Intimacy of friendship, interpersonal competence, and adjustment during preadolescence and adolescence. Child Development 64-4 ; 1101-11.

Gantman, A., Kapp, S.K., Orenski, K. et al. (2012) Social skills training for young adults with high-functioning autism spectrum disorders : A randomized controlled pilot study. Journal of Autism Develomental Disorders 42-6 ; 1094-1103.

Kapp, S.K., Gantman, A., & Laugeson, E.A. (2011) Transition to adulthood for high-functioning individuals with autism spectrum disorders. In : M-R. Mohammadi (Ed.) A Comprehensive Book on Autism Spectrum Disorders. Intech Open, pp.451-478.

Laugeson, E.A. (2017) The PEERS Treatment Manual for Young Adults with Autism Disorder : Evidence-Based Social Skills Training. New York, NY : Routledge.

Laugeson, E.A., Ellingsen, R., Sanderson, J. et al. (2014) The ABS's of teaching social skills to adolescents with autism spectrum disorder in the classroom : The UCLA PEERS® program. Journal of Autism Developmental Disorders 44 ; 2244-2256.

Laugeson, E.A., Frankel, F., Gantman, A. et al. (2012) Evidence-based social skills training for adolescents with autism spectrum disorders: The UCLA PEERS program. Journal of Autism Developmental Disorders 42 ; 1025-1036.

Laugeson E.A., Gantman, A., Kapp, S.K. et al. (2015) A randomized controlled trial to improve social skills in young adults with autism spectrum disorder : The UCLA PEERS® program. Journal of Autism Develomental Disorders 45-12 ; 3978-3989

Laugeson, E.A. & Park, M.N. (2014) Using a CBT approach to teach social skills to adolescents with autism spectrum disorder and other social challenges : The PEERS method. Journal of Rational-Emotive & Cognitive-Behavior Therapy 32 ; 84-97.

Mandelberg, J., Laugeson, E.A., Cunningham, T.D. et al. (2014) Long-term treatment outcomes for parent-assisted social skills training for adolescents with autism spectrum disorders : The UCLA PEERS® program. Journal of Mental Health Research in intellectual Disabilities 7 ; 45-73.

McVey, A.J., Dolan, B.K., Willar, K.S. et al. (2016) A replication and extension of the PEERS for young adults social skills intervention : Examining effects on social skills and social anxiety in young adults with autism spectrum disorder. Journal of Autism Developmental Disorders 46 ; 3739-3754.

Newman, J. (2020, May) For autistic youths entering adulthood, a new world of challenges a waits. National Geographic 56-81.

Veytsman, E. (2021, June 23) Parent perspectives on the transition to adulthood for youth with autism and intellectual disability. A research presented by UC Riverside graduate researcher at the online symposium supported by UCR research center, California USA.

Yamada, T., Miura, Y., Oi, M. et al. (2019) Examining the treatment efficacy of PEERS in Japan : Improving social skills among adolescents with autism spectrum disorder. Journal of Autism Developmental Disorders 50 ; 976-997.

行動活性化／シェイピング

温泉美雪

本稿で扱う対象について

　本稿では，自閉スペクトラム症（ASD）のみならず，診断基準には満たないものの，その特徴を有している自閉スペクトラム（AS）も対象にする。ASDの特徴は年を経ることによって軽減されることが多い（Woodman et al., 2015）。また，障害の状態は環境の影響を受けることから，ASDの診断を受けた人が特性に合った環境を選ぶことによって適応的な行動が増え，ASの範疇に移行する場合もある。本稿では，ASDの行動変容について，支援者として筆者が関わってきた経験を基に解説していく。そこで，ここではASも含めてASDと表記する。また，ASDからASへの移行は高校生にあたる青年期中期の前後で生じやすいことをふまえ，18歳以降を青年期と表現し，青年期と成人期を"おとな"と位置づけることにする。

行動活性化とは何か

　行動活性化とは，支援が必要な人の健康的で適応的な行動を活性化させることをねらいとした行動変容の技法である。具体的には，対象者の行動を変容させるために，行動に対して報酬が得られる機会を増やしたり，嫌悪的に感じる社会的活動からの回避を減らすよう導いてい

く。行動活性化はうつ病の効果的な治療法として多用されており，うつ状態にある人の活動性を高め，社会的活動からの回避を減少させる（Martell et al., 2001）。ASDには高率で気分障害が認められる（髙梨・宇野，2020）。また，ひきこもり状態にあり精神科を受診した人の3割にASDが認められ，ASDとひきこもりの関連性が指摘されている（Kondo et al., 2013）。そこで，行動活性化はASDの気分障害などの併存的な問題をを予防する効果が期待される。

　Martell et al.（2001）は，行動活性化の主たる技法として，行動の成り立ちを理解する行動分析を重視している。行動分析は幼児期や知的障害を伴う自閉スペクトラム症の行動を変容させる試みとして盛んに用いられてきた（Lovaas et al., 1973）。本稿ではまず，行動活性化の基礎となる行動分析について紹介する。

行動の成り立ちの理解の仕方
──行動分析

　行動分析は，人の行動を増やすために，あるいは減らすために，何をどのように操作すればよいかについての示唆を与えてくれる。行動分析について，図1に概略を示す。行動分析で行動がなぜ生起するかを考える際には，まず，行動の「きっかけ」になっているものを同定する。「きっかけ」には，時間や場所や人の反応などの外的な刺激と，不安や疲労あるいは退屈などの

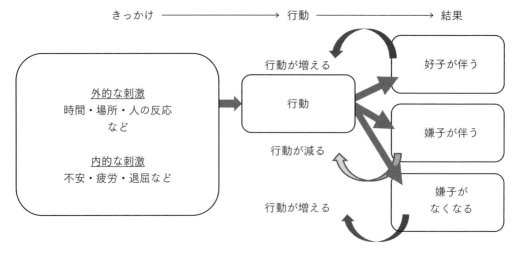

きっかけ ————————→ 行動 ————————→ 結果

外的な刺激
時間・場所・人の反応
など

内的な刺激
不安・疲労・退屈など

行動が増える

行動

行動が減る

行動が増える

好子が伴う

嫌子が伴う

嫌子が
なくなる

図1　行動分析

内的な刺激がある。行動の「きっかけ」と考えられるものが明らかになることで，これを操作して，増やしたい行動を増やすことができる。

　また，行動分析では，行動が起きた後の「結果」にも注目する。ある行動を行った後に好ましい結果（好子）が伴うと，その行動はその後に生起しやすくなる。さらに，ある行動の後に好ましくない結果（嫌子）が伴うと，その行動は生起しにくくなる。一般的に，好子は報酬，嫌子は罰に相当するものである。好子や嫌子は，行動の直後に与えられた方がその後の行動に影響を与えやすい。この傾向は，事象間の関連性を読み取りにくい自閉スペクトラム症の場合に顕著になる。

　行動を増やすものは好子だけではない。継続的に嫌子が与えられている状態から，ある行動を起こすことによって嫌子が取り払われる場合には，その行動は後に生起しやすくなる。例えば，ずっと小言を言う人の前から離れると，小言は聞こえなくなる。これを経験することにより，小言を言う人を回避する行動が形成されるのである。行動活性化では，適応的な行動を増やすために「きっかけ」を整え，そしてその行動に好子を与える。また，嫌子を回避することによって行動が停滞している場合には，回避行動を，適応的な行動に置き換えていく。

行動活性化の具体例

　以上述べてきた行動分析を活用した行動活性化の例を紹介しよう。例えば，他者とうまく関わることができないと悩んでいる人が相談に来た場合には，相談に来たことや自分の悩みを表現できていることについて，肯定的な注目を与え，肯定的な注目が好子の機能を持つか確認する。また，職場仲間と会話する際に相手にされないことを恐れて，仲間からのホームパーティの誘いを断っていることが分かれば，誘いを断ることは仲間との関係を遠ざける回避行動に当たることを本人と確認していく。そして，ホームパーティで無理に快活に振る舞わなくてもよいと伝え，聞き手として振る舞うことができそうであれば，これを促していく。あるいは，ホームパーティ以外で本人が居心地よく感じられる

集まりがあれば，その集まりへの参加を促していく。

行動活性化では，嫌悪的なできごとからの回避行動を減らすことを重視している。しかし，回避行動を減らすことについて，本人から同意を得るためには工夫が必要である。その理由のひとつは，回避行動が一時的に嫌悪的なできごとを遠ざけ，安心感をもたらすため，本人にとってその場しのぎの"都合のよいもの"であるからだ。行動活性化では，支援者が相談者の話を行動分析に当てはめながら聞き取っていき，回避行動がどのように嫌子を取り払い維持されているかを本人にモニターさせる。そして，相談者に繰り返し，回避行動は一時的に安心感を与えるが，本来的な問題解決を遠ざけていることを説明し，回避行動を減らすことへの動機づけを高めるよう促していく。

また，注意が必要なのは，思わぬことが回避行動になっている場合があることだ。先の事例で説明しよう。相談者はホームパーティに誘われると断っていたのだが，「自分だけ誘われなかったらどうしよう」という矛盾した想いも抱いていた。そこで，職場でホームパーティの話題になった時には仕事に没頭している様子を見せて，周囲が声をかけにくくし，誘われなくても仕方ないと思える状況を作り上げているということが，面接過程で明らかになった。このような複雑で矛盾に満ちている回避行動を特定するために，行動とその結果与えられる好子や嫌子，そしてそれに続く行動の連鎖を，あたかも本人が動いている姿を思い描くように行動分析するこの過程が，行動活性化におけるインフォームド・コンセントである。

青年期・成人期の支援を困難にする要因

ASDの行動の特徴は，幼児期から各発達期を経過するにつれて変化していく。青年期や成人期のASDの行動を周囲が理解しようとする際に，幼児期からの変化に気づくことができず，適切な対応が取れていないことが散見される。そこで，ASDの行動特徴について，幼児期から成人期にかけてどのように変化していくか述べていく。

行動特性として，幼児期は特定の「きっかけ」に即時に反応しやすい。したがって，こだわりが強く"マイペース"などと言われ，「きっかけ」から生みだされた行動そのものが好子として機能し，こだわり行動が維持される。学童期には学校などで用意された「きっかけ」を認識して社会的ルールに従えるようになる。また，褒めなどの他者の行動が好子として機能するようになり，適応的な行動が増えていく。これと並行して徐々に，自分には場にそぐわない行動を取る傾向があることを自覚していく。個人差はあるものの高校生頃になると，自分は場に合った行動を取れていないのではないかという意識が高まり，集団場面で展開されているあらゆる文脈を探ろうとして疲れやすくなる。また，他者から褒められる行動を取ることに多くの注意を払うようになる。このように，ASDの人が周囲に合わせることを強く意識した結果，社会適応が悪化することを「過剰適応」と呼び，近年はASDの就労場面における過剰適応に注目が集まっている（志賀，2015）。

ASDの行動特性の変化には，もう1つの側面がある。先述の通り，ASDの幼児は限定的な「きっかけ」に即時に反応することが多いが，青年期にかけて，行動には選択肢があることに本人が気づくようになる。そして，さまざまな

「きっかけ」に対して即時に優先順位をつけて行動することの困難にみまわれる（綾屋・熊谷, 2008）。その結果として, とりあえず多数派の意見に従うことにしたり, 惰性でいつもと同じ行動を取り続けることがある。例えば, ある人は, たまたま目にしたインターネットを始め, 止めるきっかけもなく, やり続けることになる。このようにして, 自らの本来的な欲求が満たされず, 内的な適応が損なわれることがある。家族は, 行動に優先順位をつけられないことによる生活の不具合が本人の内的体験の変化によるものであることに気づきにくい。また, 実際に取っている行動は本人の明確な意思によるものであると捉えやすい。そのため, 時間をかけることによって「こうしたい」という行動意図を本人が見つけたとしても, 家族はそれを見過ごしたり, 本来的な支援ニーズに気づけないまま, 不適切と言わざるをえない対応を取ることになる。その場合には, 家族関係が悪化しやすい。ASDの人たちは何事もなく過ごしているようで, 実はかなりの努力をしながら暮らしていることを周囲は念頭に置き, 本人が何に困っているのか, そして困りごとにどのように対処しようとしているのかを, 注意深く推し量っていく必要がある。

行動活性化の第一歩
——シェイピング

ASDの人が自発的で本来的な行動が取れなくなったり, 社会的活動を避けるようになったことを受けて, 専門家につながるためには, 青年や成人であっても家族からの促しが必要になることが多い。しかしながら, 先述の通り, 青年期を迎える頃になり, 家族が本人のバランスの欠いた生活に対応しようとすると, かえって本人との関係性が悪化するため, 支援につながら

なくなってしまう場合がある。このような状況が高じると, ASDの人はひきこもり状態に陥りやすくなる。Community Reinforcement And Family Training（CRAFT）は, ひきこもり状態にある人の家族支援に対応するプログラムである（境ほか, 2021）。CRAFTでは, 家族によるひきこもり状態にある本人の行動活性化が行われる。つまり, 家族がひきこもり状態にある本人の家庭での快活な行動を見つけて, 細やかに好子を与える。好子を与える行動は日常のささやかなもので十分である。例えば, 本人がリビングでテレビを見ているとしたら, そのテレビ番組の内容を話題にして肯定的な注目を与え, リビングに滞在する行動や家族との会話を増やすように試みるのである。

この取り組みのように, 行動が活性化されていない人のわずかな行動に対して好子を与え, 段階的に他の行動にも好子を与えるようにし, 行動レパートリーを増やすことを「シェイピング」という。

ひきこもり状態にあるASDの人は, 潜在的には学校や職場などで社会と関わりを持つ必要性を自覚している。しかし, 自分がどのように困っているかを表明することが困難で, 自分に適した環境を選ぶことや, 所属している学校や職場などの環境を自分の特性に合うように調整することが難しい。そこで, ひきこもり状態になった時には, まず家族が本人の行動をシェイピングし, 良好な関係を持てるようにしながら家庭内の行動を活性化させることが支援の第一歩となる。この一連の取り組みは, 専門家による支援や自らに適した環境の探索へとつながっていく。

行動活性化に対する動機づけを高めるために

　幼児期や学童期の子どものASDに対する行動活性化は，支援者や親が変容させたい行動である言語やソーシャルスキル，あるいはかんしゃくなどを特定し，子どもに対応する（Lovaas et al., 1973）。これとは異なり，青年期や成人期には，過剰適応を防ぐためにも，ASDの本人が変容の対象となる行動を選択していくことが重要になる。しかしながら，ASDの人は行動の優先順位がつけられなかったり（綾屋・熊谷，2008），行動レパートリーが少なかったり，ロールモデルに出会う機会が少ないため（一般社団法人日本自閉症協会，2018），変容させたい行動を自ら決めることには困難を伴う。裏を返せば，ASDの青年や成人に対しては，本人が少しでもやってよいと思える行動を選択してもらうことで，行動のレパートリーを増やしたり，ロールモデルに出会うことができる機会を提供することが，行動活性化の要になると言ってよいだろう。

主体性を高めるフリーオペラント

　ASDの人が他者からの指示に応じるのではなく，自発的に行動し，他者との関わりが好子として機能するように働きかけることを「フリーオペラント」という。近年は，自立訓練という障害福祉サービスのなかで，青年や成人に対するフリーオペラントが展開されている。
　自立訓練の事業所では，発達障害などの障害のある18歳以上の人に対して，通所による生活リズムの安定，グループ活動，時間やお金の管理，ソーシャルスキル訓練，パソコン操作などのプログラムが提供されている。利用期間は最長2年で，障害福祉サービス受給者証を取得すれば利用できる。自立訓練の特長として，利用者の意向に沿って通所頻度を決められること，そして参加するプログラムを選択できることが挙げられる。本人はまず事業所に通い，そのなかでやりたいと思える活動に参加し，気の置けない仲間に出会い，形式的でなく自然な形で行われるプログラムの見学を通じて活動の幅を広げることができる。これらの過程は，本人の主体性に沿って進められるフリーオペラントの技法そのものである。

さらなる行動形成としてのシェイピング

　自立訓練において本人の活動への動機づけが高まったら，よりまとまりのある複雑な行動に対してシェイピングを行う。この場合の行動は，一連の行動を遂行することで目的に到達する種のものである。そこで，行動を細かな単位に分けていき，それを順次，確実に行うよう本人に促す。例えば調理でカレーを作る場合には，①玉ねぎをくし形切りにする，②玉ねぎを水にひたす，③ジャガイモの皮をむく，④ジャガイモを乱切りする，⑤豚肉を一口大に切る……などのように一連の行動を文字や写真に示し，1つずつの手順をこなしていく。動機づけがあれば，行動に対する好子の提供は本人が手順リストにチェックを入れれば十分である。そして，最終的にカレー作りができたことが，最大の好子になる。素材を焦がさないように"注意しながら"炒めるように指示されるより，「フライパンに油を入れて」「フライパンを温めて」から「素材を入れる」という手順や，「素材が透き通り油がまわった」後に「塩を入れる」などの手順を確実にこなす方が，焦がさずに炒めることができる。このように，本人の努力に漠然と期待するので

はなく，全ての手順を正しい順番で進めるように支援するのがシェイピングの特長である。

この時に分かりにくいのが，「くし形切」「一口大」などの専門用語である。ASDはコミュニケーションに課題があるため，こうした言葉が分からなくても，支援者から「分かりましたか？」と言われると，つい「はい」と答えてしまうことが少なくない。支援者は本人の行動を観察して，やり方が分からない様子が観察されれば対応する必要がある。どのような形に素材を切るかは，完成品を提示すれば分かりやすくなる。また，包丁の入れ方に"猫の手"があるが，これをシェイピングし，「添える手の指を中指が先頭になるように丸める」「中指の第一関節を包丁の側面に当てる」というように具体的に教えていくとよい。

援助要請が
できるようになるためには

ASDの人のなかには，自分のできることに限界を感じている場合がある。そのため，必要に応じて援助要請することは自立のために不可欠である。青年期以降，障害のある人が教育機関や雇用先などに配慮を求める際には，本人からの申し出が必要となる。そこで，高等学校を卒業するまでに本人が援助要請できるようになっておくことは重要である。

しかし，本人が自分にはできないことが多いと感じると，自信を失い，援助要請を控えてしまうので，援助要請行動を形成するためには，できる経験をたくさん積んでもらうことが大切である。そして，見逃してはならないのは，「失敗してはいけない」という意識の植えつけを避けることである。なぜなら，この意識は行動活性化を妨げてしまうからである。

幼児期の療育では，「子どもに失敗させないように」という方針を掲げることがあるが，学童期の頃には，子どもは自らの行動の行動分析を経験的にある程度できるようになっているため，幼児期に比べると，失敗しても「次はこうしよう」と考えることができるくらいタフになっているということだ。あえて失敗させる必要はないが，ASDの自立を応援する人は，本人が達成感を感じる経験を重ねていることを前提として，過保護になることなく，本人ができることを見守り，時にうまくいかなくても援助要請するのを待つ姿勢が求められる。

自閉スペクトラム症のおとなが
自立するために

これまでに紹介してきた行動活性化の技術は，自立訓練のみならず就労移行支援や就労継続支援，あるいは教育機関で施行されることによって，ASDの人が持つ力を最大限発揮させることが可能になる。支援や教育の現場で自分と似たような個性的な仲間がリーダーシップを取る姿や，アルバイトや就職活動などに向かう姿は，支援者が励ますより影響力の強い行動活性化の起爆剤になるだろう。ASDの人ができることについての認知が社会に浸透し，職場や地域にも行動活性化が浸透することに期待が寄せられる。

◉文献

綾屋紗月，熊谷晋一郎（2008）発達障害当事者研究——ゆっくりていねいにつながりたい（シリーズ ケアをひらく）．医学書院．

一般社団法人日本自閉症協会（2018）「学校卒業後における障害者の学びの推進方策について（論点整理）」への意見書（https://www.mext.go.jp/b_menu/shingi/chousa/shougai/041/shiryo__icsFiles/afieldfile/2018/12/28/1412139_07.pdf）

Kondo, N., Sakai, M., Kuroda, Y., & Kurosawa, M.（2013）General condition of hikikomori (prolonged social withdrawal) in Japan : Psychiatric diagnosis and outcome in mental health welfare centers. International Journal of Social Psychiatry 59 ; 79-86.

Lovaas, O.I., Koegel, R., Simmons, J.Q., & Long, J.S. (1973) Some generalization and follow-up measures on autistic children in behavior therapy. Journal of Applied Behavior Analysis 6 ; 131-165.

Martell, C.R., Addis, M.E., & Jacobson, N.S. (2001) Depression in Context : Strategies for Guided Action. New York : W.W. Norton & Company Inc. (熊野宏昭, 鈴木伸一＝監訳 (2011) うつ病の行動活性化療法——新世代の認知行動療法によるブレイクスルー. 日本評論社)

境泉洋, 野中俊介, 山本彩ほか (2021) CRAFT ひきこもりの家族支援ワークブック [改訂第二版] ——共に生きるために家族ができること. 金剛出版.

志賀利一 (2015) 発達障害再入門 (特集：発達障害者の就労支援の現状). 職業リハビリテーション 29 ; 11-16.

髙梨淑子, 宇野洋太 (2020) 成人期発達障害と気分障害・不安症 (特集「大人の発達障害」をめぐる最近の動向). 精神医学 62 ; 967-976.

Woodman, A.C., Smith, L.E., Greenberg, J.S., & Mailick, M.R. (2015) Change in autism symptoms and maladaptive behaviors in adolescence and adulthood : The role of positive family processes. Journal of autism and developmental disorders 45 ; 111-126.

就労・生活のケア

志賀利一

■ はじめに

　現代は，大人の自閉スペクトラム（AS）にとって，さまざまな福祉的支援を活用した生活が実現しやすい時代である。一方，福祉的支援を提供する側には，障害者手帳の取得などを前提とした者に対して，一定の支援のノウハウが存在するが，支援の継続的な活用が自らの中長期的な人生設計において「必須である」と判断した人をモデルに福祉的支援が成り立っている。本稿では，福祉的支援を活用するASのモデルをいくつか紹介する。これにより，モデルに合致しないASの現状と課題について考察するきっかけになれば幸いである。

■ 大人のASと福祉的支援

障害者雇用と障害福祉サービス

　図1は，雇用義務のある民間企業などにおいて，障害者雇用枠で働いている人数とそのうちの精神障害者の人数をまとめたものである。民間企業における障害者雇用数は，概数で2013年の40.9万人から2020年の57.8万人とおおむね1.4倍の増加が見られる。精神障害者に限ると約4.0倍の伸びである（厚生労働省，2013；2020）。図2は，障害福祉サービス，特にASの人による利用が多いと推測される就労支援を利用している人数である。障害福祉サービスのうち就労移行支援事業，就労継続支援A型，就労継続支援B型の3事業を利用している障害者数は，2014年から2021年の間に，24.6万人から39.9万人へと1.6倍の増加が見られる（厚生労働省，2021b）。図1・2は，いわゆる3障害（身体障害，知的障害，精神障害）の数字であり，ASの活用実態を表していない。しかし，厚労省の研究会などの資料において，新たな福祉的施策推進の対象として「発達障害」が明記されており（厚生労働省，2021a），福祉的支援を活用するASの人数が増加していることは容易に推測できる。

　さらに，最近は「地域の相談支援体制の充実・強化」「生活困窮者自立支援・ひきこもり支援推進事業の拡充」「発達障害者雇用トータルサポーターの配置」など，ASの福祉的支援の窓口が充実している。

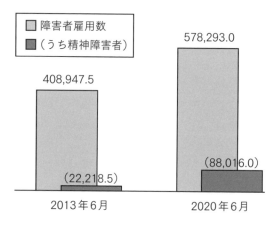

図1　民間企業で雇用されている障害者数の変化

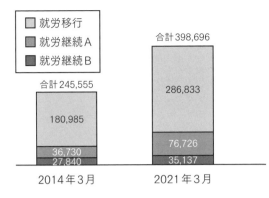

図2　障害福祉サービス（就労支援）利用者の変化

発達障害者支援センターにおける支援実績

　2007年の発達障害者支援法の施行後，比較的早いタイミングで全国の都道府県・政令市に整備された発達障害者支援センターにおける成人の支援対象者数も順調に伸びている。全国の発達障害者支援センター（67カ所）における，19歳以上の支援実績をまとめたデータでは，相談支援・発達支援ならびに相談支援・就労支援の年間の合計数は，2013年の2.5万人から2020年の3.1万人（1センターあたり83.6人）と，1.2倍に増えている（発達障害情報・支援センター，2021）。

　発達障害者支援センターでは，支援実績が増加するだけでなく，相談者の傾向に大きな変化があるように思われる。筆者は横浜市発達障害者支援センターの運営に携わっており，成人の新規相談者の傾向として，①障害福祉や障害者雇用の受益者の減少，②若年期後半や中年期以降にはじめて支援を検討する者の増加，③当事者ではなく家族や周囲の関係者の問題意識から相談に至る者の増加を実感している。つまり，①早急に何らかの福祉的支援を必要とする者の減少，②30代・40代まで心理・社会的に大きな障壁に出会わなかった者の増加，③当事者に発達障害の診断や支援のニーズが希薄な者の増加といった傾向がある。

　この傾向は全国一律ではなく，発達障害者支援センターの運営方針や地域の状況によって異なる。しかし，他の地域で発達障害者支援センターを運営する関係者の中にも，同様の印象をもつ者は多い。障害福祉サービスや障害者雇用などの支援を活用する人は，発達障害者支援センターを経由することなく，さまざまな情報源から，必要な資源に到達している可能性がある。言い換えれば，広域整備の発達障害者支援センターでは，タイムリーに1人ひとりにマッチした福祉的支援をコーディネートすることが難しいのかもしれない。

就労と生活のケアの関係

就労の前提としての生活と生活の前提としての就労

　図3は，職業リハビリテーションの分野でよく引用される職業準備性の階層モデルであり（松為，2020），下位の疾病・障害の管理や日常生活の遂行を前提に，職業生活の遂行や職務の遂行が成立すると捉えることができる。福祉的支援の提供者でなくても，企業などで働き続け，始業・終業時間に合わせた通勤，服務規律の遵守，求められる職務の遂行を続けるには，健康

図3　職業準備性の4階層モデル

状態を保ち，睡眠・食事，衛生などの生活習慣を維持することが大切であると考える。

例えば，20代前半のASの人に対して，就職に向けての準備訓練や求職活動支援，就職後の定着支援を提供する事例を想定する。この就労のケアの前提となるのは，規則的な生活リズム，衛生・身なり，金銭管理などといった生活のケアであることは疑いの余地がない。実際，この生活のケアは，同居している親に期待される場合が多い。確かに，大人になったASの人に対して，起床から出勤そして帰宅後から就寝までの日課，被服の管理，食事・衛生，場合によっては服薬・健康・金銭まで，すべてを親が指示・管理することは難しい。しかし，職業生活が破綻しない範囲で，生活状況の見守りを親に依頼する場合は多い。疾病・障害の管理，日常生活の遂行の安定を目指す生活のケアは，就労のケアの前提であり，同居している親に依存する割合は少なくない。

一方，中年期以降になると，全く異なる事例が想定できる。ほぼ切れ目なく職業生活を続けている人にとって，中年期とは職歴20年を超える時期でもある。配置転換や転職があっても，一定レベルの職業生活の適応と所属組織に貢献があったものと推測できる。ところが，もし20年以上同じ家庭で生活していれば，生活のケアについて長年見守りを行ってきた親は後期高齢者である。親の長期療養，介護，そして死別が身近な課題であり，結果的に生活環境の大きな変化が生じる。福祉的支援としての就労のケアをほぼ必要としなかった人でも，家族の変化により生活のケアが十分機能せず，結果的に職業生活に大きな影響を及ぼす可能性がある。

もちろん，それ以前に，単身生活やパートナーとの共同生活などにより，親世帯から独立すれば，このようなリスクは軽減できる。ただし，親世帯からの独立といった大きな生活環境の変化は，その前提として安定した職業生活の遂行と職務の遂行の継続が求められる。一般に，職業生活の継続による経済的な裏付けや健康的な生活リズムを前提とした社会参加が整ってこそ，新しい生活への移行が計画される。大人になったASにとって，親世帯からの独立を考える際，就職活動とは逆に，就労のケアが生活のケアの前提になり得る。

自らの特性と能力を学ぶ福祉的支援

現在，福祉的支援の多くは，ASの人が自らの特性を理解して能力を知ることからはじめ，スキルを高めると同時に配慮を求める経験を積み，自己肯定感を高めることで特性の理解をさらに進め，安定的な職場や家庭などにおける生活の実現を目指している。

例えば，就労のケアとして，東京障害者職業センターでは「それぞれの能力と特性を正しく理解し，その人の能力・スキルを高め，自己認知（理解）や自尊感情を向上させながら，職場に適応するために必要な支援を利用者にも職場の人にも提供する」ことが重視されている。そして，「AS用の職業相談シート」「問題状況分析シート」「職場実習アセスメントシート：アセスメント領域と特性領域の比較検討」などを活用し，職業リハビリテーション計画を作成し，トレーニング，ジョブマッチング，ナビゲーションブックの作成などを通じた支援を行っている（梅永・井口，2018）。

一方，生活のケアは，就労のケアとは少し趣が異なる。例えば，ひとり暮らしの生活であれば，就業時間が何時から何時であっても，どのような食生活で，どのような就寝時間で過ごしていてもよく，これという正解はない。就労のケアは，指示された職務内容を時間通り正確に遂行すること，明確に文書化されている服務規程を守ることを前提に支援が組み立てられるが，生活のケアのゴールは非常に多様である。

横浜市発達障害者サポートホーム事業では，おおむね2年間，1Kのアパート生活を継続しな

がら，「生活のしやすさ」「生活の豊かさ」「社会との繋がり」といった3つの視点を大切に，ASの人と支援者とで「折り合い点」を見つけ，生活のケアの目標を設定している（浮貝，2015）。このサポート付きの単身生活の体験は，1回だけ，あるいは思いついた時に遂行する日常生活スキルの獲得を目指すものではない。就労の継続に欠かせない日常生活スキルをコンスタントに遂行し続けることを支援する。自己記録は，「生活リズム」「金銭管理」など，ASの人と支援者とで折り合いがついた個別の目標を設定し，記録と振り返りを続けていく。そして，実際の生活体験で自分のペースで無理なく目標をこなし，自己記録と支援者の評価双方でもそれが確認でき，今後の単身生活に向けた自己肯定感の向上を目指す。必要があれば，支援者の直接支援も計画に組み込む（例：栄養バランスがとれた食材購入補助）。このサポートホーム事業の活用により，生活上の得意不得意を初めて知るASの人が多く存在しており，自分に合った現実的な生活環境の選択を行っている（訓練修了後の住まい探しと必要な資源への引継ぎが最後の支援）。つまり，就労のケア同様，自らの特性と能力を知ることから始め，スキルを高めると同時に配慮を求める経験を積み，自己肯定感を高める支援である。

就労のケアと生活のケアは，このように似通ったプロセスの福祉的支援が提供されているからといって，一方の成長が他方の成長に自動的に般化するとは限らない。就労の支援後，就職し，職場における定着・適応が良好な20代前半の2人の事例について，就労前と就労後一定期間が経過した時点のVineland-IIの評価点を詳細に比較した事例研究がある（武部ほか，2021）。結果として，職場と職場以外の社会生活の適応行動には関連がある一方，その関連は限定的であった。研究では，職業生活の継続により，職場の合理的配慮と本人の適応スキルの向上が見られても，家事などの日常生活スキル領域，友人関係や余暇活動などの社会性領域の適応行動が向上するとは限らないと示唆している。

大人のASにとって，就労と生活のどちらのケアも「自らの特性と能力を知ること」を重視した福祉的支援が展開されている。しかし，支援により学んだ自らの特性や能力は，支援環境と同様あるいは類似した条件で継続するものだと理解すべきかもしれない。

福祉的支援の手前で

取り組みやすい福祉的支援

現在，「自らの特性と能力を知ること」から多くの福祉的支援はスタートしている。そして，この自身に関する学びは，支援者との面談を複数回行うことで，自らの体験を振り返り，ある程度具体的な行動単位に落とし込まれた項目について，自己評価と周囲の評価とを照らし合わせることが重視される。就労のケアであれば「作業の切り替えやルーチンに変化があっても対応できる」「自分の持ち物を適当な場所に管理できる」「休憩中の会話やレクリエーションに参加する」など，生活のケアであれば「掃除や洗濯の頻度」「自炊／給食サービスの食事摂取状況」「予算と消費」などについて面接で振り返る。支援者は面談を通して，ASの人が目標に向けてステップアップしていることを確認し，「自らの特性と能力を知る」学びが進んでいるかどうか判断する。同様に，ステップアップできていない状況についても，学びの大切な機会だと考える。そこで，面接においては，図表を活用することで視覚的に理解の促進を図る場合が多い。

成人期の生活支援として「記録すること」「経験で学べるもの」「スケジュールが提示できるもの」「本人が困っていて何とかしたいと思っているもの」が取り組みやすく，一方，「本人の意向が強いもの」「実際の生活状況の確認が難しいも

の」「本人が困っていないもの」「長期的な取り組みでしか結果が分からないもの」などが取り組みにくい支援としてあげられている（肥後ほか，2015）。大人になったASに対する福祉的支援の標準的ノウハウだと考えられる。

　また，具体的な行動単位の振り返りから学ぶ支援の場合，一度に多くの目標設定を行い，同時に支援を展開しても，十分な成果が得られない。就労のケアと生活のケアを同時に進めるのではなく，「一方が安定した状況で，もう一方の変化に挑戦する」という経験則から生まれた支援の法則は，このような背景からも支持される。

福祉的支援に到達しないAS

　「自らの特性と能力を知ること」からスタートする最近の福祉的支援がすべてのASに対して成果をあげているわけではない。しかし，類似した支援方法による事例報告・事例研究は確実に増えている。同時に，発達障害に関する周知・啓発が進んできたことにより，自ら「ASである」と認識する人は急拡大している。実際，発達障害者支援センターの相談者の傾向が，次第に変わってきている。このような新たに拡大しているASの大多数は，福祉的支援を活用していない。もちろん，発達障害者支援センターをはじめとする福祉的支援の窓口を訪れるASの人のすべてが，実際に福祉的支援を必要としているかどうかは分からない。しかし，一定の割合で，早急に福祉的支援の活用が必要な人も含まれるはずであり，活用までの時間が長引けば長引くほど，支援の成果が限定的になることが危惧される。

　必要性があっても福祉的支援に結びつかない理由のひとつとして，「漠然とした困りごとや不全感」であることがあげられる。例えば，人と違う興味関心を優先し強く没頭する傾向のあるASの人は本人の困り感が薄く，一方で，自らの生活習慣や行動が周囲の人の困りごとに大きく関係していることには気づきづらい。福祉的支援とは，必ず，本人に何らかの生活習慣や行動の変化が求められる。最初に訪れた福祉の窓口で，漠然とした福祉的支援のメニューが紹介されても，自らの生活習慣や行動を変える決断は難しい。

　逆に，福祉的支援の効果への過剰な期待もある。例えば，障害者手帳の交付を受ければ，現在の困りごとや不全感の大部分が自動的に解決すると期待する事例がある。障害者手帳の取得は，支援者と継続的に協働する長い取り組みの始まりに過ぎない。しかし，具体的な目標（障害者手帳を取得）を達成されることで，これまで苦労してきた時間に比して，今後の取り組み時間を相当短く見積もってしまうのかもしれない。また，これまでの不快な経験と照らし合わせ，福祉的支援活用の弊害や周囲の差別的な態度を過剰に想像する場合もある。障害者手帳や福祉的支援のメリットとデメリットについて，さまざまな条件を加味し，バランスよく判断することは簡単ではない。

　福祉的支援がはじまれば，就労や生活の場における，具体的で誰でも確認できる行動単位での意見交換や折り合いをつけること，つまりASの特性と親和性がある相談・面接が用意されることになる。一方で，福祉的支援の入り口では，ASにとって苦手な，抽象的で複雑な情報を前提に判断を求められることになる。

┃ おわりに

　最近，AS当事者同士がSNSなどで収集した情報を整理・分析し，非ASが多数派を占める社会で生き残るためのアイディア集が出版されている（姫野，2020；借金玉，2020）。社会生活を送る上で生じるさまざまな問題点を非常に

シンプルで具体的に，そして「それなりに効果が期待できる技術」を「ハック」と呼び紹介している。例えば，「自分の発言が相手の感情を害し，嫌われてしまうのではないかと心配になり，口が開けなくなる」という比較的多くのASがかかえる問題に対して，「聞き役に回ろう」「言葉が少なく，小さな声でもジェスチャーを入れると，聞いていると理解され，良い印象をもたれる」といった小技を紹介している。「やるべきことがたくさんありパニックになる人は，週に1回他人に現在抱えているタスクを一通り聞いてもらい，整理してもらう」というハックもある。抽象的，長期的，そして総合的な判断が求められる福祉的支援と比較すると，これらのハックは明らかに具体的，短期的，そして部分的な生活の知恵である。福祉的支援とASの生活の知恵を同列に論じることはできないが，AS当事者の生活の知恵には支援にも活かせる重要な点が多い。AS特性を前提とした国や地方自治体の施策のあり方について，今後，検討すべき課題はいくつもある。

◉ 文献

厚生労働省（2013）平成25年障害者雇用状況の集計結果．https://www.mhlw.go.jp/stf/houdou/0000029691.html

厚生労働省（2020）令和2年障害者雇用状況の集計結果．https://www.mhlw.go.jp/stf/newpage_16030.html

厚生労働省（2021a）「障害者雇用・福祉施策の連携強化に関する検討会」の報告書を公表します．https://www.mhlw.go.jp/stf/newpage_19137.html

厚生労働省（2021b）4障害福祉サービス等の利用状況について（福祉・介護統計情報）．https://www.mhlw.go.jp/stf/seisakunitsuite/bunya/hukushi_kaigo/shougaishahukushi/toukei/index.html

発達障害情報・支援センター（2021）発達障害者支援センターにおける支援実績．http://www.rehab.go.jp/ddis/data/center_performance/

肥後祥治，岸川朋子ほか（2015）発達障害のある成人に対する生活支援におけるガイドラインの作成．厚生労働科学研究費補助金『成人期以降の発達障害者の相談支援・居住空間・余暇に関する現状把握と生活適応に関する支援についての研究（研究代表者：辻井正次）』報告書．

姫野桂（2020）「発達障害かも？」という人のための「生きづらさ」解消ライフハック．ディスカヴァー・トゥエンティワン．

松為信雄（2020）職業準備性（職業レディネス）．職業リハビリテーション学会＝監修（2020）職業リハビリテーション用語集．やどかり出版，pp.18-19．

借金玉（2020）発達障害サバイバルガイド──「あたりまえ」がやれない僕らがどうにか生きていくコツ47．ダイヤモンド社．

武部正明，日戸由刈，藤野博（2021）成人期から支援を開始した知的障害に遅れのない自閉スペクトラム症者の就労後の適応行動．発達障害研究 43-1；108-118．

浮貝昭典（2015）横浜市・発達障害の人へのひとり暮らしに向けた支援．かがやき（日本自閉症協会）11；21-26．

梅永雄二，井口秀一（2018）アスペルガー症候群に特化した就労支援マニュアル──ESPIDD．明石書店．

大人の自閉スペクトラムにおける産業メンタルヘルス

横山太範

▌ はじめに

　産業メンタルヘルスの領域では，成人の発達障害者に対する関心が年々高まっている。特に，非障害自閉スペクトラム（本田，2019）あるいはグレーゾーン（姫野，2018）など（以下，自閉スペクトラム，ASとする），臨床的な支援が必要となるか，ならないかの境目に位置するような人たちへの対応で産業現場は混乱している。休職した労働者の復職支援を行っている医療機関の現状として，五十嵐（2020）は参加者の60％程度で発達障害（疑いを含む）を認め，プログラムを始めてから診断が変更されたり，確定したりする利用者が多数存在することを報告した上で，双極Ⅱ型障害や発達障害を基盤として「うつ」を呈する利用者に対して，リワークプログラム参加が確定診断に繋がると述べている。筆者が勤務する当院でも，全てのデイケア参加者の対人交流の様子などを，昼食の時間も含めてスタッフが常時観察して情報収集を行い，特に発達障害が疑われる患者の確定診断はこのデイケア内での行動観察の結果を重要視して行うことで，本人も職場も納得できる正確な診断を下すように心がけている。

　本稿では，ASを抱えた職員が，リワークデイケア参加を通じて確定診断に至り，復職していくプロセスを示し，大人のASに関する産業メンタルヘルスについて述べる。

 ## 事例　職場からの勧めで受診した女性

　事例を以下に示す。なお，複数の事例から創作した架空の事例である。

　【症例】Sさん，20代女性
　【主訴】会社の指示で来談。コミュニケーションがうまく取れない，自分の言うことが相手に伝わらない。
　【現病歴】：中学生の頃に，A市内の児童精神科を受診し，発達障害の疑いがあると伝えられて服薬もしていたが，大学在学中に通院を中断している。X－1年にA市内の精神科を受診。X年Y月，当院を受診。
　【既往歴】特記なし。
　【就労状況】中堅小売業の総務職員。
　【家族歴】特記なし。家族関係は良好。
　【生育歴】乳児期は人見知りが激しく，1時間以上泣いていることもあった。初語は1歳6カ月，二語文は2歳。4歳頃までオムツが取れない，人の話を最後まで聞けないといったことがあった。小学校では家でTVゲームなどをしており，引っ込み思案な性格だった。中学ではテニス部に入ったが，怪我をしたことと人間関係に

馴染めなかったことで，1年で退部。この時期に，児童精神科を受診している。高校では部活などはせず，目立たないようにしていた。暗記する科目は得意だったが数学や理科は苦手だった。大学ではサークルに入り，友達は少なかったものの数人とは今でもやり取りが続いているが，自分を偽っているようで負担だったという。周りに合わせようとして取り繕った発言が嘘つき扱いされたこともあった。社会人になってからも同様の傾向が認められた。

【初診時所見】独歩にて入室。戸惑った表情で，抑うつ感は見られない。主訴について語るが特段困っていることはないと言うため，上司にも入室してもらい状況の確認を行う。注文の聞き間違いが原因で顧客を怒らせたり，簡単な作業ができなかったりするため，指導に大変な労力が必要で，何らかの病気ではないのか，必要なら治療すべきではないのかと感じているという。稼働能力について筆者が問うと，同期社員の4割程度もできていないとのこと。さらに詳細な検査を含む体験的なデイケア参加について説明して診察を終了した。

【心理検査】不安感，抑うつ感は認められなかったが，社会適応感の低下が見られた。AQ-J：31点。WAIS-Ⅲ：全検査IQ＝85だが，知覚統合，作動記憶は低い値となった。

【デイケアでの様子】体験参加から2カ月ほど経った後，デイケア参加を開始。初期には体調不良を理由とした遅刻・早退が複数回あり，無断欠席も見られた。また，喫煙をしていて，プログラムに遅刻したこともあった。デイケア内での交流が増えてきて，徐々に出席状況は改善し，発言も聞かれるようになった。自分の気持ちなどを語る場であるミーティングでは不快に感じたことを素直に表現し，気持ちを話せた達成感があったという。チームで行う作業では，リーダーから与えられた仕事をこなすことはできていた。他参加者との関係性が深まってきた頃，ある参加者から「これをBさん（別の参加者）に渡しておいてほしい」と頼まれて安易に引き受けたことが，デイケアで禁止されている物品の授受の行為に当たり，自分でもその危険性を認識していながらも断れなかったと振り返った。その後もプログラムに熱心に参加し，自身の特性についての理解を深めた。職場からの働きかけもあり，障害者手帳取得を前提に，短期間のデイケア利用ののち復職となった。

事例まとめ

本人よりも周囲が困って受診に至った事例である。過去に通院を中断し，大きな問題がなかったことから本人も家族も現状を深刻には捉えていなかったようだが，生育歴などからはAS傾向が見て取れる。初診時の情報だけでも本人の認識と上司や同僚の認識のずれが大きく，今後二次障害が生じる恐れから治療が必要な事例と思われたが，本人の納得を得るためまずは体験参加を勧め，デイケアでの治療のイメージを得やすくした。本格参加までしばらく間が空いてしまったが，デイケア参加に繋がった。欠席・遅刻やルール違反などがあったが，他のメンバーの支えなどもあり，定期参加を一定期間続けられた。うつ症状などの二次的な症状がないことを確認し，SSTなどの行動変容などを促す治療を行うが，それだけでは職場適応の改善が不十分であるため，職場側にもしっかり配慮をしてもらえるように障害者手帳の取得を勧めた。障害者手帳申請は，本人としては抵抗があったようだが，最終的には納得して復職に至っている。

職域における発達障害について

取り上げた事例のように職場内で作業などがうまくいかない場合，上司や周囲の同僚が異常

に気づき，受診を勧めるケースは少なくない。また，成人になる前に医療機関にかかって発達障害，あるいはその疑いがあるという診断を医師から告げられているケースも多いのだが，本人は会社に報告すべき内容であるという意識に乏しいため，職場は過去の受診歴について全く知らされていないことがしばしば見られる。

今回の事例も，中学校時代にはすでに医療機関を受診し，発達障害の疑いがあると医師から告げられていたにもかかわらず，会社に何ら報告をしていなかったため受診が遅れた可能性も考えられる。一方，職場内で勤怠に問題のある職員や作業能力や技術の習得に時間のかかる社員に対して非常に安易に発達障害ではないかと上司が「診断」し，本人の納得を得ないまま受診を指示したりするケースも見られ，単なるレッテル貼りになってしまい受診行動に繋がらないどころか，退職勧奨と受け止められてトラブルに発展することもありうる。

上述の五十嵐（2020）だけではなく，リワーク協会などでの私的な情報交換の場では，リワーク参加者のうち3〜6割程度に発達障害またはその疑いがあるという意見が多く，職域でうつ症状を示して休職に至ってしまうケースの背景に発達障害が認められることは決して稀ではない。現在は医療の中で過剰診断と過少診断が行われていると青木・村上（2017）が述べているように，職域においても上司や同僚による過剰「診断」と過少「診断」が行われているのが実情のように思われる。さまざまな悪影響を考えれば，正確な診断が行われることと，必要があれば適切な医療の提供を受けることが望ましいのではないかと筆者は考えており，産業医など職域の産業保健に関わる専門家にもそのような視点が望まれる。

職場から医療へのアクセス

職に就いているASの患者が自ら治療を求めて医療機関を訪れることは稀である。彼らは自分なりの適応方法をもって学生時代や社会人生活をどうにか乗り越えてきた人々であり，うつ病などの二次障害の発症を伴わなければ受診動機は生じにくい。そのため，周囲が気づいて受診を勧めることになるが，本人にその必要性を納得してもらうまでは大変な時間と労力がかかる場合が多い。受診に至るには上司や産業保健スタッフの根気強い関わりが重要だと思われる。

そしてこのようなケースでは，ようやく医療機関の受診に繋がったとしても問診は困難を極めることが多い。本人に困っているという意識がないため，主訴もなければ治療の対象となるべき症状の聞き取りも行えないためである。上司同席の場合であれば上司に職場での困りごとについて尋ねるが，上司も本人を目の前にして要領を得ない説明を繰り返すことが多い。そのような時に筆者は細かい内容はさておいて，本事例でも行った通り，本人の稼働能力が同年齢や同期の職員などに比べて何パーセントくらいなのを上司に答えてもらうようにしており，稼働能力がおおよそ6割を切っている場合には，リワークデイケアでの検査や治療を勧めている。本人はなかなか納得しないことも多いが，上司が同行していることなども踏まえて少なくとも周囲が困っていることを伝え，治療を受けない場合にはそのような状況が続き，最悪の場合，本人にとっては不本意な処遇がなされる恐れがあることなども伝え，治療に納得してもらう場合もある。ほとんどの場合，その場で治療や検査の同意を得ることは難しいが，職場で再度話し合い，治療や検査に繋がることが多い。こういった検査は上司が行った過剰「診断」による不当な扱いに対し，本人の正しい状態を説明で

きる材料にもなるということも付け加えると，本人も納得しやすくなる。

リワークデイケアでの AS/ASD 者の治療

AS/ASD者の治療と言えば，不安症状や抑うつ症状などの二次障害に対する薬物治療のイメージが強いかもしれない。リワークデイケアで過ごす様子の観察は，AS/ASDの症状の有無や程度，そしてうつ状態などが見られた場合は，従来の業務に復帰できるところまで回復したかどうかの診断に有用である。同時に仲間体験をしてもらうことで楽しみや喜びなどの感情の認識や自己肯定感を高め，その中で適応的な行動や不適応的な行動を学んだり，自己と他者の認識の違い，自己理解により自分の特性を把握することとそれに伴う職場場面での適応行動の獲得，というような集団心理療法ならではの治療を行うことができ，いわゆる治療困難と思われる病状が軽快することが期待できる（「負のスパイラル理論」として後述）。

先に提示した事例は集団心理療法における比較的典型的な経過をたどっているように思われる。すなわち，①参加自体に抵抗を示す時期，②戸惑いながらも参加するようになり関係が広がる時期，③自己の問題と取り組み復職準備を進める時期，という経過である。

初期には多くの患者はデイケアへの参加そのものに強い抵抗を示すことが多い。欠席や遅刻のほか，プログラムに出ていたとしても発言を避けたり，他の参加者との交流を拒んだりする。そうした抵抗の方法には新奇場面で患者が取る防衛のパターンが現れていることが多いため，むりやり交流を持つように指導するのではなく見守ることが必要な場合もある。不必要な介入を繰り返すと，参加自体が完全に途絶えて

しまい，治療に来たはずが引きこもってしまったり，会社や医療機関への不信感を増幅させてしまう恐れすらある。医療機関側はデイケアにおける治療に積極的ではない本人の行動をある種の防衛のパターンとして肯定的に認めたうえで，そのような行動が本人に不利益をもたらしていると気づけるような関わり方をしていくことが重要であると思われる。数日休んでしまったとしても，デイケアに参加していることそのものや，遅刻してでも参加していることを褒めるなど，肯定的なフィードバックを与え続ける必要がある。だが，重要なのは医療機関の関わりだけではない。デイケアなどの集団療法の場では先輩患者などからささいな声かけや励ましなどが聞かれることがよくあるが，そういった励ましが何より治療継続の動機づけとなる。

他の患者との交流が増えるにしたがって，患者は戸惑いながらも欠席することなく参加するようになってくる。AS者は表面的には最低限の対人交流を保っているように見えるが，肯定的な人間関係の構築に成功した体験が少なく，人間に対して強い不信感を抱いていることすらある。そのような患者にとって互いに励まし合うデイケアでの体験は，学生時代を含め今までの人生の中で経験したことのない温かい交流であり，人生初の仲間体験であり，友情であると感じられることが多い。この時期においては，定型発達のうつ病患者などの優しい気遣いや，発達障害の傾向を持った者同士の似たような苦労話を共有する体験などがデイケア参加継続のモチベーションとなる。しかし同時に距離の取り方などに関する経験不足から不適切な行動をとる可能性もある。事例にも見られたが，患者同士の「友人」関係を優先するあまり，デイケアのルールを破ってしまうのがその最たる例である。スタッフはルールと対人関係の取り方の狭間で苦労する患者を支える必要があるが，たとえルールだと説明しても障害特性などから新たに築かれた人間関係を優先しすぎてしまい，話がう

まく通じないことなどもある。時にはスタッフの説明よりも他の患者からのフィードバックの方が行動の変容を促す場合もあり，個人面談などでの介入だけでなく，グループ全体の中での話し合いの方が効果的な場合も多い。この時期に観察される行動は，職場で言えば少し親しくなってきた上司や同僚との交流のパターンととらえることもでき，職場内での好き嫌いやルールの逸脱などを振り返る機会となる。

デイケアにおける人間関係が安定してきたら，いよいよ自身の問題と取り組むようになる。事例では，対人関係に消極的だったSだが，デイケアの中での人間関係に安心感や信頼感を持つようになり，何か言っても否定されない経験を重ねることによって発言が増え，他者との交流が増大していった。それまでは休職要因として職場側の問題点をあげつらっていたが，自分自身の持つ消極性や人間不信などの影響を振り返るように行動が変容した。そして，それまでは復職について肯定的にとらえることができていなかったが，少しずつ復職する自分についてのイメージを持てるようにもなり，職場との話し合いで当初設定していたデイケアの短期参加の期間満了をもって復職を果たしている。当院の復職の基準からするとやや不十分な点もあったが，休職当初からの職場と医療機関の信頼関係などもあり，十分達成できたことと達成しえなかったことを正確に伝えることにより，職場の受け入れ準備なども滞りなく進んだ。

復職に際して最も大きなポイントは病識，あるいは特性の自己理解が進んだことであろう。ASと考えられていた者が病識を持つことによって自閉スペクトラム症と呼ばれるようになることは一見皮肉にも思えるが，患者は今後，障害者手帳の取得なども検討しており，職場も障害者雇用について前向きな姿勢を示している。産業メンタルヘルスにおいて，グレーなものをそのままグレーとして受け入れ，職場などの配慮で就労継続を支援するという関わり方を否定す

るわけではないが，医療との連携で本人も納得した上で治療に取り組み，必要に応じて障害者就労などへ変更することにより，より安定した稼働が可能になる場合もあるということを知ってほしい。

負のスパイラル理論

当院における治療経験の蓄積の中から生み出された，成人発達障害者の示す自閉症状形成に関する仮説「負のスパイラル理論」（横山・横山，2017）（図1）を紹介したい。従来，ASD者が示す二次障害と言われる種々の症状は発達特性と環境による相互作用によって規定されると考えられてきたが，大人になってから特性が明らかになる成人ASD者の場合には，対人場面での困難さに対して怒りや不信感を味わいながらも，どうにか克服しようとする必死の適応行動によって一層困難な立場に追いやられるという悪循環（負のスパイラル）が存在し，その適応が破綻した時に症状形成に至る，つまり医療機関に受診するような状態になる。この考え方を，負のスパイラル理論という。AS/ASD者は幼少期からいじめられる，養育者などから虐待を受けるなどのつらい体験を重ねてきていることも多い。そのような過酷な状況のもとで感情をそのまま表現し，怒りに任せた行動を取った場合には，早期に精神保健的あるいは教育的な介入を受けることになる。しかし，成人になるまで障害特性の問題が明らかにならなかった人々は，感情を出さないことによりその場ではさらに叱られたり攻撃されたりはせず，とりあえずその時点では適応的な行動を取れてきた人々でもある。つまり，自閉的な傾向は障害特性に由来するものに加えて，本人の社会適応の方策として感情に蓋をすることにより一層自閉的となっていくという負のスパイラルが強化されていくこ

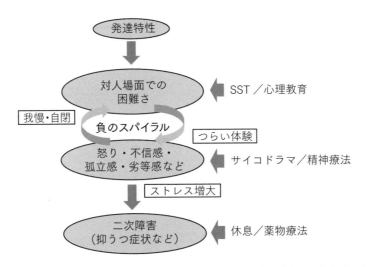

図1　成人発達障害者の「負のスパイラル」による症状形成の過程と，主な介入技法
（横山・横山（2017）から一部改変）

とになる。

　事例は，元来引っ込み思案であったようだが，中学校で人間関係に馴染めず部活をやめるなどしてから児童精神科を受診しており，つらい体験があったものと推察される。しかし，ここでSが取った方略は，新しい人間関係を発達させて状況を好転させようとチャレンジするのではなく，人間関係に悩み，不信感や寂しさを抱えながら一層控えめな生活を送るというものであった。

　学生時代であれば，このような受け身的な対人関係でも乗り越えられたであろうが，就労場面では自らの判断が求められる機会が増え，結果として，主訴にあるような症状（コミュニケーションがうまく取れない，自分の言うことが相手に伝わらない）となって顕在化するに至っている。つまり，Sに見られたコミュニケーションの障害は，生来的な特性に由来する部分と，中学生以降の対人関係の悩みによってさらに付け加えられた部分との総和であり，後者についてはサイコドラマやデイケアなどの丁寧な心理療法的アプローチにより改善が可能と考えられる。

■ おわりに

　AS/ASDに対して就業上の一定の配慮があれば彼らは能力を発揮し得るという認識が広がってきているのは喜ばしいことだが，一方で職場も本人も配慮を考えるだけで良いのかという疑問も残る。「治る」「治療をする」という言葉の定義の問題かもしれないが，当院で治療を行ったAS/ASDの患者は，症状は軽快し，不適応を起こしてしまった元の職場に戻っても十分な責任を果たし続けている患者が多数いる（横山，2015）。症状が軽快し働けるようになっているのであれば，その関わり方は，十分に治療と言っても良いのではないだろうか。職場の配慮が必要ないとは言えないが，医療機関である以上，それ以前にまず十分な治療を行わなければ，他の労働者が存在する産業メンタルヘルスの領域では無責任と言わざるを得ないだろうか。

　しかし，十分な治療を行うためには，例えば若いASD者で就職してからの期間が短い場合でも十分に休めるような就業規則が整えられてい

なければ，休職すること自体が不可能となってしまうし，画一的な労働力を求めるような職場ではなく個性を活かせるような職場であれば，本人も周りも治療の必要性を感じることなく能力を発揮しやすくなるのかもしれない。

　最後に，コロナ禍で企業での労働者の働き方が大きく変化する中で，成人発達障害者がより働きやすい職場環境になっていくことを願っている。

◉文献

青木省三，村上伸治（2017）自閉スペクトラム症の診断をめぐって主として思春期以降の例について．精神神経誌 119；743-750.

本田秀夫（2019）あなたの隣の発達障害．小学館.

姫野桂（2018）発達障害グレーゾーン．扶桑社.

五十嵐良雄（2020）リワークプログラムの発展を顧みて．日本うつ病リワーク協会誌 1；1-4.

横山真和，横山太範（2017）発達障害のリワーク．精神科治療学 32；1631-1636.

横山太範（2015）医療リワークプログラム内で行う成人発達障害者支援——Mutual Communication Program とサイコドラマ．精神神経学雑誌 117；212-220.

学生相談

石垣琢麿　川瀬英理

学生相談とは

　学生相談は通例として大学・短大・専門学校などの学生に対する支援を指し，高校までのスクールカウンセリングとは区別されている。日本学生相談学会は，その前身である学生相談研究会が設立された1955年から，65年を超える歴史をもっている。本稿の前半では，同学会が2015年に公開した「発達障害学生の理解と対応について──学生相談からの提言」（https://www.gakuseisodan.com/?p=1782）（以下，提言と記す）を中心に，学生相談の活動を紹介し，発達障害，特に自閉スペクトラム症に関する取り組みについて解説する。

　「学生相談とは，学生生活上の困難を抱える学生に対して，専門的な適応支援・教育的支援を行い，学生の心理社会的な成長，発達，回復を促進すること」（p.2）と提言に記されていることからもわかるように，学生相談の守備範囲はかなり幅広い。これは学生の活動範囲が高校までと比較して格段に広がることに加えて，卒業後は社会に出ていくことを前提に，学生の全人的な成長を見守り，促進することが目的とされるためである。単にカウンセラーが学生の悩みを解決すればよいというものではない。学生にとっては悩むこと自体が発達上の課題であり，課題を乗り越える力を育むという教育的配慮も求められる。

発達障害学生の特徴

提言をさらに引用する。

　「障害のある学生に対しても，障害に焦点を当てた対応のみではなく，全人的成長や発達のために支援を提供します。また，学生の個別ニーズを踏まえ，障害のある学生を含む全ての学生が安心して学ぶことができるよう，教育・研究環境の改善を図り，大学コミュニティに働きかける活動も求められます。発達障害による問題の現れ方は，1人ひとり，また，学生期の時期ごとにも異なります。支援を行う際には，学生当人の障害特性と該当する学生期の課題を個別に考慮することが必要です」（p.2）

　少なくとも総合大学では，学部・学科・学年によって学生に求められる知識と能力は大きく異なる。入学当初から障害による問題が顕在化するケースもあれば，学年が進み学問的専門性が高まったり，授業方法が変わったりすることによって問題が顕在化する場合もある。個別の問題は，その学生が有する障害と能力という軸と，学生生活サイクル（奥野，2020）という時間軸との交点で現れる。筆者が体験した自閉スペクトラム症の例では必修体育授業に適応できず体育館でパニックになったという学生もいた。また，一般に理系の学生の方が入学当初から実

験や実習が多いため，問題が早期に顕在化することがある。研究室に配属されて少人数教育が始まれば，対人的な問題が生じる可能性はもちろん高まる。一方，文系学生が問題なく卒業できるとも限らない。少人数教育における対人的な問題は理系と同様に生ずるし，卒業研究の段階で初めて修学上の問題が顕在化して，就職もできないし卒論も書けないために教授陣が大慌てすることもある。また，求められるレベルの文献調査ができなかったり，自らの研究方針に従って資料をまとめることができなかったりするケースも多い。

大学院では学部とは異なる問題が生じる。大学院生に対して教授陣は，自らの研究（あるいは研究チーム）の助手として働いてほしいと思い，優秀な研究者を育てたいという意識に基づいて指導する傾向があるため，教授の研究目標や研究チームの目的に合致しない志向性や行動が許容されないことがある。教授自身が忙しすぎて，学生にあまり手をかけて指導できないという場合もあり，「自分でやれるところまで研究を進めて，成果だけ見せてくれればよい」という態度になることもある。こうした上昇志向的，あるいは成果主義的な態度は営利目的の組織のリーダーであれば当然のことかもしれないし，就職すれば当たり前に要求されることでもある。また，学部と大学院では研究のレベルが異なるため，教授の教育態度が変化しても仕方がない面はあるが，自閉スペクトラム症の学生のなかにはその変化に適応できず，研究環境との間に軋轢が生じ，場合によっては被害的になって，教授や大学とのトラブルに発展するケースもある。

一方で，大学生は人間関係も広くなり，社会との接点も多くなるため，問題は修学，あるいは大学内だけで生じるわけではない。筆者が体験した自閉スペクトラム症の例を考えても，SNS上の人間関係や，自らのセクシュアリティとそれに基づく恋愛や性に係る問題はきわめて重大である。これに詐欺や性犯罪，あるいはカルトの問題が絡むこともある。一般に発達障害をもつ学生は，一般通念では避けるだろうと思われる危険を避けることができなかったり，逆に自らその危険に身を投じたりする傾向がある。少なくとも大学内では，その無謀さを受け止めて成長を温かく見守る環境を作りたいと筆者らは考えているが，彼らの特性を「悪用」しようとする人間も多くいることは間違いない。

さて，ここまでは大学や社会との関係という視点で自閉スペクトラム症の学生について論じてきたが，これまでなんとか破綻せず続けられてきた親子・家族関係の問題が，大学生になって顕在化することもある。発達障害特性のために修学がうまくいかず，自らの将来に悲観的になり，その原因を親に帰属させて激しい家庭内暴力に及んだケースもあった。高校卒業までは「とにかく，大学に行けばなんとかなる」と指導され，学業が優秀であるがゆえに対人関係的・社会的問題が隠蔽され，親も容認してきたケースである。このような一部の学生の支援には高大連携が重要になるだろう。高校・大学間で当事者の情報を共有することはもちろん重要だが，大学入学の前後で本人・家族と大学が，「大学での学びとは何か」について互いの理解を深めて合意を得ておくことも必要だと思われる。大学では障害者差別解消法に沿った合理的配慮が行われるが，本人や家族が望む支援を全て提供できるとは限らず，要求に沿うことが必ずしも教育的というわけでもない（土橋・渡辺，2020）。その点も本人・家族・高校によく理解してもらうよう働きかける必要がある。

学生相談における支援のあり方

支援の具体的方法については後半に詳述するが，支援の概念を解説すれば図1（提言より引

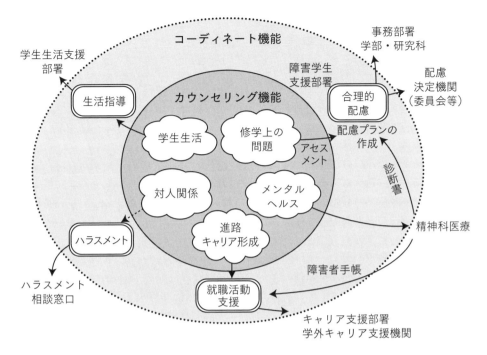

図1　発達障害学生支援に求められる機能（提言より引用）

用）のようになる。日本の学生相談は歴史的にカウンセリング・心理療法の場としての機能が重視されてきた。このスタンスは対象が発達障害の学生である場合も変わることはないが，そこにコーディネート機能を併せ持つことで発達障害支援としてさらに充実する。学生相談が連携を必要とする専門家には医師やソーシャルワーカーのような医療・福祉の専門職だけでなく，大学の一般教員や教務課・学生課の職員のように教育・研究・大学運営の専門家が含まれる。

　学生相談では，学生の発達障害の有無とは関係なく，大学内外の他部署・他機関との連携と協働の経験が積み重ねられてきた（杉江，2020）が，対象が自閉スペクトラム症をもつ学生の場合はより一層綿密に連携・協働しなければならないケースが多い。また，コミュニケーションの障害があると意思疎通がうまくいかず，支援者との間ですらトラブルが生じることもあり，コーディネーターのいるチームで支援すること

はきわめて重要である。

大学における具体的支援

　ここからは，大学での支援の実際について筆者の経験も交えて説明する。

入学前～入学後初期

　自閉スペクトラム症の学生のなかには，入学試験の配慮依頼を提出し，入学前から合理的配慮を受けている人もいる。配慮依頼が提出されれば，支援担当教職員と学生で面談が行われ，そこに学生相談所の相談員（以下，相談員と記す）も参加することになる。この面談には家族が同席する場合も多い。

　入学直後の面談では，本人の障害特性に加え

て，高校までの困りごとや受けてきた配慮について聴取するが，本人は小・中・高校側による配慮だけでなく，自身の診断名すら明確に知らないことがある。診断名は知っていても，それが自分の困りごととどのように関係しているのか，自分の障害特性に対してどのような配慮を受ければ生活がうまくいくかなどについて十分考えたことがない学生も多い。

診断に重きを置かず，特性があることだけで配慮を受けられる大学もある（福田，2016）。筆者の勤務する大学では，合理的配慮を受けるためには診断書だけでなく，本人みずからによる合理的配慮の申請を求めている。

相談員は発達障害全般と当該学生の特性，当大学で措置できる合理的配慮，当大学の教務システムなどに精通している必要がある。相談員が学生から具体的な困りごとを聴取しつつ，妥当と思われる合理的配慮を提案し，学生本人に選択してもらう。困りごとや希望を話題にするなかで，本人が自己理解，環境調整方法（他者からの協力を得る方法），自己権利擁護などの知識を少しずつ身につけ，社会に出る準備を整えることが理想である。しかしながら，大学生活自体にも慣れていない人にとって，上記の全ての事項を並行して処理することはかなり負担である。授業適応や単位取得のために，合理的配慮の手続きの迅速さは重要だが，同時に学生の心身のストレスに十分気を配る必要がある。

授業やそれに伴う手続きに関する支援

大学は高校までとは異なり，履修登録のルール，科目の選択，毎時限の教室移動，担当教員によって異なる授業や課題の形式・提出方法など仕組みが複雑で，単位を無事に取得するだけでも難易度が高い。特にアクティブラーニングである実験や演習では不適応が生じやすいが，担当教員は本人の特性を知らないことが多く，教員側からの細やかな支援は期待できない。

また，高校までは一問一答式や簡単な記述回答の試験がほとんどで，自閉スペクトラム症の人が苦手とするレポート課題は少なく，万一未提出でも進級にとって危機的事態にはならなかったかもしれない。ディスカッションやプレゼンテーションを中心に据えた授業も大学では多くなる。

自閉スペクトラム症の学生は，入学時から合理的配慮が行われていない限り，自主的に担当教員や教務課に相談するという問題解決方法を思いつきづらく，思いついても心理的障壁が高く，授業を欠席するという方法しか選択できないことも少なくない。多くの大学では授業の欠席が続いてもすぐには家族に連絡されないため，単位取得は難しくなり，留年することもある。これがかつては単純なサボタージュと混同されていた大きな問題である。しかしながら，留年を機に家族が学生の実態を知ることになり，本格的な相談につながることもあるため，支援上は「大事なつまずき」とも考えられる。

一方で，入学時から相談機関につながっていたとしても，相談員が学生の生活や心理の微妙な異変を把握するのは難しいことも多い。「何か困っていることはある？」というオープンクエスチョンで尋ねると，学生は簡単に「ない」と答えるか，考え続けて回答できないこともある。そのため，相談員は時間割を見ながら1教科ずつ，授業の内容や課題について，具体的に丁寧に質問することが望まれる。

生活リズムの崩れ

入学と同時に一人暮らしを始めたケースでは修学上の大きな問題が生じやすい。このような学生のほとんどは親元を離れることが初めてで，家事のスキルがあったとしても興味のない家事には全く意欲が出ず，生活環境が荒れてしまうことがある。

一人暮らしにおける問題のなかで最も多く，

深刻なのは，生活リズムが崩れることである。夜更かし，朝寝坊になることで，午前中の授業への欠席や遅刻が頻発する。欠席や遅刻が許されない必修科目もあり，特に理系科目や演習授業では内容を理解できなくなり，授業参加や勉強意欲が低下し，欠席が続くという悪循環も生じやすい。

相談員による週1回の支援体制では生活が改善しないこともある。その場合は家族に協力を要請しなければならない。例えば，朝寝坊のために午前中の授業への欠席が続いている学生を考えてみよう。スマホ使用を20時までに限定して0時までには就寝する，という生活目標を相談場面で本人が主体的に作成し，実行できる自閉スペクトラム症の学生も確かにいる。しかし，家族からのモーニングコールがないと起きられない学生や，遠隔会議システムやGPSによる家族からの見守りが必要な学生は多い。家族が同居しておらず，睡眠覚醒リズムが安定しない学生もいる。こうした学生の場合，家族がどの程度協力できるかによって支援に大きな幅があるので，相談員としては家族とも頻繁に相談しつつ，適切な支援プランを提案する必要がある。

研究に関する支援

研究には新奇性が，研究者の素養には主体的な思考力，実行力，協調性が求められる。つまり研究には，広い意味での想像力が必要とされる。自閉スペクトラム症の人の中には，想像力を必要とする研究を苦手とする人が少なくない。

自閉スペクトラム症の学生が大学院進学を希望する場合は，本人の特性や認知能力の凸凹と，研究生活に適応する素質との一致，不一致についてよく話し合う必要があるだろう。研究生活がうまくいかない可能性を家族や相談員が示しても，本人の意思が変わらないこともある。最終的に家族が学資提供に同意したことを受け，本人の意向に沿って具体的な支援方針を立てる

ことになる。

大学入学前や入学直後から支援を受けている学生に対しては，教員との連携の重要性を本人に説明し，承諾が得られれば早急に相談員は指導教員と連携する。連携が十分であれば，学生の得意分野を中心とするテーマや方法を，教員に早々に考えてもらうことができるかもしれない。しかし残念ながら，大学院入学後に相談されることの方が圧倒的に多い。テーマや方法を自ら考案できない学生もいるし，理系の場合は学生の思い込みや不注意から身体的危険が生じることもある。あまりに研究上の障碍が多いと合理的配慮における「過度な負担」が教員に生じるため，学生に進路変更を提案せざるを得ないこともある。修士課程での研究生活に適応できず，休学のうえで特性に合った就職先を探すことになり，相談員が支援するケースも少なくない。

一方で，自閉スペクトラム症と診断されていない場合や，診断されたことを指導教員に伝えていない場合は，研究の行き詰まりを教員から努力不足とみなされることもある。学生からの同意を得たうえで，相談員から教員への丁寧な特性説明が必要となることもある。

キャリア支援（自己理解・就職活動）

キャリア支援は学生相談における重要な活動の一つである。学校の成績，つまり知的能力に照らした得意・不得意が大きな決定因であった高校までとは異なり，就職活動では急に自分の「やりたい仕事」を考えるように求められる。一般学生でも「やりたい仕事」への囚われが就職活動の障碍になることはあるが（石垣，2020），自閉スペクトラム症の学生は「やりたい仕事」よりも得意な仕事，つまり「全うできる仕事」を選択することが，長期的な予後にとってきわめて重要である。

筆者は学生が「全うできる仕事」を選択でき

るように，本人の認知特性と進路選択との関係を面接で折に触れて話題にしている。合理的配慮を得た学生の多くは，困りごとと障害特性を関連させて配慮依頼する作業を相談員とともに行っており，それによる成功体験もある。彼らは就職活動でも「やりたい仕事」をやみくもに探さず，「自分ができる仕事がしたい」「自分に合った仕事がしたい」と希望することが多い。

指示されたことや決定していることに疑問を抱かず，働くことを当然ととらえている「従順な」学生や，就職先にこだわらない学生は内定を得やすく，興味のないことを強く避けたり，こだわりが強かったりする学生の場合は難航するという印象を筆者はもっている。後者でも学生相談室を以前から利用していれば，相談員が就職活動に伴走することで，就職活動への意欲は低いままでも負担は減ったと語る学生は多い。また，キャリア支援の専門相談員への相談を契機として考えが急に変わることもある。

自閉スペクトラム症の学生の場合は，新卒での就職にこだわらない姿勢も重要である。就職活動1年目でのスタートが遅かったとしても，就職留年や浪人をした2年目には，他の人よりも早くスタートが切れることで自信が高まり，二度目であるという安心感や，経験からの学習によって心理的にも安定し，結果として内定を得やすいことがある。

筆者は自閉スペクトラム症の学生には障害者雇用促進法のいわゆる障害者枠での就職に関する情報提供も必ず行っていることを付記しておく。

「東京大学相談支援研究開発センター コミュニケーション・サポートルーム」の取り組み

東京大学では2010年10月に，発達障害またはその特性のある学生に特化した相談・支援機関である「コミュニケーション・サポートルーム（CSR）」が開設された。CSRのもっとも重要な役割は，障害のある学生が合理的配慮（修学支援）を適切に受けられるよう支援することだが，発達障害特性の強さや利用者のニーズ，困りごとによって，次に挙げるように支援内容は多岐にわたる。

- 自分を客観的に理解するための特性検査と結果説明
- 発達障害について話す場所の提供
- 定期的な面接やプログラムを通したソーシャルスキル（コミュニケーション）の紹介や練習
- 忘れ物，うっかりミスを少なくする工夫のアドバイス
- スケジュール，時間管理，生活リズムを整える工夫のアドバイスとペースメーカー的役割
- 就労支援（発達障害のある学生に対する就労先選択，履歴書，自己PR，志望動機の作成アドバイス，面接の練習など）
- 医療機関や就労支援機関などの関係機関の紹介・連携
- 家族や教職員へのコンサルテーション

 事例 ## 大学入学直後に勉強でつまずき，問題が顕在化した理系の学生

理系1年生Aさん，家族と同居。入学後すぐ，各自がテーマを決めて簡単な実験を行いレポートを提出するという演習授業でテーマを決められない。期末テストの前には，何をどの程度勉強してよいかわからず，目標もなく，大学での友人がいないため相談することもできなかった。勉学意欲も低下し，「中途半端な成績を取りたくない」と考えて試験をほとんど受けなかった。

両親はＡさんの元気がないとは思っていたが，夏休みになっても回復しないため，成績を見せるよう迫ったところ単位をほとんど取得できていないことが発覚した。

その後，Ａさんは母親同伴で学内の保健センター精神科を受診した。担当医は，後期でも同じことが起きないよう，修学支援のためにCSRを紹介した。保健センターでの診察と並行してCSRでは，Ａさんの同意を得て認知特性を知るための心理検査を実施し，結果をＡさんと両親に丁寧にフィードバックした。また，前期の時間割をＡさんと一緒に見ながら，授業の方法や課題などに関して１つひとつ丁寧に尋ねていった。Ａさんの困りごとを明らかにし，後期の時間割を作りながら授業でつまずきそうなことを一緒に検討した。

後期の授業が始まる前に，相談員が合理的配慮について説明したところ，Ａさんは合理的配慮を受けることを希望した。これを受けて担当医から現時点での診断名「自閉スペクトラム症の疑い」と「社交不安症」がＡさんに告げられた。それらの書類を持参し，母親が付き添い，Ａさんは所属部局の教務課に修学支援を申し込んだ。

Ａさんは，各学期で修学支援を受けながら３年生となり，就職活動を行うことになった。Ａさんは他者とのコミュニケーションが苦手だということを十分理解していたので，専門的なスキルを身につけて，難しいコミュニケーションを求められない仕事に就きたいと考えた。まずは大学を卒業することを目標に，その後は就労移行支援事業所でプログラミング技術を習得することを希望した。Ａさん同意のもと相談員は両親を含めた四者面談を行い，本人の意向と相違がないことが確認されたので，Ａさんの希望と計画に沿って進めることになった。

４年生では研究室の指導教員やスタッフにＡさんの特性理解を求める必要が出てきた。Ａさんは教職員への説明は承諾したが，学生や大学

院生に自分の障害について知られることには抵抗があった。相談員は，Ａさんの特性から研究テーマを１人で考えることが難しいこと，実験ではなく数値計算や簡単なプログラミングのような研究手法が適していること，報告・連絡・相談のタイミングやそれらがどの程度必要か判断できないこと，などを指導教員に説明した。その後，Ａさん特有のこだわりや完全主義のために紆余曲折はあったものの，何とか卒業論文を書き上げた。研究発表会を前にして，１年生の頃から相談員と一緒に練習してきた緊張への対処法（考え方の癖の扱い方，呼吸法，自分を勇気づける言葉がけなど）の復習を行った。

２月以降，２カ所の就労移行支援事業所に数日ずつ体入入所し，ウェブデザイン系の技術が習得できる事業所に４月から通所することが決まった。卒業に際しては，担当医が卒業後に支援を受けられる医療機関を紹介し，CSRは就労移行支援事業所と自治体指定の特定相談支援事業所を紹介して支援終了となった。

最後に──自閉スペクトラム症の学生へのメンタルケア

自閉スペクトラム症の学生支援において，問題解決的支援と心理療法的支援は車の両輪である（倉光・渡辺，2021）。ここまで挙げたような修学，対人関係，メンタルヘルス，学生生活，進路に関する問題は，発達障害の有無にかかわらず誰にでも生じうるため，学生相談の丁寧なメンタルケアや成長を育むアプローチは，自閉スペクトラム症の学生にとっても重要である。自閉スペクトラム症の学生はいじめられた体験や失敗体験を持つこと多いために，自尊心が低い傾向がある。相談員が彼らの世界観や価値観について傾聴し支持することで，自分は大切な

存在であり，自分の考え方を大切にして生きて
もよいということを学生が実感してくれること
を期待している。彼らはマイノリティであるた
め，卒業後も生きづらさを多々感じるかもしれ
ない。しかし，大学での生活は人生の中でもか
なり特殊な期間である。「社会に出てからの方
が，気分も調子もずっと良いし，仕事も楽しい」
と言っている先輩たちの姿を伝えて現役学生を
勇気づけることも，相談員として重要な役割だ
と考えている。

◉文献
土橋圭子，渡辺慶一郎（2020）発達障害・知的障害
　のための合理的配慮ハンドブック．有斐閣．

福田真也（2016）受診と診断をどう考えるか．In：
　高橋知音＝編著：発達障害のある大学生への支
　援．金子書房，pp.73-82.
石垣琢麿（2020）将来どうする？．In：齋藤憲司，
　石垣琢麿，高野明：大学生のストレスマネジメ
　ント．有斐閣，pp.191.
倉光修，渡辺慶一郎（2021）自閉スペクトラム症の
　ある青年・成人への精神療法的アプローチ．金
　子書房．
奥野光（2020）学生を理解する視点．In：日本学
　生相談学会＝編：学生相談ハンドブック［新訂
　版］．学苑社，pp.45-58.
杉江征（2020）連携と協働．In：日本学生相談学会
　＝編：学生相談ハンドブック［新訂版］．学苑社，
　pp.130-147.

デイケア・ショートケアプログラム

太田晴久

はじめに

　自閉スペクトラム症（以下，ASD）に対して医療は何ができるのだろうか。これまで，成人ASDの診療においては，診断的側面に関心が集まり，治療的関与については議論が十分になされなかった。その背景に，「発達障害は治らない」という考えがある。確かに，ASDは生まれながらの神経発達障害の一種であり，中核的な症状を消失させる治療法は現時点では存在しない。そのため，当事者や周囲の人たちが，特性を理解して，環境を調整するなど，合理的に可能な範囲の配慮が期待される。しかし，当事者の多くは，配慮を望む気持ちだけでなく，自身を変化させ，成長していきたいと願っている。医療としては，このような当事者の思いに応えていく必要があるのではないだろうか。

　最もシンプルな「治療」としては，ASDの特性自体の軽減である。近年の技術の進歩により，ニューロフィードバック，TMS（磁気刺激治療），オキシトシン投与など，ASDに対してさまざまな試みがあり，有望な成果も得られている。これらは将来的な臨床応用が期待されるが，残念ながら現時点では研究段階である。また，ASD特性の軽減はあくまでも社会に適応していくための手段のひとつであり，目的ではない。特性そのものの存在は「悪」ではない。社会生活に適応できていれば問題はなく，状況によっては長所として活用することもできる。ASDの

「治療」については，もう少し広い視野で考える必要があるだろう。

　本稿で紹介するASDを対象とするデイケア・ショートケアプログラム（以下，ASDプログラム）では，障害特性やコミュニケーションについて学ぶことができる。しかし，コミュニケーション技術の習得の場としての役割は，プログラムの一側面にすぎない。他者への関心が薄くなりやすいASDでも，自分と似た特徴を持つ他の参加者と一定期間共に過ごすことで，当事者に変化をもたらす。他者を信頼できる感覚が醸成され，自己および他者に対する否定的な認知が改善することもある。また，同質の他者との接触のなかで，障害特性を具体的にイメージでき，メタ認知（客観的に自分の考えや行動を認識すること）の改善にもつながることもある。たとえ，コミュニケーション技能などに大きな変化がなくても，これらの総合的な結果として，孤立から社会参加への行動変容につながることを経験してきた。ASDプログラムが当事者の社会参加に寄与する中核的な要因のひとつは，自分と似た仲間と出会い助け合えるというピアサポート（同じような立場の人による相互サポート）効果にあると考えている。

　これまでASD専門プログラムは，全国で1,000人以上が参加している。2018年度の診療報酬改定により，発達障害専門プログラムに対し，現行の診療報酬（小規模ショートケア）に加算が認められるようになった。プログラムを実施するためのワークブック（横井ほか，2017b）やマニュアル（横井ほか，2017a）も作成されてい

る。こうしたことからプログラムの有用性について一定の理解が得られたと考えられ，社会的なニーズと比較して，実施している医療機関の数は未だ不十分であると言わざるを得ない。本稿によって，ASDプログラムについての理解が広まれば幸いである。

プログラム開発の経緯

　昭和大学附属烏山病院では，2008年からの成人発達障害の専門外来開設とともに，ASDを対象とするデイケアプログラムを開発・実施している。発達障害に対する正確な診断は，支援の入り口として，非常に大切だが，診断のみで終わってしまっては，単なるレッテル貼りになる危険性がある。そのため，診断された後の治療的選択肢を提示するASDプログラムの開発が取り組まれた。

　成人発達障害支援のニーズ調査（学校法人昭和大学，2014）が行われ，成人ASD当事者は「対人関係の維持・構築（66.3%）」「コミュニケーション技術の習得（64.7%）」に最も支援を求めていることが示された。一方，行政や医療機関（430機関）に対して調査した結果では，心理社会的支援が最も必要と感じる治療方法（83%）として選択された。このことは，当事者からも，医療機関からも，ASDプログラムのニーズが高いことを表している。

　当時の本邦におけるデイケアの対象としては統合失調症が大部分を占め，そこに気分障害の患者を対象としてリワークなどを実施している施設が一部加わるという状況であり，成人のASDを対象とするデイケアプログラムはこれまでにほとんど存在していなかった。そのため，新たにプログラムを作りださねばならず，心理士，精神保健福祉士，作業療法士，看護師らメディカルスタッフにより，試行錯誤のなかで開発された。プログラムの開発においては，参加した当事者の意見が非常に有益であり，当事者と共に作り上げたとも言えるであろう。

プログラムの目的

　ASDは基本的には特性が持続する。その前提に立つと，障害特性自体を軽減・消失させることは，プログラムの目的としてそぐわない。ゆえに，自身の特性について適切に認識し，苦手な面を補うスキルを身につけることを目指していく。ASDは自身の特徴を客観的に認識することが不得手である。そのため，他者からの適切なフィードバックが自己理解の深化には重要となる。しかし，批判された経験の積み重ねにより，ASDの人は自己肯定感が低くなっていることが多い。そこに他者の意図理解の不得手さも加わり，助言を自己に対する批判と受け止めてしまいやすい。ASD患者のみで構成されるグループは，参加者にとって同質な他者と悩みや関心を共有する初めての体験となる。自他を受け入れる場となり，助言を受け入れやすくする素地を作ることにも役立つ。また，社会的に孤立しがちなASDにとって，安心できる居場所としての機能も持つ。これらのことから，昭和大学附属烏山病院ではASDプログラムの目的として，以下の5つを設定し，プログラム前に参加者に提示している。

> プログラムの目的
> ①お互いの思いや悩みを共有する
> ②新しいスキルを習得する
> ③自己理解を深める
> ④より自分自身に合った「処世術（対処スキル）」を身につける
> ⑤同質な集団で新たな体験をする

プログラムの構造

プログラムの参加者は，基本的には年齢，性別を問わないが，診療報酬の加算の対象は，年齢が40歳未満に限定されている。プログラムの理解のためには一定の言語能力を必要とすることから，知的水準に遅れがない（言語性知能90以上）ことを参加の要件としている。しかし，言語性知能に若干の遅れがあっても，個別の判断で有用性が予見される場合には，杓子定規に基準をあてはめ除外する必要はない。また，対人コミュニケーションスキルの修得といった技術的な側面だけでなく，同様の悩みを持つ者同士が体験を共有することもプログラムの重要な役割である。そのため，集団への一定の適応度を持っていることは確認する必要がある。参加人数は1グループあたり8～10名程度である。

1回3時間のプログラムとして，ショートケアの枠組みで運用されている。開催頻度につい て明確な取り決めはないが，昭和大学附属烏山病院では，平日は週に1日，土曜日は隔週で開催されている。月に一度の頻度で開催されることもあるが，間隔が延びることで参加者の凝集性の面では不十分となりやすい。性差については男性が必然的に多くなり，女性も合同参加とする場合は1人にはならないような配慮が必要である。ASDの感覚の過敏性に対する配慮として，電話やコピー機などの雑音，蛍光灯や掲示物などの視覚的刺激に留意する。ただ，通常は大幅な施設構造の変更までは要さず，可能な範囲での配慮により対応可能である。

スタッフ配置は1グループにつき2名以上のスタッフで実施する。プログラム中はホワイトボードを正面に置き，テーブルは置かず車座の配置で参加者が囲む形である。グループのリーダは参加者の力動を把握しながらプログラムを進行していく。コ・リーダーはその補佐として板書や参加者のフォローを担当する。リーダーとコ・リーダーは，可能であれば他職種でペアを組む方が，専門的視点が広がる。

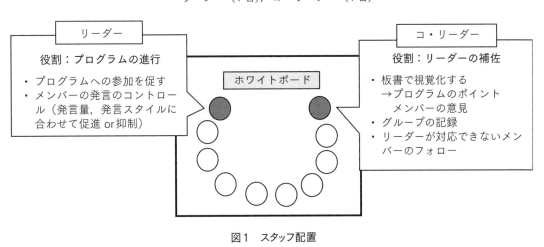

・他職種で2名以上を配置
・リーダー（1名），コ・リーダー（1名）

| リーダー | ホワイトボード | コ・リーダー |

役割：プログラムの進行

・プログラムへの参加を促す
・メンバーの発言のコントロール（発言量，発言スタイルに合わせて促進 or 抑制）

役割：リーダーの補佐

・板書で視覚化する
　→プログラムのポイント
　　メンバーの意見
・グループの記録
・リーダーが対応できないメンバーのフォロー

図1　スタッフ配置

プログラムの流れ

1回のショートケアプログラム（3時間）は以下のように構成される。

 ①始まりの会
 ②ウォーミングアップ，宿題の確認
 ③プログラム
 ④帰りの会

始まりの会では，1週間であった出来事を1人ずつ1分間程度でスピーチする。他者を意識しながら，効率よく話すことを意識する練習になる。妥当な自己開示性を含む内容を入れ込むことにより，グループの凝集性を高めることに寄与する。不安が強い場合には，無理に話をしなくてもいいことを保証する。2回目以降では司会と書記を参加者が担う。参加者の多くは社会的な役割を持てておらず，役割に立候補あるいは指名されることにより，責任感や達成感を培うことができる。ウォーミングアップでは，参加者の緊張を緩和させ，スムーズにプログラムへ移行できるようなゲームを取り入れている。また，宿題があればその確認をする。その後，10～15分程度の休憩を経て，本編としてのプログラム（休憩を含め2時間程度）を実施する。プログラム開始前には，毎回以下のプログラム中のルールを確認し，安心して発言していい場であることを共有する。最後に帰りの会を20分程度行い，始まりの会と同様に司会と書記を参加者が務め，次回へのモチベーションを高めていく。

プログラム中のルール
- 積極的に発言しましょう
- グループ内で話し合ったことは，口外しないようにしましょう。
- 席を立つときは，一言声をかけるようにしましょう。
- 相手の意見を否定しないようにしましょう。
- 相手の話が終わってから自分の話をしましょう。

プログラムの内容

プログラム内容は，コミュニケーションスキル，ディスカッション，心理教育の3領域で構成している。これまでの試行錯誤で得た知見をもとに，全20回のプログラムで構成されている（表1）。

ここでは具体例として，第2回の「コミュニケーションについて」を紹介する。プログラムでは，コミュニケーションには言語的なものだけではなく，非言語的なものがあることへの理解を促している。プログラム全体を通して，CES（Communication Enhancement Session）の技法をしばしば用いている。CESとは東京都精神保健福祉センターにて開発されたASDの視覚優位性を利用した技法である（中村ほか，2008）。参加者の個人的な体験を用いると過去の不快体験の想起につながる危険性があることから，日常生活で遭遇しやすい場面をセッションごとにあらかじめ設定し，参加者がそれぞれ意見を述べて皆で検討するという形態をとっている。ホワイトボードに表示したイラストのキャラクターの会話場面という設定のもと，用意してあるキャラクターのセリフを吹き出しで幾つか視覚的に提示し，評価ボードのGood（100点）からBad（－100点）の軸上のどの位置に当てはまるかを参加者間で話し合いながら動かしていく。

プログラム内容の詳細については，プログラムマニュアル（横井ほか，2017a）を参照されたい。

表1　ASDプログラム（1回3時間／全20回のプログラム）

回数	内　　　　容	回数	内　　　　容
1	自己紹介・オリエンテーション	11	上手に頼む／断る
2	コミュニケーションについて	12	社会資源
3	あいさつ／会話を始める	13	相手への気遣い
4	障害理解／発達障害とは	14	アサーション
5	会話を続ける	15	ストレスについて
6	会話を終える	16	ピアサポート②
7	ピアサポート①	17	自分のことを伝える①
8	表情訓練／相手の気持ちを読む	18	自分のことを伝える②
9	感情のコントロール①（不安）	19	感謝する／ほめる
10	感情のコンロトール②（怒り）	20	卒業式／振り返り

プログラムの効果

　平成26年度厚生労働省障害者総合福祉推進事業（学校法人昭和大学，2015）にて，プログラムの効果検証を行っている。プログラム参加後にASD特性の表面化（養育者による客観評価）が減少し，コミュニケーション量の増加，生活の質が改善する可能性が示された。

　障害特性，コミュニケーション，感情コントロールなどを体系的に学ぶことで，自身の特性を客観視し，苦手な面を補うためのスキルが増加する。また，同様の困りごとを持つ参加者同士での体験共有により，障害受容をスムーズにし，自己理解を深めることができる。なによりも，他者に相談するという意識を持てるようになる。その結果，社会適応能力が向上し，孤立感の解消にもつながると考えられる。

　しかし，発達障害の特性は強固であり，20回のプログラムのみで解決を目指すことは現実的ではない。多くの参加者は，プログラムへの参加を入り口として，生活支援や就労支援など他

のデイケアプログラムや，支援機関に移行し，修得したスキルを実践的に練習する場として活用している。このような継続的な経験が成長につながり，当事者の社会適応能力の向上に寄与しているものと思われる。

他のプログラム

大学生プログラム

　高校までの比較的構造化された環境では何とか適応していても，社会的自立が求められ，自由度が広がる大学においては，修学および生活上の問題点が顕在化しやすい。しかし，発達障害を持つ大学生への支援は，それぞれの大学内での試みに委ねられているのが現状で，卒業あるいは中退後の支援の継続性も課題となる。

　大学生は社会経験に乏しいこともあり，自己の特性を認識しづらく，他の成人と比べて障害受容も不十分である。また，困りごとも，友人関係やレポート提出，就職活動などであり，社会人とは求める支援の内容が異なる。また，大

表2　大学生プログラム（1回3時間／全11回のプログラム）

	プログラム内容	
1	自己紹介／学校生活・対人関係での困りごと	自己理解
2	障害理解／自分にとっての発達障害とは？	
3	自分の特性を知る	
4	ピア・サポート	
5	上手な会話	コミュニケーショントレーニング
6	関係づくり／アサーション	
7	質問する／相手をほめる	
8	就労について／報・連・相	就職活動準備
9	自分の適性を知る／特性を伝える	
10	身だしなみ／外部機関の講演	
11	履歴書の書き方／模擬面接	

表3　大学生の家族へのプログラム

	講義テーマ・内容	懇談会テーマ
1	発達障害とは （心理教育）	自己紹介／困っていること
2	接し方のコツ・関わり方のコツ （アサーティブな表現・ロールプレイ）	親の役割とは
3	将来のために・当事者体験談 （制度や就労に関する情報）	親と本人の自立のために

学生支援においては，当事者のみならず家族へのアプローチが不可欠である。そのため，成人を対象とするASDプログラムをそのまま大学生に当てはめても，十分に機能しなかった。

このような経緯から，昭和大学附属烏山病院では2018年から3年間，晴和病院，東京工業大学，一橋大学と共同で，国立研究開発法人日本医療研究開発機構（AMED）からの支援を得て，発達障害（ASD，ADHD）を持つ大学生に対するプログラムの開発を行った。これまでの経験やニーズ調査の結果から，コミュニケーション，就職活動に関する内容に加え，自己理解について時間を割くプログラム構成となっている。大学生100名以上に実施し，効果検証も行われ，社会適応能力の向上に寄与する可能性が示されている。また，家族に対するプログラムも開発・実施しており，ニーズおよび満足度も高かった。今後は，大学の支援機関と医療機関とをつなぐネットワークが重要になると考えている（表2・3）。

表4　ADHDプログラム（1回3時間／全12回のプログラム）

回数	内　容	補　足
1	オリエンテーション／アンケート	自己紹介など
2	ADHDを知る／ディスカッション	医師によるADHD解説
3	認知行動療法／自動思考／認知再構成法	認知行動モデルを理解する
4	不注意／ディスカッション	不注意行動の理解と対策を考える
5	不注意（計画性・時間管理）	
6	不注意（忘れ物）	
7	多動性／ディスカッション	多動性の理解と対策
8	衝動性／ディスカッション	衝動性の理解と対策
9	衝動性（金銭管理）	
10	ストレス対処法／気分転換／環境調整	注意の切り替え方，工夫
11	対人関係（家族編＋職場編）	他者と症状との関連を考える
12	まとめと振り返り／アンケート	

ADHD（注意欠如多動症）プログラム

　ADHDの治療においては，有効な薬物療法が幾つか存在するが，一定の限界があり，心理社会的支援の必要性が指摘されている。昭和大学附属烏山病院では，ASDのみならず成人期のADHDに対してもプログラムを開発・実施してきた。忘れ物，感情のコントロール，時間の管理などのADHD特性からくる困りごとに加え，ストレスや考え方の偏りや人間関係に対する対処方法についての当事者からの要望が高かった。これらの意見や先行研究を踏まえ，ショートケアの枠組み（1回3時間）で，全12回のADHDプログラムを提供している（表4）。

┃おわりに

　ASDプログラムを見学した当事者に感想を聞

くと，「自分と同じ悩みを持つ人が他にもいることがわかってよかった」と，示し合わせたかのように返答される。これは，成人となり診断される方の多くが，同様の社会的孤立を感じており，プログラムへの参加が新たな体験であったことを示唆している。確かにASDを持つ人はコミュニケーションが不得手で，他者への希求性も乏しい。しかし，支援者がデイケアで安心できる環境をつくり，共通する悩みを抱える当事者同士と交わるなかで，変化・成長していく人たちは少なからず存在する。支援者との繋がりを中心としつつも，このような当事者同士の支えのなかでの変化・成長を促す，「治し支える医療」は，治療法がないと安易に思われがちなASDに対して，提示できる選択肢であると考えている。

◉ 文献
学校法人昭和大学（2014）「青年期・成人期発達障害者の医療分野の支援・治療についての現状把

握と発達障害を対象としたデイケア（ショート
ケア）のプログラム開発」．平成25年度厚生労
働省障害者総合福祉推進事業．

学校法人昭和大学（2015）「成人期発達障害者のた
めのデイケア・プログラム」に関する調査につ
いて．平成26年度厚生労働省障害者総合福祉推
進事業．

中村干城，井手孝樹，田中祐（2008）都立精神保
健福祉センターにおける広汎性発達障害者のコ

ミュニケーション・トレーニング・プログラム
について．デイケア実践研究 12-2 ; 65-72.

横井英樹ほか（2017a）大人の自閉症スペクトラム
のためのコミュニケーション・トレーニング・
マニュアル．星和書店．

横井英樹ほか（2017b）大人の自閉症スペクトラム
のためのコミュニケーション・トレーニング・
ワークブック．星和書店．

余暇活動支援

日戸由刈

はじめに

社会参加のためには，自分に対する肯定的な感情を育み，安心や活力を得ることのできる心理的な基盤を誰もが必要とする。近年，自閉スペクトラム（AS）の人たちの心理的な基盤づくりの方略として，余暇活動支援が注目されている。数多くの実践報告があるが，その多くはASの人同士で小集団を形成する方法を用いている（加藤，2021）。

しかし，ASの人同士を集めただけでは，余暇活動として成り立たないことも，臨床家の多くが実感を伴って理解しているであろう。本稿の前半では，人と一緒に取り組む「社会的な余暇活動」が，ASの人たちにとってなぜ困難であるかを，架空事例を通じて解説する。そして，ASの人同士で形成される小集団が，参加者の心理的な基盤づくりに対して十分に機能するための条件を整理し，長期的な効果と限界について述べる。

後半では，就労し順調に生活しているASの人たちにみられる，余暇の過ごし方の問題に焦点をあてる。就労した人たちに対する余暇活動支援は，これまで必要性があまり認識されてこなかったように思われる。しかし，順調に生活できている人たちだからこそ課題となる次のステップがある。筆者らの新たな挑戦を紹介する。

ASの人たちは，なぜ社会的な余暇活動が困難か

そもそも，ASの人たちは，人と一緒に取り組む社会的な余暇活動に苦手や苦痛を感じ，活動を十分に楽しむことができなかったり，活動への参加を回避したりする場合が少なくない。Aさんの事例をみてみよう。

Aさんは念願の特例子会社に就職することができた。その会社では花見，社員運動会といった全員参加のレクリエーションが年2回開催され，さらに社員の希望に応じてバーベキューやボーリング大会などのイベントが開催されていた。多くの社員が楽しく参加していたが，Aさんは全く楽しめず，むしろ苦痛に感じていた。上司に「参加を辞退したい」と相談したところ，「協調性がない」と叱責され，参加することへの苦痛とストレスはますます増大している。

多くの人たちが楽しいと感じる活動に，Aさんはなぜ苦痛やストレスを感じるのだろうか。一般社会の中で提供されるレクリエーションやイベントの多くは，シナリオが決まっていない。多数派の人たちは，見通しが立たない状況でも楽しむことができ，むしろ臨機応変の進行が楽しみを広げている。しかし情報の統合の困難さという特性を持つASの人たちの中には，情報が煩雑になると見通しが持ちにくく，安心して活動に参加しにくいため，楽しむことに至らない人もいる。

加えて，ASの人たちは，自分の興味ある領域では多数派の人たちよりもはるかに高度な知識や技術を有することが多い。膨大なカタログ的知識や精密な機械的内容に没頭する一方，そのような楽しみ方を他者と共有することが難しい。Bさんの事例をみてみよう。

Bさんはカメラに強いこだわりを持ち，撮影した沢山の風景写真をファイルに収めていた。福祉相談の際に家族からそれを聞いた相談員が，Bさんに見せてほしいと頼んだところ，Bさんは1枚ずつ写真を指して「この写真の撮影では，シャッタースピードは○○，絞りは△△でした」と撮影条件を詳細に説明した。しかし相談員は，「紅葉がきれいですね」「この場所は，私も訪れたことがあります」などとコメントし，会話が噛み合わなかった。Bさんはこのやりとりに不満を感じ，帰宅後，「もう写真は見せない」と家族に宣言した。

ASの人は，自分の関心事を一方的に話し続ける，相手の発言内容にわずかでも不正確な部分があれば厳しく追及するために，人間関係を維持できないといった場合も少なくない。これは，特定の興味に着目すると，活動を共にする相手への注目が難しくなるという特性ゆえに，活動しながら対人的な因果関係を十分に把握することができないためと考えられる。

AS同士で構成される小集団の効果と限界

小集団が機能するための条件

ASの人たちは社会的な余暇活動に苦手や苦痛を感じる反面，青年期以降その多くが余暇を共に過ごす仲間や友人を持たないことに孤独を感じる実態が，文献考察を通じて明らかにされている（日戸・藤野，2017）。また，AS同士で構成された小集団での余暇活動への参加は，ASの人たちの仲間・友人関係の発達に良好な影響を及ぼすことが，長期追跡調査の結果（日戸ほか，2017）から明らかになっている。

ASの人同士の小集団には，どのような利点があるのだろうか。何より，彼らの「興味の持ち方」の特性に着目すると，小集団活動を「仲間と活動を共にすることへの楽しさや心地よさを感じられる場」に変えられる（日戸ほか，2010）ことが挙げられる。本田（2018）はこの特性を「『〜よりも…を優先する』という選好性（preference）の偏り」と分析している。多数派から見れば，同じ活動の繰り返しやマニアック過ぎて興ざめな話題，人間関係への配慮に欠けた内容重視のやりとりが，彼らにとって楽しい時間になったりする。この現象は，脳科学分野において「類似性の高い者同士ほど，共感性が働きやすい」メカニズムとして解明されている（米田，2015）。こうしたことから，ASの人同士であれば，必ずしも興味の対象が共通しなくても，定型発達の人とは異なる独特の楽しみ方を共有できる可能性が高いと考えられる。

ただし，ASの人同士の小集団が社会的な余暇活動として成立するためには，次の2つの条件を満たす必要がある。第一に，余暇活動における手順やルール，対人的な因果関係をわかりやすく伝えるための支援技術が求められる。支援においては，情報の統合の困難さや，活動しながら人に注目することの困難さなど，AS特有の認知特性への配慮を十分に行い，刺激が少なく構造化された環境を用意する必要がある。こうした環境下では，たとえばASの人たちの多くが苦手とする小集団での話し合いも「楽しい活動」となり得ることが，学齢児を対象とした筆者らの臨床実践から明らかになっている（日戸ほか，2009）。

第二に，余暇活動への参加にあたって，本人の実感に基づく自己決定の保障が欠かせない。成人期のASの場合，失敗経験を重ねた事例ほど，この条件をクリアすることが難しい。彼ら

は周囲の先回りするような対応や，「支援につなげられること」に敏感である。たとえば，引きこもり生活を続けていたCさんは，母親に強く促されてNPOが主催するアニメ好きのASの人同士が交流する活動に参加した。母親は現状への焦りの気持ちが強く，アニメ好きのCさんが活動に興味を持てば，外出機会が増えるのではと思っていた。しかしCさんは，活動への興味以上に，参加者同士の独特のコミュニケーションスタイルや，手順やルールが不自然なほどに掲示された室内環境に目が向き，強い違和感を持った。そして，事前にアニメのことしか説明しなかった母親に不信感を抱き，参加は一度限りでやめてしまった。このように，失敗経験を重ねたASの人たちの多くは，これ以上の失敗や煩わしさを経験したくないと強く望んでいる。

一方，自分にメリットがあると具体的に実感できれば，「手の平を返したように」参加意欲を示す場合もある。同じく引きこもり生活を続けていたDさんは，同じNPOが主催する「何でも自慢大会」に，母親と「試しに1回だけ」と約束して参加した。参加前は「移動が面倒」と渋っていたDさんだったが，得意な手品を披露して周囲から拍手喝采を受けると，途端に生き生きとした表情になり，帰り路では母親に「楽しかった。また参加したい」と繰り返し，「誘ってくれてありがとう」とまで言った。

情報の統合が困難なASの人たちは，ただでさえ新奇場面に苦手や苦痛を感じやすい。加えて，失敗経験を重ね自己評価の低い状態が続くと，些細なことに不安や不信が生じ，活動への興味より回避したい気持ちの方が強くなりがちである。余暇活動の導入にあたっては，まずは本人が見通しと安心感を持って参加できるための十分な説明や配慮が必要である。アセスメントの結果次第では，小集団ではなく支援者との一対一の関係から始める方がよいと判断される場合もあるだろう。また，事前に家族や支援者が「1回試してから，決めてよい」と見通しを

伝え，やるべきことが明確で成功体験を実感しやすい活動を選んで参加を勧めるとよい。

長期的な支援の効果と限界

筆者はかつて，横浜市総合リハビリテーションセンター（YRC）において，学齢期から青年期のASの人たちを対象に，いくつかの社会的な余暇活動支援プログラムの開発に携わった。これらのプログラムでは共通して，イベント形式の活動とセットで，ASの青年たちが「社会的な役割」を持って参加する取り組みの場を設けた。たとえば，鉄道好きの小学生を対象としたイベントでは，鉄道好きのASの青年たちに運営スタッフとして準備や進行の役割を任せた（日戸，2010）。あるいは，絵画や書道，工芸，写真など創作活動に関心のある小学生以上を対象とした展覧会では，気に入った作品の出品者に向けて，互いにメッセージカードを贈り合う役割を，出品した青年たちに呼びかけた（日戸，2020）。

役割を担ったASの人たちにとって，これらのイベントは「仲間と一緒に過ごす，楽しい時間」にとどまらず，「仲間とのチームワークで，物事を成し遂げる時間」や「相手の立場や気持ちを考えて，向社会的行動や社会貢献活動にチャレンジする時間」にもなっていたようである。いずれのイベントでも毎年のリピーター参加数は増加し，参加者同士の間にゆるやかな連帯感や仲間意識の芽生えが観察された。

自由時間に本人の自由意思で選択される余暇活動への支援において，このような治療的・教育的なねらいを含めることには，賛否両論あるだろう。一方で，参加したASの人たちが社会的な役割を通じて自分自身や仲間同士のチームワークに肯定的な感情を抱き，相手の内面に注目して働きかけた結果，わかりやすい対人的なフィードバックを得ることができれば，これらの取り組みは「社会性の発達の最近接領域」として適切であったと言えよう。発達の最近接領

域とは，全く解決不可能な領域と独力で解決可能な領域の間にある，他からの援助があれば解決できる領域を指す（Выготский, 1934）。本人にとって日常的に経験しづらく，今後の社会参加の幅の広がりや生活の質の向上につながるような挑戦ができることは，社会的な余暇活動においてこそ行える支援の強みである。

YRCにて，何らかの社会的な余暇活動への参加を続けたASの人たちを長期追跡調査した結果，ほとんど参加しなかった群に比べ，友人関係がゆっくりと発達する傾向が示された（日戸ほか，2017）。また，成人期に就労する割合も高かった（日戸ほか，2019）。これらの結果から，社会的な余暇活動と成人期の社会参加や生活の質との間に因果関係を説明することはできないが，少なくとも両者に関連性があると考えることはできよう。

一方，長期的な実践を通じてもなお，ASの人たちが設定された余暇活動の場以外で誘い合って出かけることや，関係を維持するために連絡を取り合う様子は，ほとんど観察されなかった（日戸ほか，2010）。なかには他の場所でより親密な仲間や友人関係を形成する事例もみられたが，その一方で，たまにしか会うことのない余暇活動のメンバーが唯一の仲間という事例も少なくなかった。メンバー同士の関係に帰属意識を持ち，「会いたい」と言いながらも，第三者によって場が設定されなければ仲間関係を続けられない点はASの特性であり，支援の限界と考えられる。地域社会の中で展開される余暇活動を長期的に支えていくための仕組みを，公的サービスに含めることが今後の課題である。

「公共の居場所」への参加という新たな課題

順調に就労し，生活している人たちにみられる障壁

社会参加に必要となる心理的な基盤として，多数派である定型発達の人たちの多くは，地域社会の中に家でも職場でもない「第三の場所（サードプレイス）」を見つけ，利用している。サードプレイスとは，具体的にはカフェ，本屋，図書館など，利用する人にとって「とびきり居心地よい場所」であり，情報・意見交換の場，地域活動の拠点としての機能を持つとされる（Oldenburg, 1989）。人はこうした場所で，仲間同士での雑談を楽しみ，ひとりでのリラックスタイムを満喫し，探求心を充足させるなど，それぞれ自分に合ったやり方で，日々安心や活力を得ている。本稿では，サードプレイスを「公共の居場所」と呼ぶことにする。

ASの人たちは，就労して順調な生活を送っていても，定型発達の人たちと同じように「公共の居場所」に出向き，利用することが十分にできていない場合が少なくないように思われる。その要因のひとつに，「公共の居場所」の利用者層の多くを占める定型発達の人たちと，対等で"お互いさま"の関係性を築くことへの経験不足と苦手意識が考えられる。対等で"お互いさま"の関係性とは，親と子，教師と生徒，支援者と被支援者など，社会的養護を前提とした縦の関係性とは異なる，「横の関係性」と言い換えられる。

定型発達の人たちも，乳幼児期までは縦の関係性が優位である。しかし彼らは，学齢期を通じて次第に横の関係性での成功体験を積み，活動範囲を広げていく。結果，「公共の居場所」において，たとえばカフェの店員など，初対面の相手とのやりとりに特段の不安や煩わしさを感

じることなく，自分の目的を果たすことができている。一方，ASの人たちは，さまざまな理由から，学齢期に定型発達の人たちと横の関係性を築く機会を十分に積めていない場合が多い。そして，青年期以降も縦の関係性の中に身を置き続ける人ほど，支援や社会的養護を前提としない「公共の居場所」のような場所では，些細なことに不安や緊張を覚え，対人的なやりとりに苦手さや煩わしさを感じやすいように見える。

ASの人たちが「公共の居場所」を好んで利用しないことについて，支援者の中には，それは本人の自由意思に基づく選択の結果であり，特に問題ではないと考える立場もあるだろう。しかし，彼らが人生を通じて「公共の居場所」で心から楽しむ経験を一度も持てていないのであれば，それは余暇の過ごし方における障壁と言えるのではないだろうか。

大学という「半公共の居場所」を活用した取り組み

こうした障壁を低くするために，何ができるだろうか。筆者と川口信雄は，「公共の居場所」において，ASの人たちと定型発達の人たちが，互いに対等で“お互いさま”の関係を築き，心から楽しむ経験や自分のことを開示して良かったと思える経験を積むことが，双方にとっての心理的な障壁を低くする効果をもたらすと考えた。そこで，相模原市発達障害支援センターとの連携・協働のもと，大学という「半公共の居場所」を活用した「インクルーシブな生涯学習プログラム」の開発に着手した。

このプログラムは，誰でも気軽に参加できる「セミナー」，固定メンバーによる「ゼミ」，参加者が主体的に生涯学習の場を開拓していくための「リサーチ」の3本柱で構成している。このうち，インクルーシブ・ゼミ（全5回）は，就労中のASの青年4名と筆者の勤務する相模女子大学の学生4名で構成され，前年度に参加した

ASの青年や元大学生もメンター役として参加する。支援者は事前に課題の説明は行うが，その後は極力，メンバー同士の進行に任せて見守り役に徹する。活動は，対等で“お互いさま”の関係のもと，（1）「パーソナルポートフォリオづくり」を通じて自分の趣味や興味を交互に披露し共有する課題，（2）『わたしのトリセツ』相談会」を通じて自分の困りごとを交互に開示し傾聴・共感する課題で構成され，参加者全員が自己理解を深化させ，人に相談することの意義を実感することをねらいとしている（川口，2021）。

活動当初，趣味・興味の披露や雑談において，大学生はASの青年に比べ，はるかに話題が豊富であった。流行の映画や音楽，飲食店や娯楽情報，さらには資格の取得や将来の考え方など，これまでの縦の関係性だけでは決して触れることのなかった，大学生たちの語る「他愛のない話」に，ASの青年たちは強い関心を示していた。一方，ASの青年が自分から語る話題は個人的な内容が多く，大学生が返答に困る場面や，やりとりが続かない場面がしばしば観察された。しかし，こうした違い以上に，大学生たちはASの青年たちについて「自分たちと，興味関心や困りごとの共通点も多い」ことを発見し，強い驚きを示していた。そして，ASの青年が社会の中で直面してきた困難に真剣に耳を傾け，共感的な理解を示すようになった。

回を重ねるごとに，参加者たちは障害の有無と関係なく，多様な発想や価値に触れながら，「自分の苦手や困りごとを見直す」ことに，積極的に取り組むようになった。たとえば，誰かが「苦手な人と，どのように会話したらよいかわからない」と訴えると，全員がその発言を軽視することなく，「とりあえず，挨拶だけで済ませたら？」「自分から話しかけてみて，やっぱり苦手と思ったら，距離をあけるとよい」など，真剣に向き合い，助言し合っていた。特にASの青年たちは，すでに就労しているというアドバン

テージを活かして，積極的に発言していた。こうして，正解のないさまざまな考え方や助言を聞くことにより，問いを投げかけた本人は「こういう人もいるのか」「こういうやり方もあるのか」と自分の視点や気持ちを切り替えられ，視野が広がったと振り返っており，助言した側も自分の意見が評価されて「うれしかった」と率直に感想を述べていた。

このように，大学という場において，同世代の青年同士で交流し，多様な発想や価値を傾聴し合う経験や，自分と異なる立場の相手を認め合う経験を積むスタイルの余暇活動支援は，参加したASの青年たちの側だけでなく，大学生にとっても精神的に得るものが非常に多かったようである。また，ASの青年たちにとっては，定型発達の青年と交流することの経験不足を埋めるだけでなく，同世代の身近な生活者としてのロールモデルに出会い刺激を受けることで，地域社会にあるさまざまな「公共の居場所」に興味関心が広がり，そこに参加したいという意欲や「自分も参加できる」という確信が芽生えたように思われる。互いに心理的な障壁を低めることができた彼らの成長や変化を，今後も注視していきたい。

おわりに

社会参加のための心理的な基盤として，定型発達の人たちが日常的に，友人や同僚，近隣の人たちと当然のように築けている人間関係，過ごせている「公共の居場所」を，ASである彼らは自力で開拓することが難しい。ASの人たちの基盤づくりには，ライフステージを通じた支援が必要である。社会参加の経験が不十分な段階では，類似性の高い相手と構造化された環境により，安心して楽しむ経験や見通しを持って役割を担う経験を十分に保障するなど，限定され

た形で社会的な余暇活動への参加を成功させるための支援が重要となる。

さらに，就労し，順調に生活できるようになっても，支援を終わらせるべきではない。次のステップとして，ASの人たちが地域社会の中の「公共の居場所」を心理的な基盤の選択肢に含められることは，重要な目標と考えられる。そのためには，実際に「公共の居場所」を使って，多様な相手とナチュラルなサポートのもとで交流する機会が必要である。つまり，支援の対象は，ASの人たちと定型発達の人たちの両方と考えるべきであろう。こうした実践は，全国的に見てもまだ少ない。インクルーシブな地域社会の実現に向けて，専門機関に限定されない地域社会の中の資源の活用を推進したい。

◉文献

Выготский, Л.С. (1934) Мышление и Речь. Москва：Государственное Социально Экономическое Издательство.（柴田義松＝訳（2001）思考と言語［新訳版］．新読書社）

本田秀夫（2018）発達障害——生きづらさを抱える少数派の「種族」たち．ソフトバンククリエイティブ．

加藤浩平＝編著（2021）発達障害のある子ども・若者の余暇活動支援．In：柘植雅義＝監修：ハンディシリーズ発達障害支援・特別支援教育ナビ．金子書房．

川口信雄（2021）大学生と知的障害青年によるインクルーシブ・ゼミ．特別支援教育研究 令和3年9月号．東洋館出版，pp.24-27.

米田英嗣（2015）自閉症スペクトラム障害（自閉スペクトラム症）．In：榊原洋一，米田英嗣＝責任編集，日本発達心理学会＝編：発達科学ハンドブック8——脳の発達科学．新曜社，pp.268-275.

日戸由刈（2010）アスペルガー症候群の人たちへの余暇活動支援——社会参加に向けた基盤づくりとして．精神科治療学 24-10；1269-1275.

日戸由刈（2020）「芸術まつり」による“ゆるやかなネットワーク”づくり——専門機関で行う余暇活動支援．In：渡辺慶一郎＝編著：大人の発達障害の理解と支援／In：柘植雅義＝監修：ハ

ンディシリーズ発達障害支援・特別支援教育ナ
ビ．金子書房, pp.62-70.

日戸由刈，藤野博（2017）自閉症スペクトラム障害
児者の仲間・友人関係に関する研究動向と課題．
東京学芸大学総合教育科学系Ⅱ 68；283-296.

日戸由刈，藤野博，原郁子ほか（2019）ASD児者の
仲間・友人関係にかんするライフステージを通
じた臨床的検討──発達障害同士の集団への所
属歴が社会的転帰に及ぼす影響．東京学芸大学
紀要総合教育科学系Ⅱ 70；499-509.

日戸由刈，本田秀夫，原郁子ほか（2017）知的発
達に遅れのないASD児者の友人関係にかんする
追跡調査──地域療育センターを幼児期から成
人前期まで利用した12事例の場合．LD研究 26-
4；464-473.

日戸由刈，萬木はるか，武部正明ほか（2009）4つ
のジュ──スからどれを選ぶ?──アスペルガー
症候群の学齢児に集団で「合意する」ことを教
えるプログラム開発．精神科治療学 24-4；493-
501.

日戸由刈，萬木はるか，武部正明ほか（2010）ア
スペルガー症候群の学齢児に対する社会参加支援
の新しい方略──共通の興味を媒介とした本人
同士の仲間関係形成と親のサポート体制づくり．
精神医学 52-11；1049-1056.

Oldenburg, R.（1989）The Great Good Place.
Massachusetts : Da Capo Press.（忠平美幸＝訳
（2013）サードプレイス──コミュニティの核に
なる「とびきり居心地よい場所」．みすず書房）

自助グループ

片岡 聡

　私は今年55歳になるおじさんASD者だが，自助グループを含め，発達障害の当事者活動からは故あって身を引いている。ただ，診断直後の時期にASD自助活動が治療的であったのも事実である。私自身の経験を経時的に述べることで，ASDの人たちが支え合うことの効果，そして経験した問題について考えてみたい。

統合失調症と誤診された ASDの人たちの当事者活動

　最初に私が主体的に関わった当事者活動は，統合失調症と誤診された発達障害の人たちの自助活動だった。私がASD診断を受けた2010年当時は，現在のように成人のASD者が多く存在するという認識が広く精神科医の間に共有されていたとは言い難い。本来なら健康維持の支援こそが必要なASDの人たちが，統合失調症の治療ガイドラインに沿った不必要かつ有害な抗精神病薬の投与を受け続ける現状をなんとか変えたいと思った。多剤大量処方や統合失調症の過剰診断に批判的な医師の協力を得て，ASD当事者同士で公民館に集まり，減薬・断薬が進んだ人が，これから減薬・断薬を目指す人，精神病圏から発達障害圏への診断の見直しを医師に提起し自らの現状を変えたい人の相談に乗ることを定期的に行った。これは非常に多くの時間と根気の必要な取り組みで，もちろん全ての人が精神医療と処方薬から離れられたわけではな

い。しかし，紆余曲折を経つつも抗精神病薬から自由になり，なかには統合失調症で入退院を繰り返し，一生精神医療から縁が切れないと主治医に判断されていた人が，抗精神病薬の中止に成功し，劇的な回復を果たし医学部に入学するケースまで出るに至った。この処方と診断の見直しの自助活動は特に組織もなく，趣旨に共感した医師，回復した当事者を中心とした全くの無報酬・非公開の活動であった。よって自然の成り行きとして，回復し濃密な精神医療との関わりが必要でなくなった人から，新しい活動の場を見つけて，中心的に関わる人たちは減っていった。結局，この活動は自然消滅してしまったのだが，医療を必要とする当事者たちが，処方や診断という自身の処遇を規定する核心的な部分を対象化し，医療者と向き合ったことは画期的だったと思う。その後，精神関係の当事者活動に関わることが何回かあったが，医療者と対等に議論し，診断や処方の変更にまで踏み込んだ当事者活動は，ほかに一度しか見聞きしたことがない。

ピア活動で迷った時期

　不適切な処方から逃れられた人たちのなかから，健常者として進学や就労というかたちで社会参加できる人は少数である。ここで誤解してほしくないのは，誤診・不適切処方から回復したASD者が，必ずしも社会性やコミュニケーショ

ンの問題で躓くわけではないということだ。最もよく聞くのは健康回復と同時にトラウマが噴き出すパターンである。健康を回復して認知的にクリアになると，突然，過去のトラウマ由来のフラッシュバックに苦しむのである。2010年前後では，ASDの人が統合失調症と誤診される契機は，過去のいじめなどのフラッシュバックを，幻聴や妄想と判断されてしまったケースが非常に多かった。診断の見直しと薬の中止で健康を回復した途端，フラッシュバックが襲ってくることを「身体が元気になるとトラウマも元気になる」と表現した人がいた。「トラウマが元気になる」ことに加え，生来の感覚過敏が健在化することにより職場などで不適応を起こす人も実に多い。適正な処方と診断を求める自助活動を終えた後の私は，このような個別性の高いトラウマや感覚過敏に襲われる当事者の問題解決のヒントを探るため，さまざまなASD当事者の自助グループに参加することを繰り返した。

さまざまな自助グループをめぐる中で大きな違和感を覚えた。健常者社会と同じように，構成している人たちに上下関係があり，明文化されないルールがあるのだ。もちろん，これらがなければ，自助活動に限らずグループ活動一般が成り立たないのは理解できる。しかし，ルール上，全ての構成員が方針決定において意見を述べられることになっていても，言語で意見を述べ，人と合意を形成する能力に大きな差があるのが発達障害の人のグループである。残念なことに自助グループの代表のワンマン運営になっているグループ，あるいは，スーパーバイズする専門家の利益にしかなっていないグループを多く見聞きした。もちろん，運営がどのようなものであれ，参加するASD者本人に何らかの利益がある限りにおいてそのような自助組織のあり方は否定されるべきものではない。しかし，自助活動や当事者活動の名のもとに特定の当事者の貴重な時間を奪い，時には新たなトラウマを付加することは許されることではない。

自助活動から趣味の集まりへ

このように当事者活動そのものに疲れ始めた頃に東日本大震災が起きた。これを契機に私は防災上の理由から若い頃に趣味としていたアマチュア無線を再開した。携帯電話を使用するようになってから興味を失い，無線局の免許も返納していたが，十数年の間にデジタル技術を取り入れたアマチュア無線の進歩は目覚ましかった。若い頃のようなワクワクした気持ちが戻り，久しぶりに寝食を忘れて没頭することができた。この趣味の良いところは，新しい技術を習得する上ですぐに「お会いしましょう」という話になることである。いまでは極めてマイナーな趣味になってしまった連帯感があるのか，教えを乞うためにお会いした趣味の先輩たちは皆親切に対応してくれて，コミュニケーション自体がとても楽しかった。ところで，何回か無線を通じて知り合った人たちとお会いして，個人的な話も聞かせてもらうようになると，職場や家族関係の悩みがASDの自助活動で語られる悩みと実に似ている人が多いことに気づいた。もちろん健常圏内の人もいたが，それは診断の幅を当然の前提としているASD自助グループも同じことであった。違いと言えば，趣味という「楽しさ」を軸として集まるか，ASDという「困りごと」あるいは「アイデンティティ」を軸に集まるかである。これに気づいて以来，私は精神的なエネルギーを圧倒的に趣味の活動に注ぐようになった。

知的障害のあるASDの人との
触れ合い

趣味の交流のほかに，高機能成人ASDの自助

活動に疲れた私を救ってくれたのが，知的障害のあるASDの人たちとの即時的・非言語的なコミュニケーションである。私は2010年から東京都自閉協会というASD児者・親の会のメンバーで，2016年からは自身が立ち上げたNPOを通じて東京都の知的障害教育外部専門員を引き受けている。これらの関係で言語によるコミュニケーションが苦手なASDの人たち・子どもたちと接する機会が多い。周囲の人たちは不思議がるのだが，私は特に言葉がなくても全くコミュニケーションに困らないことが多い。また，私が急に健常者にとっては意味不明な奇声を発し，また共同感覚遊びを始めるのでよく驚かれる。このような即時的な自閉的感性の発露とコミュニケーションは，成人高機能ASDの自助活動では経験できなかったが，最高のASDピア活動であった。

ASD自助活動の問題点

ここまで私にとってのASD自助活動遍歴を述べてきたが，現時点でASD自助活動に興味がある方のために私からのおすすめを述べてみよう。

ASDであることを
主要なアイデンティティとしない

一時期「ASD概念とは何か」について考え過ぎた自身の反省から思うのだが，ASDであること自体だけをアイデンティティとしても何もよいことはないし，気心が合う人に出会えるわけでもない。精神医学の疾病概念は社会の変化によって必ず経時的に変化するものであり，そのたびに他人が決めた概念でアイデンティティを揺さぶられるのは不毛である。この概念に基づく診断を受け入れるかどうかも全く個人の自由であり，公的な支援制度などを利用する目的の

ためだけに一時だけ受け入れても構わないだろう。職業的アイデンティティや，趣味のアイデンティティを大切にする方が筆者には好ましく感じる。

自助グループへの参加にあたっては
人の悪意を読み取れる人によく相談する

これも後になってやっと人間の悪意や力関係に気づき逃げ遅れる私の反省からであるが，参加しようとする自助グループを主導している人たち，スーパーバイズしている専門家が一方的に利益を得る構図になっていないか，他者の隠れた意図に敏感な人に相談すると良い。これは何か問題が起こって平和的にグループを抜けるときにも助けになる。総じて，よいリーダーや専門家は黒子に徹して本人は目立たない。

ASDをメインにした自助グループより
趣味のコミュニティが心地よい場合も

ASD圏の人の存在確率が高い趣味のコミュニティは，「教え魔」的な人も多く心地よいことばかりではないが，自分の人生を振り返るとほとんどの友人は登山やアマチュア無線など趣味でつながった友人である。就労，生活，医療などの相談は公的窓口，自閉的なメンタルの充実は趣味のグループと割り切っても良い。

私がいま目指す自助活動

結局は趣味を媒介とした活動が一番というところに落ち着いてしまったが，1つだけ自身で主導したい自助活動がある。それは身体的な健康を害してしまったASDの人たちの回復のための自助活動だ。ASDの人たちは興味が乗ると食事や睡眠など基本的な健康維持が疎かになること

が多いように思う。また自分では健康に良くないルーチンを断ち切れない人も多い。そのため，こうした悪しき連続性を断ち切り一定期間健康的に引きこもれる「ASD健康回復の家」のようなものをつくれないかと考え準備を進めている。

そもそもの自助活動の始まりも不適切処方からの脱却という健康問題であった。私にとってのASD性の核は身体性に始まり身体性に終わるようである。

ピアサポート

綿貫愛子

はじめに

　私が，現行の名称で言えば，自閉スペクトラム症（ASD）や限局性学習症，注意欠如・多動症などの発達障害の判定を受けたのは，12年ほど前の，20歳の時のことであった。当時，私は心理学を専攻する大学生で，教育現場でASDのある子どもたちの学習や生活の支援に携わったことが機縁になった。これまでの自分の言動や経験に特徴があり，名前までつけられていることを知り，とても驚いたことを覚えている。例えば，私がよく話していた繰り返しのことばはエコラリア，繰り返しの運動は常同運動などと名づけられていたのである。私にとって当たり前に感じられていたことが，多くの人にとってはそうではないことが分かり，まさに青天の霹靂であった。

　現在，私は心理職として，教育や福祉の現場で働いている。心理学や教育学などの専門的知識に加えて，自分自身の特性や経験も助言する際の参考材料になっており，本人の理解や支援を深め進めていくために，当事者の視点からの意見を求められ，伝えることがある。

ピアサポートのなかで自分を整理する

　ASDであることを知ってから，私はさまざまな情報を収集し，自分を整理することに取り組んだ。国内外を問わず，専門書から当事者の手記まで多読し，ASDを扱う学術集会や大会を調べては積極的に参加し，ASD概念や一般的な支援方法について学んでいった。この作業は，周囲からはつらいのではないかと心配されたが，個人的には長年の謎が解明されていくような面白さとある種の爽快感があり，始終前向きに進められたように思われる。同じASDのある大人と会って話してみたいと思い，当事者会に初めて参加したのもこの頃であった。

　作業を進めていくなかで得られた気づきのひとつは，外側から捉えたASD像と，内側から捉えたASD像は一致しにくいということである。当初，専門書や講演で語られるASD像と私の内的世界は，なかなか結びつかなかった。中枢性統合の特徴にあるように，私たちは情報の具体性を重んじるので，抽象された専門的知識とは齟齬が生じやすいと考えられるが，特に意味づけに違いがあるように思われた。困難や欠如として説明されることは，価値観やスタイルの違いと思えることが多くあった。私たちの行動は，伝統的に定型発達を基準として，その基準を満たす，または満たさない，あるいはどれくらい離れているかといった論理で問題として扱われ

しまうことが多いが，本来的には全て意味があるものと思っている。当事者の手記や当事者会——すなわちピアサポートでは，私たちなりの意味について語られ，共感を伴いながら，共有や理解が進んでいく。主観と主観の重なりを丁寧に拾い集め，客観との隙間を埋めていく。その過程を経てから再度，専門書を読むと，自分にとって何を説明しているものであるかが徐々に繋がり始めた。

もうひとつの気づきは，当事者の手記や当事者会のなかでも，自分と合う人と合わない人がいるということである。面白いことに，この適合性には，年齢や性別はあまり関係がない。自分との類似性や興味関心，趣味嗜好，価値観，ライフスタイルなど，心が通じ合えるかどうかが私には重要であった。好奇心を共有できることが最優先事項である。ASDはその名の通り，連続体（スペクトラム）で，サブタイプが存在し，さらに環境因子との相互作用によって表現型は実にさまざまである。差異に注目する時，当事者会では，「論理派か，感情派か」「物のなかで癒される派か，人のなかで癒される派か」というような分類もしばしば聞かれることがあった。自分がどうありたいかという考えも人それぞれである。私のなかでは，ASDは悪いことではない。確かに，その特性からうまくいかないことや疲れてしまうことも多いが，自分の大切な一側面で不可分な関係である。ASDをきっかけに，多くのASD児者や保護者，支援者と出会い，この地球上の素敵な現象にたくさん出会うことができた。ASDのある子どもたちと共有する，繰り返しのコミュニケーションのなかで，お互いに心から笑いが生まれる瞬間は喜びである。

私が過去，参加した当事者会では，社会的多数派との違いを克服することで社会に適応し，生きていきたいと望む人が多かった。自分がどうありたいかということはその人の自由であり，私は自分と他者を比較して，正しさを議論する

のではなく，自分が自分に納得できるかどうかが全てであると思っている。望む自分のために，必要に応じて，社会的多数派の方法論を取り入れるという順序でなければ，自分というものがなくなってしまうのではないだろうか。ASDのポジティブな側面と多様なロールモデルへの肯定を得にくかったことで，次第に当事者会からは足が遠のいていったが，共感や受容のなかで言語化を支えてもらい，自己覚知を深められたことにはいまでも感謝している。

自然に存在したピアサポート
——好きなことを通じたコミュニティ

ピアサポートに内包される，スタイルや経験，そして感情を共有し，支え合う枠組みは，振り返ってみると，ASDであることを知る以前にも周囲に存在していた。それは，好きなことや趣味のコミュニティである。そこでは，例えば，注意散漫さが広範囲の情報を拾い，アイディアを生み出すことに役立ち，同一性保持がライフワークをもつことに繋がるなど，発達障害特性は能動的に活用されている。

私は，小さい頃から現在に至るまで，好奇心の赴くまま，きのこや鉱物，鱗翅類（チョウ・ガの類），微生物，歴史，宇宙など関心事を追究し，自分の世界を好きなことで満たしてきた。身の回りに人間の友だちはいなかったが，世界はいつも楽しいことや嬉しいことに溢れていた。仕事のなかで子どもたちを見ていて改めて気づかされたことであるが，好きなことは雄弁な自己表現であり，その人にとって一番分かりやすいことばやルールをもっている。好きなことを通して，私たちは世界に関わることができ，さまざまな物事をよく理解することができる。例えば，昨今話題の共生や持続可能性については，きのこに学ぶところが大きい。きのこのうち，

菌根菌は木と共生関係にあり，助け合って森を支えている。また，腐生菌は森林の落葉や朽木，動物の死骸や排泄物を分解して，養分を森へ返す仕事をしている。そういったきのこの生き方や暮らし方から，人間社会や私たちの振る舞いを考察することができる。

　好きなことについて調べたり，足を運んだりしていると，その趣味活動のなかに人間との出会いがある。どこか自分と似たニオイのする人たちとの遭遇である。最近は，SNSで自分の生活圏外の人とも容易に繋がりをもてるようになった。趣味のサークルやイベントでは，世界観を共有しながら，コミュニケーションを楽しむことができ，世界の広がりと深まりが感じられる。交流はもっぱら，知識の交換という形式で行われ，このコミュニケーションスタイルがいいのである。自分の大切なものを安心して表出し，分かち合えることは幸せであり，その感動は心身を回復させ，新しいアイディアや次の創作に発展していく。結果として人間関係が深まることはあるが，深めることを目指してはいない。協調はするが，同調はしない。心が動く交流のなかで，社会性にしても，コミュニケーションにしても，自分のスタイルが洗練されていく。自尊感情が育まれていく。好きなことや趣味のコミュニティには，真にエンパワメントの経験があった。

ハッピーでヘルシーでエンパワードな生き方

　現行の支援は，知識やスキルに偏重していて，行動を優先的に外側から作ろうとするものが多いように見受けられる。望ましい行動を身につけることは，学びの機会を保障したり，経験を通して理解を高めたりすることに役立つが，身につけた行動に心が追いつかず，不安になって

いる子どもたちに毎日と言っていいほど出会う。動機を見出せないなかで，自分ではない誰かが決めた行動に沿うことは，自己肯定感の低下や自信の減退に影響し，不安を生起させるのではないだろうか。自分が何を好き／嫌いで，何をしたい／したくなくて，何を大切にしていきたいのか……そういった自己を発見し，育んでいく心の旅路を支える契機が，行動を教える以前にあるべきではないかと考える。

　近年，学習指導要領でも重点が置かれているキャリア概念は，自分を生きることを支持している。キャリアは，狭義には職業や職務内容，職歴，進路，方向性などワークキャリアを意味するが，広義にはライフキャリアとして，単に職業に限らず，家庭や趣味，地域の活動など，多様な役割や経験を包括した概念とされ，個人の人生とその生き方そのもの，そして，その表現方法であると考えられている。本来，価値観や生き方は十人十色で，そこに正誤はないのである。多様性を尊重することは，個々の違いを尊重することであるといえる。支援は，多種多様な人々と対話し，さまざまな表現方法を取り入れ，新しい価値をともに創り上げていく開発的で創造的な営みである。本人の自己表現を丁寧に拾い集め，本人がどうありたいかをともに考える――これは支援者自身も，自分がどうありたいかという問いを同時に得ることになる。

　私たちは，"ハッピーでヘルシーでエンパワードな"自分らしい生き方をもっと探求してもよいのではないだろうか。これは尊厳の問題である。かつて，私の恩師が「あなたはそのままでいいよ」「自分の好きなことを徹底的にやりなさい」と笑顔で背中を押してくれた。日々，失敗も山ほどあるが，これが私なのである。仕事で出会う子どもや若者たちの豊かな自己表現を見ていると，恩師の笑顔がよく思い出され，想いが改めて伝わってくる。ほかの誰でもない，その人らしさを支えられる，そういうピアサポーターであり，支援者でありたいと思っている。

第VI部
ASの世界を知る

［座談会］

青木省三
大島郁葉
桑原 斉
日戸由刈
本田秀夫［司会］

AS特性をめぐる クロストーク

本田 本書では「自閉スペクトラム（AS）特性」という言葉を広く捉え，いわゆる狭い意味での診断基準に合致しなくても，生活支援や対応などを検討することが有益だと思われる人たちのことを含めて考えていきたいと思っています。

この座談会では，AS特性への理解が深く，またそれに近接する自分の特性と臨床における活用についてオープンにお話しいただけると期待したみなさんを，まことに勝手ながら，私と大島先生の判断でお招きしました。

では早速，みなさんの自己紹介からトークを始めましょうか。

*

大島 千葉大学で臨床研究を主にしております大島です。大学生や高等教育機関で自閉スペクトラム症（ASD）の診断がある人たちに対して，どのように自己理解して自分の特性と付き合っていくか，どんなかたちで周りに配慮を申請するかといったことについて，教育プログラムのCBT版のような取り組みをRCTに基づいて研究しています。

自分のAS特性はたくさんありますが，「なんでもはっきり知りたい」ということですかね。なんでも知りたがっていたら，いつの間にかこの仕事に就いたようです。

青木 僕は岡山大学と川崎医科大学の大学病院にそれぞれ20年間ぐらい勤めて，今は慈圭病院という精神科の単科病院に勤務して4年目

になります。

　僕はASの人たちから，どういうふうに困っているのか，どんなふうに苦しさが起こるのかといったことを日々教わっています。特に今の単科病院では，急性の精神病状態で受診される人たちの中にベースとしてASを持っておられる方が多くいて，それは大学病院ではあまり経験しないことでした。

　僕自身がASであることについては，当たり前のように思っていますので，取り立ててお話しするのは難しいですね。『ぼくらの中の発達障害』という本を出した時に，いつも観察したり治療・支援したりする対象として見ているけれど，実は誰もが似たような特性を持っていて濃淡の違いだということを書きました。臨床や支援はそういったことを前提として成り立つものではないかというのが，僕の臨床観，支援観です。

桑原　埼玉医科大学の桑原と申します。子どもも大人も含め，ずっとASDの方の診察をやってきていますが，ほかの精神科医があまりASDの診察をしたがらないのが悩みですね。自分自身としては人付き合いが得意ではないから，1人が楽という点でASDの方に共感します。それに普段の仕事では自分の考えを表明しないといけない使命感のようなものがあるので，「こだわり」が発露されやすいですが，日常生活においては全く「こだわり」はなく適当に過ごしています。このような発言がすでに固い気もしますけれど……まぁ，「こだわり」の見せ方，「こだわり」との付き合い方は状況次第かなと思います。

日戸　私は25年間，横浜の療育センターとリハビリセンターで，心理士として本田先生の下で仕事をしてきました。初めの頃は幼児や小学生を対象に療育や発達支援の仕事にかなり関わって，子どもたちへの社会性指導を行っていました。途中から，大人を担当するようになり，次第に，彼ら・彼女らの考え方を私

たちに近づける必要が本当にあるのだろうかと疑問に思うようになりました。今では以前のように社会のルールなどを教えるのではなく，まずはAS特性を持った人たちの話をよく聞いて，その世界観を知っていこうと心がけています。

　今は相模女子大学で発達障害の人をみています。高等特別支援学校を卒業した人たちは，就労しても学びの場や同世代と交流する機会がなかなかありません。そのため，働いている軽度の発達障害や知的障害の人たちが，土日に大学で同世代の大学生と一緒にディスカッションをしたり，若者らしい時間を過ごすことができないかと考え，そうしたインクルーシブな生涯学習プログラムを，相模原市と共同で開発しています。AS特性を持ちながらもなんとかやってきた人たちは，こちらに気を遣って，なかなか本音を語りませんが，よく話を聞いていくと，困りごとを隠すのが上手になってしまっていると感じます。そういう人たちと対等に語れる関係性を築くことが，最近の臨床の大事なテーマですね。

　私自身のAS特性としては，全部説明しないと気が済まないところがあり，会議では話が長くて論旨が分かりづらくなることがよくあります。皆さんにご迷惑をおかけしていますが，夢中になると相手の戸惑っている様子に目が向きにくくなってしまい，自分の理屈を通そうと一生懸命になってしまう。日常的には頑張ってカモフラージュしていますが，気持ちが前に出てきた時に自分の特性が剥き出しになってしまうようです。

本田　私は，もう34年ほどになる医者としての臨床経験のうち，32年ほど発達障害を専門として臨床に携わってきました。ただ，父親がかなり強めのAS特性の持ち主だったので，物心ついた時から周りがASに満たされていた感覚です。親父のキャラはとにかく強烈で，子どもを遊ばせるのではなく自分が遊んでいる

ところを子どもに見させたりするんですね。日曜にはゴルフの練習場に連れて行かれて，父親がボールを打つのをずっと見ている，みたいな……幼少期はよその父親と比べたことがなかったのですが，医者になって変わり者だった父親を説明する概念がないものかと精神医学を学んでいるうち，横浜で4～5年勤めていた頃，親父は当時の言葉で「非定型自閉症」じゃないかと思ったことをよく覚えてます。言ってみれば，父親のことを考えていたら成人の発達障害の理解が深まっていったわけですね。

それに比べると，自分のAS特性を自覚するようになったのはかなり後になってからですね。僕は子どもの頃からチックがあり，人前では出さないように隠しています。また，大学生の頃に先輩から，過剰適応するタイプだと言われたことがあります。今から思えばまさにカモフラージュ型で，過剰適応することをテクニックとして覚えていたのだと思います。

対人関係で大きなボロを出すことはないけど，桑原先生と一緒であまり人と一緒に長くいるのは得意ではありません。もうひとつ，何といっても興味がないと一切やる気が起きないという特徴が長く続いていて困っています。

大学病院でみている人は，どちらかというと二次障害が出てしまったタイプが多く，発達障害の臨床というより，いじめの対策やトラウマの対応，学校との調整など，ストレス性障害の対応という感じが強いですね。今でも横浜でお会いする患者さんについては発達障害の色合いが濃く，会ってこちらが癒されるような感覚があります。

支援におけるチューニング

本田　今日の1つ目のテーマとして，臨床や支援において出会う人──今回は特に大人の人──のAS特性について教えていただきたいと思います。これは，言い換えれば，どんな時にAS特性を感じるのかということです。人によってアンテナが違うかもしれませんね。

青木　僕は感覚的に，最初の出会いの瞬間にその人の発達障害らしさを一番感じます。その方が診察室に入ってきて，座って，一言発するまでのあいだ，その最初の一言，二言をどうすり合わせていくかといったことが臨床では非常に重要だと思っています。ここまでやってきた道のりや天候など，最初に僕から話題を投げかけて，相手の反応を待って，次の話題に移って，またその反応をみて……という具合です。その人と話すためのチャンネルや言葉を探し，どう話を伺っていけばいいか模索している段階であり，本人からすれば初めての人と空間，そういった未知なるものと出会う時に，キョロキョロする人，周りを一切見られない人，固まったようになる人など，その人のAS特性が浮かび上がってくる。

そこからさらに言葉をすり合わせ，言葉のキャッチボールをしていくにつれ，徐々に最初に感じた印象がすーっと薄らいでいくことがあります。コミュニケーションが取れていく中でAS特性が消えていく体験であり，これがある意味での支援や治療というものではないかと思います。

逆に，僕が20年30年と見ていて発達障害だと全く思わなかった人を，自分の代わりに見てくれた若い医師が，「あの人には発達特性がありますね」と言うのを聞いて，自分の見る目に愕然としたことがあります。

ですが，特性が見えてこなくなるということは，決して悪いものじゃないと僕は思っていますし，担当が替わった時など，ふとした瞬間に特性が見えてくるのも大切なことだと思っています。

本田　対人関係でみられるAS特性はかなり特徴的なものとされていますね。スペクトラムと

いう言葉がまだあまり使われず，自閉症という言葉が主流だった時代は，人間関係を続けながら微調整するような概念はなかったと思います。おそらくかつての統合失調症の「プレコックス・ゲフュール」のように，自閉症独特のゲフュールのようなものがあって，少々付き合いが続いたからといってあまり変わるものではないという印象を持っていた人が多かったんでしょうね。

　今，青木先生がおっしゃったような，特に最近よくみられる，対人関係にいかにもASらしい特徴が出るわけではない人たちは，お互いに多少すり合わせをするようなこともあるでしょう。また，自分の中に相手の特性への親和性がある場合，共感が起こることで，会話が通じやすくなり，対人関係がうまく深まっていく。私も実は同じような経験を時々していて，長くみている人に対しては診断はあまり考えず，その人の生活に焦点が合うようになります。

　日戸先生と一緒に仕事をしていた頃，日戸先生は自閉の人の気持ちをよく理解していらっしゃって，たくさん教えていただきました。おそらくASの人たちへの共感もあるんじゃないでしょうか。

日戸　AS特性を持っている人たちは，出会いの場面で自然に相手と距離を取りながら，徐々に相手を理解して距離を縮めていくことがあまり得意ではありません。だから，こちらもそういう人たちに対して最初からある程度前に出るような距離感で，はっきりと意図を伝えるしゃべり方がいいと思っています。おそらくその方が，相手もこちらの意図を推し量る必要がないので安心してやりとりができる。ですが，そういった特性を持っていない人に対しても同じように距離感を縮めたコミュニケーションを取ってしまうと，少し風変わりで相手が引いてしまうかもしれません。青木先生のお話を聞いて，こういった出会いの時

の距離感を測るということを，意識的に変えていらっしゃるのだろうと共感しております。

青木　僕の場合，少し漠然とした言葉を選んだ方がよいか，明確な方がよいか，距離感はどれくらいがよいか，そうしたことを最初の数言の間にチューニングしつつ，困っていることを聞き取っていくような形ですね。この段階がうまくいけば，言葉が出てくるようになって，こちらが教えてもらったり聞かせてもらったりするスタンスになります。僕はそういう診察が好きです。

日戸　チューニングがうまくいって良い関係を築ける場合もあれば，こちらも相手の様子を窺いすぎてしまって，一般の人間関係みたいな探り合いになってしまい，なかなか深まらないこともありますよね。

　例えば心理検査を行う場合でも，子ども・大人を問わず，やはり最初のそのチューニングがうまくいくかどうかによって，そのあとの進み方が全く違ってくるように思います。これは臨床の中ですごく大事なところですね。

青木　最初のやりとり次第で相手が少し心を閉ざしてしまうようなこともあります。そうすると，それをほぐすのはなかなか大変ですね。

相手の特性をつかむためのヒント

青木　僕にはAS特性があるから，相手の人も話しやすいのかもしれないと思っています。質問する時も，僕はよく言葉につまったりしますから……

本田　診察でも心理面接でも，気を許すということが大事ですよね。最初の二言，三言交わした時に，相手の気持ちが緩むかどうか。その緩むためのチャンネルがどこにあるのか考えた時に，ASの知識があると，こちらのチャンネルが少し豊かになるのではないでしょうか。

桑原　私の場合は，精神科で診察する以上，小

児・成人を問わず全例，AS特性について意識しながら診療をしています。ASDは異種性が強いので，さまざまな水準，パターンのASDの方がいます。少しお話をしただけでASDだと分かるような人もいれば，1時間の診察で一通り病歴を聴取して診療方針の相談をするやりとりの中で，社会的コミュニケーションの障害とRRB（常同的・限定的行動 repetitive/restrictive behavior）が分かってASDだと認識できる人もいます。これはADOS[注1]を実施するのと近いことをしているのだと思っています。また，初回の診察だけでは症状を十分に同定できず，その後の診療の経過や他者から得られる情報を付加してはじめてASDだと分かる人もいます。ASDを想定しない介入を実施した上で経過をみても，なかなかうまくいかないという結果について，最後にASDというキーワードを用いて説明して，介入の方針を調整するということですね。

本田 僕が88年に大学を卒業してこの領域に入って間もない頃，清水康夫先生がアスペルガー症候群の論文のことを教えてくれました。その論文が出てから7〜8年ほど経った時代でしたね。清水先生は，これに該当しそうなケースを外来のカンファレンスで教えてくれましたが，そのころ，自分の患者さんの診断になかなか自信が持てませんでした。何といっても当時，自閉症といえば，呼んでも振り返らないとか，目が合わないとか，オウム返しといったイメージしかなかったので，これが該当しない大人の人たちを見た時に，対人関係面でAS特性があると思っても自閉症と言っていいのか悩みました。その時に決め手になったのが，いわゆるRRBですね。何かに執着している，変化が苦手，何かに妙に詳しくて，その話題になるとそれまで黙っていた人が急に生き生きとした表情になり，手の平を返したようにフレンドリーになる。人によってさまざまな特徴があり，いろいろなと

ころにその人の特性を理解するヒントが隠されているように思います。

桑原 大体，趣味の話で盛り上がる人は多いから，自分もスマホゲームとかいろいろ詳しくなりました。

本田 興味の限局や変化が苦手という特徴はASの人だけにあてはまるものではありませんが，彼らのそういった面は非常に魅力にも感じられます。大人の支援を考える時にもそういったことを理解することで治療や支援の方針につなげられないかと想像します。

青木 その人の特性を理解するために，趣味についてさらっと質問しても出てこないこともあります。そういう時は，桑原先生が言われたように，その人の一面が何か垣間見えると，こちらから興味を示すとしゃべりはじめてくれるような気がします。漠然とどんな趣味があるか聞いても広がらないけど，生活や趣味についてもう一歩具体的に，「それってどんなものですか？」と聞くと，最初は「しょうがねえな」みたいな感じで，少しずつ教えてくれて，だんだん話が広がってくる。

日戸 趣味やこだわりをたくさんしゃべってくれる人は支援がしやすいですね。一方，疲れ切って趣味も何もなくなった人たちの支援は難しくて，またご本人も気の毒ですよね。以前に出会ったある大人のASの人は，本当は天気や鉄道のことが好きなのに，こだわりを知られるとみんなの輪から外されるのではないかと心配しすぎて，小学校の半ばぐらいから隠し通しているうちに，だんだんその趣味が好きじゃなくなってしまったそうです。自分の趣味を語ることに慎重になっている人には，こちらから話を向けて真剣に聞く姿勢を示すことも大事ですね。

社会的カモフラージュとスティグマ

大島　私はいま，社会的カモフラージュというテーマの研究をしています。ASの人たちが成長して成人していく中で身に付けていく「ノーマライズ」という対処方略がありますが，臨床で患者さんたちの話を聞くと，これは苦しさを伴うものだということが分かりました。

　もうひとつ，スティグマに関するテーマでも研究をしています。社会的スティグマをどのように認知して，それがどう吸収されて当事者のセルフスティグマとなり，自己開示にふたをするようになるのかというプロセスに関する研究です。

　臨床では主に成人のASDの方たちと会います。患者さんの中には大人になってからご自身の特性について理解するようになる人たちが多くいて，その人たちが私のもとに来る時，初めての医療機関や相談機関である場合が多いので，多くはカモフラージュしている。その人たちが自閉特性について語りやすくなるために，自分がカモフラージュせず，自己開示していくということが大事だと思っています。自分が大っぴらにASとして振る舞っておくと，相手もカモフラージュする必要はないと思ってくれて，お話しいただけることが多いですね。

　あるスティグマに関する論文に，私のすごく好きな一文があって，「もし自分がASDだと分かったら，私を真剣に取り扱って（take me seriously）くれなくなる，まともに話を聞いてくれなくなる」という言葉です。ASDだから話が通じないと周りから思われてしまうことを体験している人たちは，非常に用心深くなります。患者さんからASDっぽいことを言われた時，私はすごく共感できる部分が多くあるからこそ，そういった部分を真剣に聞

こう，聞いてうれしがろう，喜ぼうと心がけているんです。その結果，話題がたくさん出てくると，治療や支援が進むように感じています。

　ほかに臨床で気を付けていることとしては，心理検査を使う時に，あまり他人事のように見ないようにすることです。心理検査は支援の補助ツールであって，何かをジャッジするものではないからです。

本田　いかにこの人たちにわれわれが共感できるかということは大事ですよね。自分にそういう特徴があると自覚していることによって，その共感性が増すように思います。人によっては自分にそういう特性があることをあまり表に出さない方がよいという人もいますけど，私も大島先生と一緒で，自分の中に似たようなところがあるということを提示していきます。普段は絶対人に言わないような密かなマニアックな面も幾つかあるんですけれど……

大島　密かな，ですか？　結構，オープンにしているような気がしますよ！（笑）

本田　面接している人とたまにそういう話題が出た時には，のめり込んで一緒に盛り上がっちゃいますよね（笑）。ほんの一例ですが，私は昔から相撲に詳しくて，みているお子さんのなかに相撲マニアの人がいると，第何代横綱の誰々が……みたいな話でひとしきり盛り上がることがありますね。やっぱり同じチャンネルが持てるというのは臨床上の強みになると思います。

日戸　それでも，どちらかと言えばAS特性を持っていることがマイナスに見られてしまうことがあるので，やっぱり隠したくなっちゃうこともあるように思います。どうやったらAS特性を持っていてラッキー！と思えるような空気になるでしょうか。「あなたはAS特性を持ってないの？　かわいそうね」っていうような会話が普通にできるようになるといいのですが……ちょっと飛躍していますかね。

本田　少し話がそれるかもしれませんが，僕は「人のようであって人でない」キャラクターが登場する話が好きで，「X-MEN」はそのひとつです。DNAの突然変異で超人化したミュータントが登場するSF映画で，家族や友達から気味悪がられて孤立したミュータントのコミュニティで仲間ができる話ですが，「ファイナル・ディシジョン」という作品では，X-MENになる遺伝子変異の治療薬「キュア」が登場してX-MEN界に激震が走るんですね。「キュア」で普通に戻りたい人たちと，薬を拒んで突然変異遺伝子をアイデンティティと捉える人たちに二分したり，一般人との共存を望む者と一般人を駆逐して自分たちの世界を築こうとする者が現れたりする……そういった人の動きをよく捉えた映画だと思っています。

　この映画を観ながら，AS特性を持った人たちは独特の文化を持った種族（tribe）のようなところがあると，改めて思い返していました。どうしても今は少数派だからスティグマになりがちだけれど，もし人口比が逆転していたら違うこともあるんじゃないかと思うんです。なかにはある種の才能がある人たちも多いですよね。例えば，雑談で時間を無駄遣いせずに，もっと効率的に着々と仕事しようっていう文化の人たちが主流を占めることもあるかもしれません。AS特性を持つ人はどうしてもその特徴が強く出てしまって，社会の中で生きづらいと感じる方もいるので，あまり軽々しく個性と呼ぶことには語弊もあります。それでもやはり，そういうAS特性があるということだけでハンデにはならない社会を作っていくことも必要だと感じます。

AS特性と臨床現場で出会う時

本田　ここまで，どちらかというと，ASの人たちとの付き合い始めの部分についてお話しい

ただきましたが，皆さんは彼らと臨床や日常生活の中で長く継続的に付き合っていくこともあると思います。あるいは継続的な関わりのためのコミュニティを形成する場合もあるでしょう。ASの人たちはその場に限った人間関係をうまくつなぐことよりも，人間関係を維持する方が苦手なことがあるように思います。例えば，ある場で一緒に過ごすと楽しいんだけど，次回会う約束を忘れてしまったり，連絡先の交換はしないで別れてしまうといったことがよくあるのではないでしょうか。そういった人たちが最低限の社会生活を続けていくために，必要な対人的関わりを続ける支援をしていく上では，ある程度工夫が必要だと思います。

青木　僕はある時から，表と裏というようなことを考えるようになりました。ASの人は──自分も含めますけど──裏を読むことがあまり得意じゃないから，なるべく表裏がない話をするように心掛けています。自分の裏をできるだけ薄くして，どこを切っても同じ金太郎アメにしていくような感じで，ややこしくなく，シンプルにしていきます。僕は元々あまり裏が厚い方じゃないので，シンプルな方が自分も楽です。そうやってなるべくシンプルに，変化球ではなく，スピードは遅いけどまっすぐ飛んでいく球を投げていると，ある時，初めて人と話をした気がすると言った人がいました。「人と話したりつながるっていうのはこういうことなんですね」って。僕自身もそういうコミュニケーションがすごく役に立った経験になり，そういうシンプルなものが求められてるんじゃないかと感じています。

桑原　私がASDの方との接し方で心掛けていることは，まず，本人の言い分を聞くこと，命令するよりも提案すること，感情的にならないこと，それから青木先生と一緒で，言行一致を心掛けるということ，物事を配列化して伝えること，視覚化すること，最後に，こだ

わりを利用するということですね。最後のひとつは難しいんですが，こだわりを尊重するという感じでやっています。全部，本田先生の受け売りなんですけどね（笑）。この7点に気を付けて接するようにしていて，それでもうまくいかなかったら仕方ないと思うようにしています。この7つを金言としてあらゆるところで広めていますが，実践するのは結構難しいので，なかなか広まらない感じもありますね。

本田　ありがとうございます。先生が7つ挙げてくれた時，「そのとおり，もう私が言うことはなくなった」と思っていたら，僕の言葉を引用してくれていたんですね（笑）。

桑原　実はそうなんです（笑）。もうひとつ重要だと考えているのは，社会システムとしてASDの方々が過ごしやすくするということ。NPO法人のネスト・ジャパンみたいな企画を無料でできるようになるといいですよね。

本田　僕が代表理事を務めているNPOのことですね。

桑原　そうです。なかなか予約が取れないという制限がある点で現実的な厳しさもありますが，ビジョンとしては明確で理想形だと思います。ASDの方々が本人の趣味や本当に興味のあるところでコミュニティを作っていく，ありそうでない試みだと思います。実現するためのコストをどのような文脈で調達していくのかが難しいようにも思えますが……

青木　僕はいつも，支援する人のこだわりの方向を変えるということを考えています。心配事に向かっている注意を別のところに向けられないか，ということです。手を動かして物を作ったり，何かほかの違う形でもいいですね。この人の注意を何かに向けること，つまり，楽しかったり夢中になったり，ポジティブなものにつながったり……そういったことを考えるのが支援のひとつの形だと思います。

本田　こちらの意図的に方向性を持たせるこ

とってなかなか難しいと思いますが，可能なものでしょうか？

青木　いろいろなものを選べる環境を用意することが，ひとつ考えられると思います。入院中の人には，病棟の中でやっている塗り絵や編み物，手芸といったものを見てもらうとかね。本人が親和性を持てるもの，面白そうと思えるもの，本人の目が自然と向くところを見つけるような感じです。事前に，もの作りが好きかどうか尋ねてみることもあります。その人の好きなものを膨らませたらどんな形になるか，スタッフと相談することもあります。外来には，あまり人と関わらなくても参加できる作業療法があるから見てきてもらう，カウンセラーとキャッチボールしてもらうということもあります。押しつけがましくないかたちで提案すれば害がないかなと思っています。そして，本人がそこから選び取ったものを大切に育むという感じです。

本田　おそらく選び取ってもらうというのがポイントで，こちらから「これが面白いからやってみて」と言うと，かえって構えてしまいますよね。おそらくこの辺りは，心理職の先生方が得意領域としていると思いますが，いかがでしょうか。

大島　私は基本的に心理治療をやっていて，ロードマップを使って今の進み具合が分かるように視覚化と構造化をしています。なかには10年単位で見ている患者さんもいて，心理治療を終えて問題がある程度解決したあと，自分のアイデンティティについて整理したいという方がいた場合，心理治療よりもう少しフリートークのような形で付き合うことにしています。時間がはっきり決まっていて，今の段階もはっきり分かる構造化によって，安心して長期間来ていただけると思うんです。

　それから，内発的動機付けが大事だと思っています。会ったらうれしい人，楽しい人，逆にうんざりする人もいますよね。患者さん

とAS仲間としてもお互いにオーティスティックなアイデンティティについても語り合ったり，ただ月1回話すのが楽しいというざっくばらんに話せるコミュニティがあってもいいと思うんです。そういった形で，こちらから何かを提供するとは思わず，会ったらうれしいという感覚で長期的に続けられたら良いですよね。

長期的な支援と環境面のサポート

日戸 どのようなコミュニティが望ましいかという環境面も，臨床としては大事なテーマではないでしょうか。私の実家はグループホームをやっていて，20年30年とそこで一緒に生活している人たちを家族として見ていたせいもあり，長期的にその人の人生について考えるくせがついています。AS特性を持っている人は，長い人生の中で，さまざまなストレスにうまく対処したり，臨機応変に人に相談したりすることがあまり得意ではありません。だから，困った時にはこの人に相談するといった，シンプルに駆け込める存在がずっと必要だと思います。親御さんがそれを担っていることが多いけど，親はずっと元気なわけではないから，相談相手がほかにいないのはつらいと思います。今の一般的な福祉・医療制度では，ご本人の状態が良くなったらもう対象ではなくなってしまうんですよね。定期的に会っておしゃべりをしながら，何かあった時は相談できる仕組みがあるといいと思います。できれば公的なシステムで，お金がかからずに，誰でもアクセスできるものがあるといい。実際に地域活動ホームやNPOを上手に使いながら生活している方がいます。

青木 よく分かります。例えばご本人が50代ぐらい，お父さんお母さんが80前後になられた頃に，どちらかの親が亡くなられたり，ある

いは施設に入られたりして，その人を見られなくなってしまい，やがて1人になる。その時に非常に激しい混乱が生じることをしばしば経験します。だから，家族以外の人にも助けを求められるようになるということは非常に大事なテーマです。特に，早期に助けを求めるということが重要ですね。家の中で親に守られて生活が成り立っている感じで，20代，30代，40代と過ごして，それが破綻してから支援体制を組んでいくのではなく，もっと余力がある時に助けを求められる方がよいはずです。これから求められる大きなテーマだと思いますね。

日戸 小さい頃から療育センターに通っていた方が成人した時に，本人がもう療育センターやお医者さんのところに行かなくてもいいと言うことがありますが，「今は必要性がなくても，たまに行ってお医者さんとお話しするのが大事だよ」って動機付けたりしています。現状はうまくいってる人のための居場所も福祉の中に作ってほしい。今，相模女子大学でも生涯学習を作る試みがあって，大学という場所をどう支援の場とすることができるかということに取り組んでいます。地域の中に，行ってしゃべったら楽しい，仲間がいて楽しい場所を作って，その延長として相談にも乗ってもらえるコミュニティです。

本田 特に何も問題がない時から相談する習慣という意味では，地域生活支援事業になるのかもしれません。基幹相談支援センターでは成人で障害のある方々の相談支援をやっています。私が横浜で関わっているもので，横浜には各区に1つずつ地域生活支援センターというものがあり，それぞれ別の法人が運営しているのでカラーがあります。私がよく関わっているある地域生活支援センターは，希望があれば特に問題がなくても月1回定期的に会ってくれるんですよね。行って近況報告して帰るだけなのですが，それが本当によく機能し

ています。別の区では，問題がなければ間隔が空けられてしまったり，また何かあったら来てもらうという対応になったりする。そうすると本当に何かあった時にアクセスしにくくなってしまうから，特に困ったことがなくても定期的に通える枠を作っておくのは大事だと思います。また，医療機関では薬を出さないのに来てもらっても仕方がないといった姿勢になりがちですけど，15分でもいいから何カ月かに一度，定期的に来てもらって，「元気です，最近こんなことやってます」といった話を楽しくして帰る，そういう継続した診療が必要だと思います。

ただ，日戸さんのような心理職の方が，問題がなくても行ける場所として紹介してくれても，実際に来てもらえるかどうかは医師の技量次第で，「あそこに行くのが楽しみだから時々は行こうかな」と思える診療にすることも，われわれ医者は考えていく必要がありますね。

青木 確かにそうですね。僕たちもいろいろと試しています。例えば患者さんが待っている時，看護師さんが声を掛けて顔馴染みになるとか，何気なく関わることです。本人に負担がなくて無理のない程度に関係を作るようにしています。幾つかそういうものがあることで，何か困った時に看護師さんに話したり，医者に話したり，あるいはその他のスタッフに話したりできる。困った時だけ受診するシステムにしていると問題がなかなか解決されないですよね。小さな困った問題が解決されず，大きな困った問題に発展していく。定期的にちょっと顔を合わせていると，一緒に考えられるし，困りごとはずいぶん減るように思います。

ASアイデンティティとASカルチャー

本田 最近，『Autism in Adulthood』という専門誌を中心に，Child with AutismやPersons with Autismといったいわゆる「パーソン・ファースト」の呼び方ではなく，Autistic Personが望ましいとする考え方が提唱されています。Autistic Personと自称する当事者も現れて，Autisticは病気ではなく自分の本質だという主張も登場している。例えばKind PersonとかBright Personと同じことだと思います。

大島 イギリスの人たちがよく，Adult with Autismだとより病名らしくなるから，Autism PrideやAutistic Peopleとした方がよいと主張していますね。論文でASDと書くとイギリス人の査読者から注意されて修正することもあります。

本田 例えば，「あの人は明るい」と言うのと同じように，「あの人はそそっかしい」と言ってもおかしくないけど，「あの人ADHDだね」と言ったら，深刻な病気のように聞こえてしまいます。Autismに関しても，少なくとも日本語では病名としてはじまっているから，どうしても病的な響きになるし，スティグマにつながることがあった。でもそれを自分のアイデンティティとして使いこなす人たちが出てきているということは，非常に面白いし，そういった面をうまく支援していく形もあるかもしれません。みなさんはASアイデンティティと支援のつながりについて，普段意識されることはありますか？

大島 私は，研究テーマが近いこともあり，普段からかなり意識しています。社会の中で困ったことが起きれば障害になるけど，そうでなければ単なるアイデンティティであり，体質と思っておけばいいという考え方です。

最近，イギリスでBaron-Cohenの研究グ

ループと交流することがあり，ASC（Autism Spectrum Condition）という呼び方に触れました。その部分は自分のアイデンティティの大事な一部だから，自慢したり押し出したりしてもよく，disorderではなく，まずはCondition と呼ぼうということです。

こうした考え方の面では，日本は比較的，まだ保守的なところがあるように思います。外来の診察の時に，まだASDの疑いという段階では関連ワードが患者さんの目に入らないようにと，検査用紙やパンフレットが片づけられたり，初診の担当医が診断を伝えることを躊躇するといったことも珍しくない。

こうした，日本ではいわゆる「普通」がすごく好まれるということも含めて，当事者の方にはお伝えするようにしています。日本ではこうだけど，地域によってはあなたの特性がよいこととされている，だから恥じるものではないと。そういう思いをみんなで広めて日本の環境も変わっていけばよいと思っています。

また，イギリスでは当事者と研究者が協働で研究することもかなり一般的になってきていますね。

日戸 私の研究グループには，当事者の方も参加されているので，どうやったらASDの人同士で仲良くなれるかについて，独自のAutistic Culture ということを教えてもらっています。「私たちにとって友情とは，遠い別の星に住んでいる者同士が，年に1回くらい会って近況報告できればよいくらいの関係性」「コミュニケーションでは目を合わせず，対面じゃなくて斜めに座り，会話はできるだけ短く，何度もやりとりしないのが，自分たちの流儀」といったことです。私も元々AS特性を持っているつもりですが，カモフラージュ歴が長いせいか，友達とはこういうものといった思い込みがあって，当事者さんが研究に入るとそういったイメージを打ち砕いてくれます。当

事者さんの方が筋が通っていて納得できるから，だんだんこちらが浅はかだったという気持ちになっていきますね。

本田 本人にとって一番しっくりくるアイデンティティを身に付けてもらうような支援がよいのでしょうね。

逆に，スティグマ体験が強く，自分がAS特性を持っていることを許しがたいと思っている成人の方にお会いすることもあります。その人に興味を持っていることを聞いても，そんなものはないという答えが返ってきたり，あるいは，どうやったら普通の人に近付けるかということに一番興味があって，土日もSSTの復習をしているという方もいました。自分の特性を否定して，それとは違うアイデンティティになりたいともがくんだけど，どうしてもうまくいかなくて，どんどん自己肯定感が下がっていってしまう。これも非常に深刻な問題だと思います。そうならない環境を作るために，われわれ支援者が，上下関係のような形で定型と非定型を分けたりしないように，日頃から気を付けて接していくことが必要です。

支援者の「わたし」，AS特性とともに

本田 これが最後のテーマとなります。ご自分の中にあるAS特性が仕事や生活に役立つことがあれば，少し自己開示して教えていただけないでしょうか。自分の特性が支援にうまくいかせるのって自分のことをよく分かっている時だったりしませんか？　だから自分が楽して達成感が得られるとも言えますよね。特にこういう仕事をしているわれわれは生きるための知恵みたいな何かを持っていると思います。もちろんそれだけではなく，過去の挫折や悩みなどもあり，人格が形成されているはずですけど，ここでは自身の特性がプラスに

働いた内容を語っていただきたいと思います。

大島 役立っているという話ではないかもしれませんが，子ども時代の印象的な話をしますね。

　私は世間の常識やこうすべきといった周りの期待に無頓着で注意が向かない面が多くて，そのマイペースな面をたたきつぶされずにきてしまったから，社会的カモフラージュが薄いまま育ってしまいました。小学生の頃，足が速くてリレーの選手に選ばれた時，先生には名誉なことだと言われましたが，私としては放課後に練習させられるのが嫌で仕方がありませんでした。これを父に話したら——父もAS特性を持っているのですけど——時間がもったいないからそんなことはやめて自分の好きなことやれって言われて，結局，選手を辞めることにしました。役立っているかどうか微妙な話ですね……

日戸 役立ってますよ（笑）。すごく素敵なお父様だと思います。

　私の父親は橋のつなぎ目を設計するエンジニアで，日本で有名な橋の多くを手がけています。そしてかなりのAS特性の持ち主でもある。その父親がある日，テレビで情報を知ったらしく，「お父さんはアスペルガー症候群なのか答えてほしい」とメールを送ってきたんですね。で，「そうだと思う。でも，モーツァルトやエジソンみたいな偉人にもそういう特性を持った人がいたと言われているし，私も持ってる。私はお父さんからもらったと思うけど，良かったと思っているよ」という返事を送って，我ながらすごくいいメールを書いたなと思っていたのですが，後日母親から，父親が3日間寝込んでいると知らされて，父親には私の思った通りには響かなかったんだなぁと……

　それからは，AS特性ってそんなにショックなのかなと，遅ればせながら自分の特性についても考えるようになりました。思い返せ

ば，子ども時代から大学まで友達はいましたが，嫌な思いをたくさんさせてきたし，みんなからすべて受け入れられてはいなかったかもしれない。青年期はそれなりに苦労があったと思うのですが，この歳になると，すべてルールにしたくなる特性を発揮して，今までの不文律を明文化して会議の場で合意を得るなどして，もう少し慎重さが必要だと思う場面もありますが，この特性が仕事で役に立つことは多いと思っています。

本田 日戸先生と僕はもう30年来の知り合いなので，ちょっとだけ援護射撃というのか，側方攻撃なのか分かりませんが，日戸先生から一番学んだことは，ASの人というのは中年期を越えても発達し続ける人たちだということです。日戸先生と最初に会った時，療育センターに来たのに小さい子どもの相手に慣れていなかったけど，その後，めきめきと頭角を現わしていきました。対人関係にせよ，仕事にせよ，最初は不器用気味でも，論理的な学習して，ぶれずに時間をかけて着々と進歩するから，ウサギとカメのレースのように，いつの間にか逆転していることがよくあります。基本的に筋が通っていて，面と向かって言われると反論できないところがあるから，若いうちはちょっと鼻につく人だ思われたり，反発されたりすることもあるでしょう。あるいは上司としてそれをやり過ぎると，部下から恐れられてしまう可能性もあるかもしれません。でもその辺も含めて学習していくから，管理職であっても，周りに気配りしながら問題なくこなしたりする。日戸先生たちを通してそういうことが学べたと，私は思っています。

青木 僕は小さい頃，言葉が出るのが遅かったらしくて，たぶん場面緘黙のような状態がかなり強かったんでしょうね。それで，幼稚園の先生に勧められて児童相談所や教育相談所などに行きました。その後，言葉は少しずつ出てくるようになりましたけど，体にもいろい

ろ障害があったから，心身両面でずっとユーザーだったわけですね。子どもが，大人から観察されるということをどう体験しているか，児童相談所や教育相談所の人がどんなふうに子どもを見るのかといったことが記憶に残っています。大人になって治療や支援に携わっていても，同時にユーザーであり支援されてもいる自分を感じてきました。それが良かったのかどうか分かりませんが，子どもや大人をできるだけ傷つけない支援を，そして害がない支援を考えるようになったと思っています。

　それに自分の今や過去を振り返ると，ふっと何か接点が見つかることがある。自分の中のAS特性が相手に共感するとても大事な資源であり，僕は自分のそういうものに生かされていると思っています。誰もが一方的に助ける側，助けられる側ではなくて相互支援の関係の中にいるという感覚については常に考えています。ASの人も例外ではない。それをあまり一方的な関係の形として固定してしまうことは良くないんじゃないでしょうか。人というのは絶えず相互性を持ったものであるという認識が要ると思います。

本田　佐々木正美先生がおっしゃっていたことに，ASDの人たちはよく，支援をしてほしいということよりも，理解をしてほしいと訴える，ということがありました。こちらが何か支援をするということは，上から目線で押しつけがましくなりがちです。当事者のことを理解し，そこから派生して出てくる程度の支援で十分だと思います。お互いにそうであるはずなのに，ASDの人たちからすると，一般の人たちのことをこれでもかと理解させられて育ってきているわけですから，逆に自分たちのことも，もうちょっと分かってよと思うはずです。お互いのことを分かった上でどうするかを考える関係性が一番の支援かもしれません。それが，今，青木先生がおっしゃったような相互支援ということだと思います。

ひとはみなヘテロジーニアス（異種混淆）である

桑原　私の最初の発言の繰り返しになりますが，ASDは異種性が強いわけで，さまざまな人がASDというカテゴリーに含まれるということが大前提だと思っています。今は，Person with Autismよりも Autistic Person という考え方が優勢なのは重々承知していますが，この捉え方には自由があっても良いかなと思います。Autistic Person がいいという人もいれば，Person with Autism がいいという人もいて，どちらかを正解として押し付けるものではなく好みの問題だと捉えています。自分自身はAutistic Person と言われるよりは，Person with Autistic Trait と言われる方が良いかなと思っています。「私は日本人」じゃなくて，「日本人である私」と主張したいということです。もしかしたら，Autistic Trait について，自分はやや中立的・客観的なものだと捉えているのかもしれません。

　医学的な立場と一人の社会人という立場は，自分の中でまた分けて考えています。一市民としてはASDあるいはAutistic Trait の捉え方はフリーでよいと思っていて，それぞれの考え方を尊重するし，自分には自分の考えがあります。一方で，医者の立場としては，Autism Spectrum Disorder だと診断した上で自分が医学的に取り扱う概念だと思っています。Autism Spectrum without Disorder の段階では，自分が取り扱う対象だとは思っていません。精神疾患，Mental Disorder としてのASDに対して，医学的に適切な対応を患者さんにお伝えするのが医者としての使命だというスタンスです。こういう割り切りができるところが，もしかしたら自分自身のAutistic Trait なのかなとは思いますけど。

本田　5人いるから，いろんな意見が出ること

が楽しいですね。桑原先生はある学会のWeb会議で時々ズバッとものを言ってくれるので，筋が通っていて尊敬していたんです。誰かが言わないと日本の社会ってなあなあで流れてしまいますから，そのスタンスを変えずに続けてほしいです。

桑原　もうめちゃめちゃ敵が多いですけどね（笑）。

青木　少し話は変わるのですが，最近，自分の中で工夫していることがあります。ASDとADHDって混ざっていることが多いですよね。例えば，仕事の締切に追われている時，AS特性のこだわりが強まり細部に集中していきますが，それだと仕事が終わらない。その時に，自分の中のADHDの部分を賦活する。ASDからADHDに振ることで衝動的に一気に解決することがあって，要するに，締切に追われた原稿を出すことができると気が付きました。普段はASDとして生きているけど，時々ADHDのスイッチを入れることで物事を清算して，またASDにはまっていくといったライフスタイルをこの10年ぐらいやっています。自分なりの工夫ですが，生きていくうえでもっとこの両面を意識的に使えないかなと思っているんです。ただ，僕の例は，こだわりがあっても最後に諦めているだけかもしれませんけど。

本田　私はどちらかというと普段がADHDで，追い詰められた時だけASDを作動させるタイプなので，僕も早く青木先生の境地に達したいと思いつつ，身に染みてお話をうかがっておりました（笑）。要するに自己コントロールですよね。私は，なぜか突然スイッチが入って取り組みはじめるんですけど，このスイッチがいつどうやったら入るのかさっぱり見当がつかない。これも障害の部類かもしれないと思っています。

青木　何かをやり始めてずっとこもって集中してしまうという時に，これはいけないと思っ

て急に電車に乗ってずっと遠くの方に旅に出てみたりすることがあります。そういうふうにすると，なんとなくバランスが取れる，あるいはとりあえず精算できると感じるんです。自分の生き方の中に，その時期によって，それぞれの特性を生かせる生き方があるんじゃないかな。もうこの年になりましたけど，まだまだそんなことを考えています。

本田　私の場合はとにかく興味が偏ってどんどん深く狭くなります。例えばこの1年間，「蛙亭」というお笑いコンビにはまっていて，お笑い番組を録画しては「蛙亭」が出る部分だけ見ることを続けています。そうやって何か本筋の仕事とは違うところにのめり込める方が，メンタルヘルス的には健康で，むしろ本質と違うことがないと自分じゃないというアイデンティティが宿っていると感じています。そういう自分が面白くて好きな部分がある。自分の特性を自覚することによって，それをコントロールすることが難しいとしても，自分の心が豊かになり，生きやすくなった気がします。でも青木先生のような工夫を目指して，頑張りたいと思います。

青木　胸を張って自分らしくASらしく生きていくことは大事なことです。自分なりのこだわりは大切に，楽しみつつ生きていく。些細なこだわりをいっぱい作りながら，大きな問題を回避するとかね。こだわりは生きる戦略としてすごく役に立つ。

本田　そういう文化をわれわれが作っていきたいですね。もちろん，障害として，治療や福祉ケアが必要な人たちには対応していくけれど，そういう人たちがスティグマを抱えなくて済む社会の風土を作っていくことは，とても大事だと思います。

［2022年3月25日（金）／金剛出版／対面およびZoomにて収録］

◉注

[1] Autism Diagnostic Observation Schedule。検査
用具や質問項目を用いて，対象者に行動観察と面接
を行い，自閉スペクトラム症（ASD）の評価を行う
半構造化観察検査。

● 文献

青木省三（2012）ぼくらの中の発達障害．筑摩書
　　房［ちくまプリマー新書］.

当事者エッセイ①
私のASD性質を周囲が受け入れてくれる理由
なな

患者ではない，友達としてのASD

私は自閉傾向があると言われていますが，パートナーと同居しています。このことを，精神科のお医者さんやカウンセラーに伝えると，「パートナーがいるのに，本当にASDなんですか？ちゃんと検査はしたんですか？」と驚かれます。自己判断を疑ってかかるのは医者として必要な姿勢なのだろうと思いますが，本当に検査して自閉傾向があるという結果になったし，パートナーがいるし，友達もいるし，居心地のいい地元のコミュニティもあります。

では，今，私の友達やパートナーでいてくれる人たちは，なぜ仲良くしてくれるのでしょうか。いい機会なので，友達に，片っ端から「私のどこが好きなの？」と聞いて回ってみました。みんな，「それを聞けるところだよね」と笑いながら答えてくれました。その結果を紹介します。

私の印象アンケート
——親友，パートナー，同僚

まず，7年の付き合いになる親友のAさんに聞いてみました。「正直だから」とのことでした。気を遣って，婉曲な表現にしたり，嘘をついたりせず，ストレートに話すし，相手もそう話してるものだと思って付き合ってくれるのが気楽

だ，と言っていました。

Aさんは，「私はもっと能力が高いはずなのに，正当に評価されない」とよく私に愚痴を言います。しかし，他の人には言えないそうです。「傲慢で嫌な感じの人だ」と思われてしまうかもしれないことが，怖いからだそうです。しかし，私は「思ったように評価されなくて大変な思いをしたんだ。かわいそうに」と思います。親友にとっては，そういうところが気を遣わずに話せて，付き合いやすいそうです。

パートナーのBさんにも聞いてみました。

人と違う意見を持っていて，しかも説明を聞いてみると，その意見に筋が通っていて一理あるな，と納得させられてしまう。そういうところが，面白くて好きになったポイントらしいです。また，善悪の基準を自分なりに考えていて，世間が悪いとすることでも自分が悪いと思わなかったら怒らないし，自分が善いと思うことに関してはしっかり善いと思う理由を説明できるのが，話していて面白いと言っていました。

私は，漠然としたいわゆる一般的な価値観を，納得しないまま受け入れることができません。私が「これがいい」「これは嫌」と言うことには，説明できる理由があります。「自分の荷物なのに，デートの時に相手に持たれるのは，自分では持てないと馬鹿にされているようで嫌」とか。Bさんは，私の逐一饒舌に自分の意見を語るところが，新鮮で賢くて魅力的だと気に入っ

たそうです。嫌なことをはっきり説明してくれるから，黙ってストレスを溜めるより付き合いやすい，と言ってくれる人も多くいます。

職場の一番の友達のCさんは，自分が嫌と言えない時に，私が嫌と言ってくれるのがありがたい，と言っていました。

Cさんとはインターンの頃に知り合いました。インターンの募集要項には一言も書いてなかったのに，実際に行ってみたら女性限定でした。実力でインターンに採用されたと思っていた私は，女性だったから採用されたのであって，実力が認められたわけではなかったのか，とショックを受けて，社員さんたちを「なんで女性限定なんですか」と質問攻めにしていました。Cさんも同じように，説明なく女性限定だったことに不安があり，私が質問をする様子を見て，心強く思ったそうです。

私には衝動性があり，疑問に思ったことは聞かずにはいられないのですが，それが結果的に「言いづらかったことを言ってくれた」と感謝されることは時々あります。

Cさんは，私のことを，文句を言いたいだけのクレーマーではなくて，相手の言い分も聞き，解決策を探るために話しているのも，好きなところだと言っていました。どちらかというと，「言う必要のないことを言う協調性のない人」と思われがちだという自己認識なので，「言いにくかったことを言ってくれる人」と受け入れてもらえるのはありがたいです。

他の職場の友達のDさんは，相談に親身になってくれるところが好き，と言ってくれました。

Dさんは，以前，軽いノリでポロッと「悪夢を見て眠れない」と愚痴を言っていました。「それってすごくしんどそうだなあ」と思って気になったので，調べてみました。すると，悪夢障害という言葉があり，睡眠外来で診てもらえることがわかりました。このことをDさんに伝えたら，実際に睡眠外来を受診して睡眠薬を処方してもらい，結果，悪夢を見なくなったそうです。この時のことを，ずっと感謝してくれているみたいです。

他にも，調べものが好きなので，他にも，ご飯会のお店の候補を出したり，Dさんが欲しがっていた売り切れ商品の再入荷を知らせたりしていて，これらも，思った以上に喜んでもらえることが嬉しいです。

自分自身に想うこと

私自身としては，自分のコミュニケーションの特徴は，誠心誠意，まっすぐ丁寧に話すことだと思っています。誤解を招きやすい言葉を失敗しながら1つひとつ学んで，誤解されにくい丁寧な言い回しを蓄積してきました。その表現を用いて，自分に害意がないこと，自分のしたいことを伝えています。

LINEやメールが長文になることを，昔は気にしていましたが，今は，気にせず長文を送ります。無理に短くして，誤解の原因になるリスクの方が，長文でめんどくさいと思われるリスクより大きいと思っています。

人によっては，真面目くさい，野暮ったい，と敬遠されますが，「こういう丁寧なコミュニケーションがしたかった！」と喜んでくれる人も多いです。前者の人も，なにかしらの理由で接点を持たなければならない時は，「こいつには冗談通じないし……」と，普段より私に寄せたコミュニケーションを取ってくれます。誰しも相性の悪い人はいるし，そういう人ともそこそこなんとかなっているので問題ないと思ってます。

私自身は，生まれてこの方，ASDが自分の
アイデンティティだったので愛着を持っていま
す。中高生のころはみんなに嫌われている気が
して，生きづらくて，こんな自分が嫌いでした
が，段々環境を自分で選べるようになるにつれ
て，好きになりました。もし「定型になれる薬
が開発された」と言われても，今は特に困って
ないし，飲まないでしょう。

私にとってのASD

例えば，言い方がきつくてパートナーに余計
なストレスを与えてしまったり，長年付き合っ
た友達に「悪意はないとわかっていても，脳内
で補完するのが疲れる。元気がない今は距離を
置きたい」と言われて疎遠になったり，ASD性
質によって起きる悪いこともいろいろあります。

ASDに関係なく，この程度のすれ違いはある
ものだと思います。むしろ，何が起こっていて，

どうすれ違っているのかお互い理解できていた
おかげで，なんとか対処できた方だとポジティ
ブに捉えています。ASDの有無より，自分の性
質を理解して説明し，日頃からお互いへの理解
を深めておくことが，誰にとっても大事ではな
いでしょうか。

最近の幼児教育では，自分の要求を言葉で伝
えるトレーニングをするそうです。その様子を
見て，「私も，私の周囲の人たちも，誰もこん
なトレーニング受けてなかったのに，よくやっ
てきたよなあ」と思いました。「言葉にしなけ
れば伝わらない」も「言葉にするためには練習
が必要」も，今の子どもたちにとっては，当た
り前なのかもしれません。ASDの有無は関係な
く，コミュニケーションの基礎なのだと思いま
す。子どもたちに置いていかれないように，今
後も，言葉の使い方を磨くよう精進しようと思
います。

当事者エッセイ②
就労移行支援所との関わりを中心に
pine

　ここでは私の発達障害の特徴が顕著だった幼少期，発達障害を気にせず過ごせた高校から短大，発達障害として痛感した社会人生活，発達障害を受容していくkaien通所から今に至るまでを振り返ってみようと思う。

発達特性のあらわれ

　幼少期の頃は困ったことというより，周りを困らせていたことに近い。子どもの頃は，母と買い物に行った時に，私の中で決められたルート通りに巡らないと，泣いて母を困らせていたらしい。小学生の頃は靴の紐が結べない，ペットボトルの蓋が開けられないなど日常生活での困りごとがあり横浜市総合リハビリテーションセンターに通っていた。

　困りごともあるが，そればかりではなく楽しかったこともある。ゲームが好きで，取扱説明書の内容をずっと丸暗記しては覚えていたこと。ここでは前向きな意味で発達障害の特性が出ている。絵を描くのが好きだった（上手いわけではない）。「しましまとらのしまじろう」が大好きで，アニメを通じて社会性を身につけていたらしい。

　中学生になってからは，高校受験を見据えて個別支援級から普通級に籍を移した。幼少のころは持っていた療育手帳を返還していたため，高等養護学校への進学は不可能だったことや，私が大学に行きたいと言っていたためだ。

　2年生からの成績はさほど悪くなかったと言いたいところだが，5段階評価のうち4の成績を取るのに必死だった。友達ができなくて孤独だった。けれど不登校にはなれなかった。悩んでいたことを両親にあまり面と向かって言えなかった。この頃は親と面と向かって話したことってないなと今でも感じる。

転換期

　母の勧めで，私立の高校に入学することになった。孤独な中学生生活を終え，高校に入ってから転換期が訪れる。友達ができた。表面的な友達という感じではなく，親友と思えるような友達ができたのだ。放課後はみんなでカラオケに行ったり，プリクラを撮ったり，誕生日お祝いし合ったり青春を謳歌することができた。勉強はそこまでしてなかったが，かけがえのない時間だと思う。時々喧嘩もしたが，今となればいい思い出だ。大学進学を目指していたので，専門学校には興味がなかった。けれど時折授業の一環で行われた体験授業は楽しかった。

　また，高校生になるとアルバイトができるようになったので，高校1年の後半からはアルバイトを探すようになっていた。割と軽いノリで受けた学校から少し離れたファミリーマートのアルバイトを受けたがあっさり落ちた。手応え

がなかったような気がする。接客業が無理かもと痛感し，苦手意識を持つようになってしまう。結局，2年生の春ぐらいに派遣会社に登録して，長期休暇に日雇いバイトをしてお小遣い稼ぎをした。立ち仕事はきついけど，嫌いじゃないかもしれないと感じていた。

小中高変わらず体育が苦手だった。精一杯取り組んだ結果がこれだから仕方がないと半分諦め気味だった。

高校を卒業してから短期大学に進学した。相鉄線，小田急線を乗り継いで，2時間かけて通学した。好きな授業を選べること，体育は取らなくてよくなった（教養の選択科目だったため）ことが幸いだ。成績も大体良かった。

1年次の秋にはゼミナールに所属した。私が所属したゼミは，日本語教育の授業を受講して，その一環として原則ボランティアを行うゼミだった。通学に時間がかかっていたこともあって私は代わりに1年の秋から卒業まで隣駅の渋沢のコミュニティーセンターで外国籍児童の勉強をサポートするボランティアを週に一度行った。また2年春学期には近隣の小学校へのボランティア活動を行った。上記のボランティア活動では自分が発達障害だということを意識せずに済んでいた。

また，空き時間には臨床心理士によるカウンセリングを受けていた。母の勧めか何かは忘れたが月に2回ぐらい予約していたような気がする。

発達障害を痛感

面接が苦手だった。ゼミの面接はどうにかなったが，新卒の就活をしていた時には面接の段階で落ちることが多かった。

短大を卒業してから，ラボで臨床検査技師の補助スタッフのアルバイトとして2年間勤務した。自分は発達障害だと痛感するのはこの頃だ。発達障害特有なのか，要領が悪い。不器用さも相まってOJTを受けていた時は独り立ちした途端使い物にならない苦い思い出がある。そして立ち回りの下手さに注意を受けることも多々あった。仕事で嫌なことがあった時の気持ちの切り替えが苦手で，母にもしつこいと叱られていた。唯一できたことは無断欠勤しなかったこと。周りに迷惑をかけまいとする思いだった。

時たま，退職するかどうか聞かれることもあった。2年ぐらいで辞めるみたいなことを言っていたような気がする。

2018年年末，退職する前からkaienに通う準備のため，説明会に参加した。仕事が休みの日（この時は平日だった）には体験にも行った。紆余曲折あったが，2019年の退職まで勤めることができた。

発達障害の受容

退職してから，就労移行支援所kaien横浜に通所開始になるまで，ガクプロ新宿（学生向けのプログラム）に通うことにした。そこで平日日中のコースを受けることにした。そのコースは新しいコースと聞いたこと，何もしないことに負い目を感じたからというのが，記憶に残っている。その間も職場見学，合同説明会と時々就活していたような気がする。

2カ月の待機期間を経て，kaien横浜に通所することが決まった。ガクプロに通っていたので通所はそこまで苦痛じゃなかった。kaienでは発達障害のある同年代の女の子がいて嬉しかったことを鮮明に覚えている。

kaienに入所した時にすでに就職活動をしていた。それ故に最初はとっとと再就職してやる

と思っていたが，心境に変化が生まれるようになった。思っていたより訓練の内容が楽しいかもしれないと感じるようになった。またkaienのスタッフの存在は心強く，1人で就活をしていないと感じられた。

2019年9月，担当スタッフの勧めで企業での実習（採用なし）を受けることになった。訓練にも慣れてきた頃だった。5日間，午前9時から午後4時まで，kaienの訓練の時間より少し長い時間だった。業務内容はエクセルを使った検索結果の集計作業だった。4日目に通勤電車とトラックの衝突事故があり，その日の帰宅と次の日の出勤は大変だったが，実習は終始落ち着いて臨むことができた。

精神障害者手帳を取得した。成人してから初めて手帳を取った。これでリスタート。就職活動に本腰を入れ始めるようになった。履歴書の指導より，苦手な面接の指導の予約を多く入れた。また就職活動を目前に控えている時は訓練に参加せず就職活動に専念できることがとてもありがたかった。

就職担当のスタッフと相談して今の会社と，女性向けの靴製造会社の面接を受けることになった。選考が進んで，2社とも実習を受けることになり，2社の実習で連続して高評価を得ることができた。今の会社は当時から働いている方と馴染めたことが評価に繋がった。頑張ってよかったと思えた。これが自信につながり，面接が苦手という意識はなくなった。

2019年12月，今の会社の内定をもらった。靴製造会社の最終面接を辞退して，今の会社を選ぶことにした。年明けから，就労に備えてkaienにいる時間を伸ばすようになっていたが，午後3時に全ての訓練が終わり，その後は名刺入力の練習を行った。再就職を目前に，貯金がなくなりかけ，大変だった。

今の会社に再就職してからは，障害者枠ということもあり発達障害だという負い目を感じず働くことができるようになった。入社当時担当したのは経費入力代行業務，名刺入力代行業務，オフィスの利用状況の集計業務だった。ADHDの特性もあるためか，数字の見間違いなど，ケアレスミスがあったが，どこが間違っているか指摘してもらえた。また，業務ごとにマニュアルが整備されており，随時確認しながら業務を進めることができる。実習を受けていた頃に馴染めたため，職場の同僚とはすぐに打ち解けることができた。昼休みにみんなでゲームをした。出勤することは楽しかった。

近況と伝えたいこと

2020年3月末日，新型コロナウイルスによる初めての緊急事態宣言が発令され，急ピッチで在宅勤務にシフトすることが決まった。PCを持ち帰ってはすぐに家のWi-Fiを繋いだことを覚えている。在宅で仕事をすることは初めてだったが，慣れればとても快適だった。時々Teams[注1]を使って業務外の時間に懇親会を開いたりした。また時折，kaienやkaienの下部組織からリモートでの講談の依頼があり受けることもあった。

感染者数の落ち着いた，2021年秋に週2回の通勤スタイルになった。業務を進める際，正面や隣に人がいないように十分距離を取ってチームごとに部屋を分けたり，スタッフの方がこまめにドアノブなどの消毒を行って感染対策を取っていた。そこでの困り事というか困らせたことは，通勤時にマウスを忘れがちだった。職場では空いている部屋で寝ていて他の社員を驚かせてしまったこととか。

そしてまた在宅勤務の日々は続く。四半期ごとに目標設定面談が行われ，地域限定の正社員

に転換できる制度もある。私は業務の質を上げることに努め，チャンスを生かしたい。快適に働ける今でも，嫌なことがあると多少は引きずるが，基本楽しく，体調も崩すことなく働けている。ずっと付き合いがある高校からの友達もいて，同僚ともうまくやれている。

2021年12月，執筆の依頼を受けた。執筆の依頼なんて夢にも思わなかったのでびっくりしたことが記憶に新しい。末筆ながら，発達障害に苦しむ時期もあったが，発達障害を持っていても楽しく生きていける人間がいるということが伝わったら嬉しい。

◉注

[注1] Microsoft Teams。主にビジネスチャットやWeb会議を行えるクラウドサービス。

おわりに

　20年以上前，私はかつて美術大学の絵画科に所属していました。そこには大きいアトリエがあり，一般教養や美術史等の講義の時間以外は，基本的にはアトリエにこもり，ずっと課題や自分の作品を作り続けるということをしていました。作品はよく人を表すので，作者がそこにいなくとも，絵を見れば，誰が描いたのかすぐに手癖や配色で分かりました。そして，一緒に作品を作っていなくても相互に影響を受けて，同じクラスの人の絵は，どこかしら，みんな似てきてしまうのでした。

　本書では，神経発達症を専門として，さまざまな年代の臨床・研究をされている先生方に，あえてASDではなく，"AS"というキーワードで原稿を書いていただきました。1つひとつを読んでいると，その先生個人を知っている場合には，いかにもその先生らしいなとしみじみしたり，まだお会いしたことがない先生は，この文章のような人柄の先生なのだろうかと楽しく空想をしたり，なんと巧みな文章なのだろうと感動したりしながら，じっくり拝読させていただきました。ご執筆いただいた先生方に，この場をお借りして，心から感謝申し上げます。

　本書は，「AのときはBをしよう」といった教科書的な「ASDの支援本」ではない，より当事者性の高い心理社会的なテーマが豊富に記述されています（当事者の方々にエッセイも書いていただきました）。言い換えれば，本書はとてもニューロダイバーシティ（神経多様性）に富んだものになっていると思います。ニューロダイバーシティは，今後のASの人のメンタルヘルスの向上に対し重要なキーワードとなってくるでしょう。本書ではニューロダイバーシティという単語は用いていないものの，コンセプトはまさにそれに該当します。ASの人だけが，定型発達的な価値観に必死で合わせるというアンフェアな時代はそろそろ終わりにして，さまざまな人が「違ったまま」共生するという姿勢を，社会が推奨していくべきだと思います。そのムーブメントは欧米から始まりましたが，日本においても目前に近づいています。我々専門家はその好機を逃さず，自分自身の支援者としての価値観の見直しと修正を行いながら，ニューロダイバーシティに基づく社会を構築する責務があると考えています。変わるべきはASの人ではなく，旧来の価値観に縛られた画一的な社会ではないでしょうか。本書が，そのムーブメントの一助となることと信じています。

　末筆となりましたが，本書の監修者である本田秀夫先生からは本書の制作を通して，研究上および臨床上における，重要な示唆をいくつもいただきました。また，金剛出版編集部の立石さん，藤井さんには，丁寧な企画の遂行と取りまとめをしていただきました。深く感謝いたします。ありがとうございました。

2022年9月11日

大島郁葉

執筆者一覧（執筆順）

本田秀夫　　　（監修者略歴を参照）

大島郁葉　　　（編者略歴を参照）

青木省三　　　（慈圭会精神医学研究所／川崎医科大学名誉教授）

青木悠太　　　（あおきクリニック／昭和大学発達障害医療研究所）

鳥居深雪　　　（関西国際大学教育学部）

内山登紀夫　　（福島学院大学福祉学部福祉心理学科）

田中 究　　　（兵庫県立 ひょうご こころの医療センター）

桑原 斉　　　（埼玉医科大学病院　神経精神科・心療内科）

中川彰子　　　（千葉大学大学院医学研究院認知行動生理学）

村上伸治　　　（川崎医科大学精神科学教室）

阿部隆明　　　（医療法人心救会 小山富士見台病院）

鷲塚伸介　　　（信州大学医学部精神医学教室）

小林桜児　　　（神奈川県立精神医療センター）

関 正樹　　　（医療法人仁誠会大湫病院）

渡辺慶一郎　　（東京大学相談支援研究開発センター）

榎本眞理子　　（東京大学相談支援研究開発センター）

岡東歩美　　　（千葉大学医学部附属病院精神神経科）

宇野洋太　　　（よこはま発達クリニック）

杉山風輝子　　（文京学院大学人間学部）

熊野宏昭　　　（早稲田大学人間科学学術院）

山田智子　　　（一般社団法人SSTAR）

温泉美雪　　　（田園調布学園大学人間福祉学部共生社会学科）

志賀利一　　　（社会福祉法人横浜やまびこの里）

横山太範　　　（医療法人社団心劇会さっぽろ駅前クリニック）

石垣琢麿　　　（東京大学大学院総合文化研究科・駒場学生相談所）

川瀬英理　　　（東京大学相談支援研究開発センター）

太田晴久　　　（昭和大学発達障害医療研究所）

日戸由刈　　　（相模女子大学人間社会学部人間心理学科）

片岡 聡　　　（NPO法人東京都自閉症協会）

綿貫愛子　　　（NPO法人東京都自閉症協会）

なな

pine

監修者略歴

本田秀夫 （ほんだ・ひでお）

精神科医，医学博士。

信州大学医学部子どものこころの発達医学教室教授／同附属病院子どものこころ診療部長。

日本自閉症スペクトラム学会会長，日本児童青年精神医学会理事，日本精神科診断学会理事，日本発達障害学会評議員，日本自閉症協会理事，特定非営利活動法人ネスト・ジャパン代表理事。2019年，『プロフェッショナル 仕事の流儀』（NHK）に出演し，話題に。

著書に『子どもから大人への発達精神医学――自閉症スペクトラム・ADHD・知的障害の基礎と実践』（金剛出版，2013），『自閉スペクトラム症の理解と支援――子どもから大人までの発達障害の臨床経験から』（星和書店，2017），『発達障害――生きづらさを抱える少数派の「種族」たち』（SBクリエイティブ，2018），『「しなくていいこと」を決めると，人生が一気にラクになる――精神科医が教える「生きづらさ」を減らすコツ』（ダイヤモンド社，2021）などがある。

編者略歴

大島郁葉 （おおしま・ふみよ）

臨床心理士，医学博士。

千葉大学子どものこころの発達教育研究センター教授／大阪大学大学院 大阪大学・金沢大学・浜松医科大学・千葉大学・福井大学 連合小児発達学研究科教授。

日本認知・行動療法学会理事。

著者に『認知行動療法を身につける――グループとセルフヘルプのためのCBTトレーニングブック』（共著，金剛出版，2011），『認知行動療法を提供する――クライエントとともに歩む実践家のためのガイドブック』（共著，金剛出版，2015），『事例でわかる思春期・おとなの自閉スペクトラム症――当事者・家族の自己理解ガイド』（共著，金剛出版，2019），『ASDに気づいてケアするCBT――ACAT実践ガイド』（共著，金剛出版，2020）などがある。

おとなの自閉スペクトラム

メンタルヘルスケアガイド

2022年11月10日　発行
2024年 7 月31日　3 刷

監修者——本田秀夫
編者———大島郁葉

発行者——立石正信
発行所——株式会社 金剛出版
　　　　　〒112-0005 東京都文京区水道1-5-16　電話 03-3815-6661　振替 00120-6-34848

装幀◉コバヤシタケシ　　本文組版◉石倉康次　　印刷・製本◉モリモト印刷

ISBN978-4-7724-1930-7 C3011　　©2022 Printed in Japan

好評既刊

Ψ金剛出版
〒112-0005　東京都文京区水道1-5-16　Tel. 03-3815-6661　Fax. 03-3818-6848
e-mail eigyo@kongoshuppan.co.jp
URL https://www.kongoshuppan.co.jp/

ASDとカモフラージュ
CAT−Qからわかること

[著]ハンナ・ルイーズ・ベルチャー
[訳]藤川洋子　三好智子

本書の目的は，私が経験したこと，私が学んだこと，そして最も私の助けになったツールを皆さんにお伝えすることです。これは，カモフラージュを完全にやめてしまうということではありません。自分の思考や思い込み，目標に関して，より大きな気づきを得るということなのです。[…]カモフラージュは必ずしも悪いものではありません。それは多くの点で私たちが生き延びる助けとなりました。私たちは幼くしてそのことを学んだ賢さと驚くほどの強さを賞賛するべきでしょう。（本書「はじめに」より）　定価3,520円

ASDに気づいてケアするCBT
ACAT実践ガイド

[著]大島郁葉　桑原 斉

「ASD（自閉スペクトラム症）をもつクライエントへのセラピーをどう進めたらいい？」「親子面接を上手に進めるには？」「ASDをもつクライエントにCBT（認知行動療法）はどこまで有効？」――よくある疑問と誤解に終止符を！　ACAT（ASDに気づいてケアするプログラム）は，ASDのケアに特化したCBT実践プログラムとして研究・開発されたプログラム。ASDと診断された子どもと保護者がプログラムに参加して，セラピストのガイドで「自分が変わる」パートと「環境を変える」パートを整理しながら，正しい理解とそれを実現するための方法を探る。　定価3,080円

事例でわかる
思春期・おとなの自閉スペクトラム症
当事者・家族の自己理解ガイド

[編著]大島郁葉　[著]鈴木香苗

おとなになるまで診断もアセスメントもされなかった自閉スペクトラム症の人たちは，何を知る必要があるのか？　自閉スペクトラム症のアセスメントや診断プロセスのわかりやすい解説，コミュニケーションや感覚に関する自閉特性との上手な付き合い方，自閉スペクトラム症をもつ人たちの年齢別ケースレポート，そして当事者の声を通じて，当事者と家族の知りたい気持ちにしっかり応えていく。どのように自分と家族の「自閉スペクトラム症」を理解していけばよいのかを伝える自己理解ガイド。　定価3,080円

価格は10%税込です。